1　中尊寺金色堂

藤原清衡によって1124年に建立された奥州藤原氏三代の廟所《びようしよ》．全面に金箔《きんぱく》を貼り，内部の柱や須弥壇《しゆみだん》などには螺鈿《らでん》や蒔絵《まきえ》を施す阿弥陀堂建築の逸品．須弥壇の下には，清衡・基衡・秀衡三代の遺体を祀る．

2　羅　城　門（復元模型）

羅城門《らじようもん》は平安京の正面の入り口に建てられた門で，外交使節の送迎や祭祀の場として用いられたが，実際は門とその両側に築地《ついじ》が少々建造された程度であった．980年に倒壊した後再建されなかった．

3　領主館の門前（『粉河寺縁起』）

河内国のある領主の館．当時の領主館が，四方に深い堀をめぐらし，高い板塀と竹林で囲われていた様子がよくわかる．正面の櫓門《やぐらもん》の前には警護をする家来が配置されており，門の外には飾った馬が繋がれている．

4　主婦の座（『松崎天神縁起』）

職人の家の中，塗籠《ぬりごめ》（家の中の倉庫）の前に女房が座っている．彼女が肱《ひじ》をついている箱には塗籠の鍵と彼女の財産が入っている．主婦権を象徴的に示す図柄である．

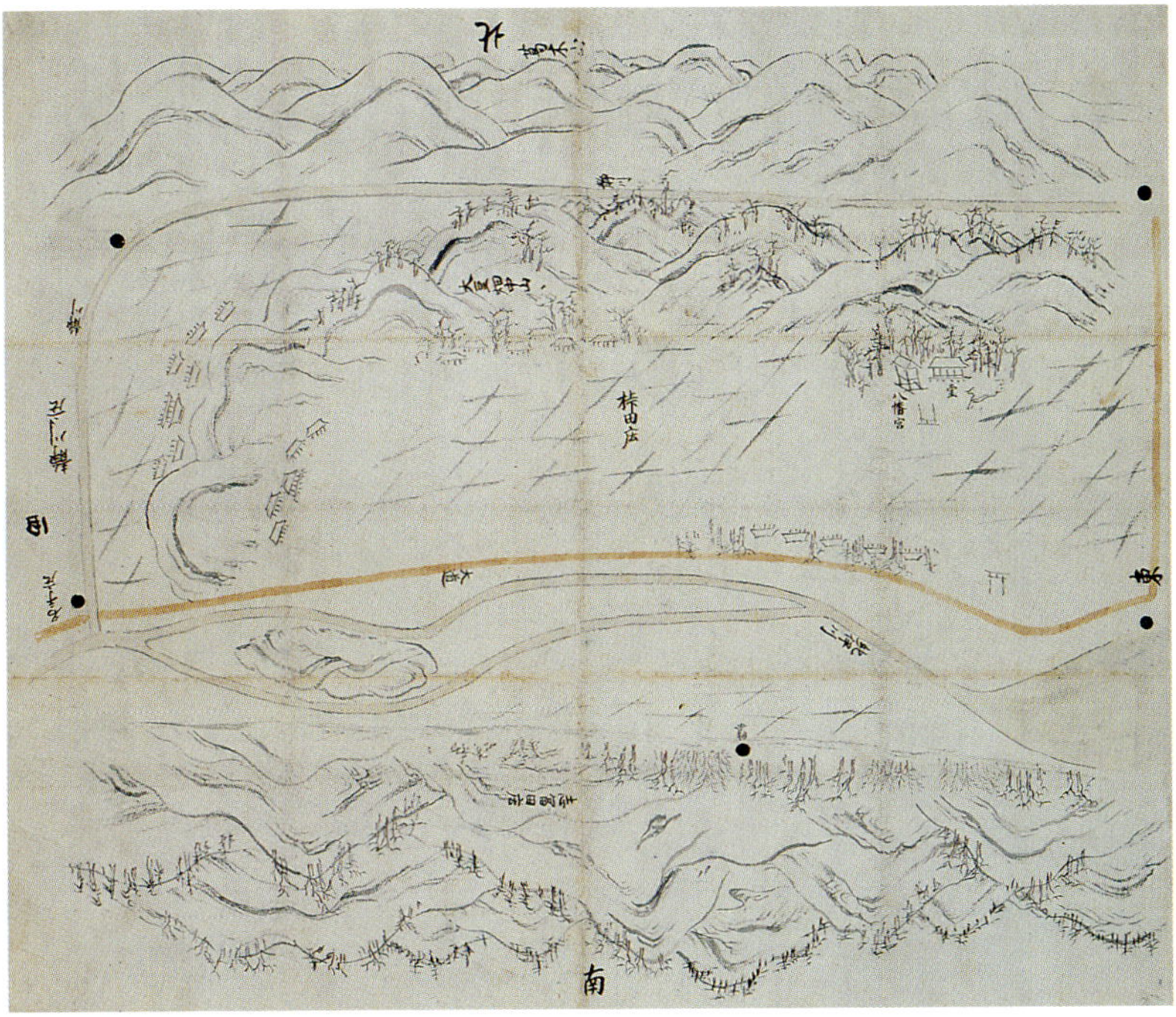

5　紀伊国桛田《かせだ》荘絵図

領域型荘園の様相を伝える荘園絵図．四隅《しすみ》にある黒点は「牓示《ぼうじ》」といい，荘園の領域を示した．東側の山裾《やますそ》には林に囲まれた八幡宮と堂が描かれ，同じく山裾と街道沿いには四つの集落が点在している．

6　十 三 湖

上方中央が岩木山．右側の日本海と十三湖に挟まれた砂州の上に十三湊《とさみなと》が形成された．日本海交通の発達と北方交易とによって，全国から物資が集まり，「三津七湊」の一つに数えられるほど繁栄した．

7　復原された首里城

首里《しゅり》はもとは中山《ちゅうざん》王国の首都であったが，一五世紀前半に中山王尚巴《しょうは》志《し》が三山を統一した後，琉球王国の首都となった．その中心に位置した首里城は沖縄戦で灰燼《かいじん》と期したが，1992 年に復原された．

日本中世の歴史 1

中世社会の成り立ち

木村茂光

吉川弘文館

目　次

図版目次

〔口絵〕

〔挿図〕

〔表〕

序章　中世社会を捉え直す

中世は「武士の世」か

保元元年（一一五六）七月二日、鳥羽院ウセ（亡）サセ給テ後、日本国ノ乱逆ト云コトハ（ことば）ヲコリテ後、ムサ（武者）ノ世ニナリニケルナリ。

これは一二二〇年（承久二）、天台座主《ざす》（天台宗の最高位）慈円《じえん》の歴史書『愚管抄《ぐかんしょう》』の中の一文である（巻第四、日本古典文学大系）。慈円は、一一五六年（保元元）に起こった保元《ほうげん》の乱を、その六五年後に振り返ったとき、この乱こそが「日本ノ乱逆」の始まりであり、「武者の世」になる契機であった、と明確に評価した。慈円は「貴族の世」から「武者の世」に移っていくことを「乱逆」といっているが、実は彼の真意はそこにはなかった。慈円は、翌一二二一年（承久三）に勃発《ぼっぱつ》する承久《じょうきゅう》の乱を目前にして、武士の世になることとの必然性を示し、朝廷＝貴族と幕府＝武者との無用な戦争を回避させるために『愚管抄』を執筆したといわれる。しかし、慈円の願望はかなわず、承久の乱が起こってしまったことは、皆さんがよく知っているとおりである。

慈円の「武者の世」の到来という評価は、つい最近まで、日本史の常識として通用した考え方であった。すなわち、武家政権―鎌倉幕府の成立＝中世の成立、という常識である。皆さんが習ってきた

絵巻』「三条殿夜討」)

日本史の教科書や参考書の多くがこのような構成を取っていたから、なじみやすい考え方であろう。

しかし、最近の教科書の中にはこのように構成しないものも現れている。私が執筆者の一人である『日本史B』（三省堂）は院政が始まる前の時期に「古代から中世へ」という章を設け、それを中世編の第一章としている。そして、日本史教科書で一番多く使用されている『詳説日本史B』（山川出版社）も、以前は慈円の考え方のように武家政権の成立から中世編を始めていたが、最近はその以前の院政期から中世編を始めるように変更している。

変更の要因

では、なぜこのような変更が起こったのであろうか。

さまざまな要因が考えられるが、その一つは、支配階層の交替を基準に時代を区分することはできない、という考え方の普及である。古代＝貴族政権か

図1　平治の乱（『平治物語

ら中世＝武家政権へ、という理解の仕方は一見するとわかりやすいが、では近世＝江戸幕府は武家政権ではないのか、という疑問がすぐ湧《わ》くし、古代でも飛鳥時代と奈良時代と平安時代とを同様の貴族政権と評価することができないことは明らかである。

第二は、第一と密接に関係するが、中世社会を代表するのは武者（武士）だけではない、という考え方である。古代の班田《はんでん》制に代わって荘園制が形成されるし、農民の抵抗形態も、古代では浮浪《ふろう》・逃亡《とうぼう》に代表されるが中世になると一揆《いっき》が多発するようになる。また、比叡山延暦寺《ひえいざんえんりゃくじ》や東大寺や高野山《こうやさん》など寺院や神社の勢力が大きな力をもつのも院政期以後である。これ以外にも文化や家族のあり方にも大きな変化が起こってくる。そして、それらの変化はある時期に一斉に起こったわけではない。とすると、これらさまざまな変化すべてを「武者」に代表させることはどうしてもできない。

これら多くの変化を総合的に理解しようとした時、中世を代表するさまざまな特徴がほぼ出そろってくるのが一一世紀中ごろではないか、と考える研究者がふえてきたのである。以下、それらの代表的な特徴をあげてみよう。

武士の登場

武士の登場は一〇世紀中ごろに東と西で相次いで起こった平将門《たいらのまさかど》と藤原純友《すみとも》の反乱（承平《じょうへい》・天慶《てんぎょう》の乱）をその初発と考えるのが常識であるが、将門が率《ひき》いた従者は「伴類《ばんるい》」や「駆使《くし》」などと呼ばれていて、中世的な武士団に特有の「家子《いえのこ》」「郎等《ろうとう》」「所従《しょじゅう》」などという編成にまで至っていないこと。その反乱が国衙《こくが》を舞台にすることが多く、結果としては国衙を襲ったり、国司と対立したりしているが、将門の行動の初期の目的は地域の豪族と国司の紛争の調停という性格が強く、反乱という側面だけから評価することはできないこと。そしてなによりも、最後に将門が「新皇《しんのう》」を名乗っていることなどから考えて、反乱自体が律令体制の枠内で行われており、律令制下の地方支配をめぐる下級貴族間の抗争という側面を色濃く残しているといわざるを得ないのである。

したがって、実際に中央の政治との関わりで武士の地位が明確になるのは、前九年・後三年合戦（一〇五一～六二年、一〇八三～八七年）以後のことである。

周知のように、両合戦とも東北地方の内部対立に源頼義《よりよし》・義家《よしいえ》父子が介入した事件であるが、両合戦の勝利によって、源氏の勢力が広く東北地方に拡大することになった。とくに、大きな政治問題になったのは、後三年合戦の際の義家の評価で、清原氏一族内部の対立を平定し、東北地方の安定を実現したにもかかわらず、朝廷は義家の出兵も「私戦」であるとし、恩賞《おんしょう》を与えなかっただけでなく、義家の家来の入京を禁止し、さらに諸国の百姓が義家に土地を寄進することまでも禁止している（『百錬抄』新訂増補国史大系）。義家の活躍への対応が朝廷の政治問題になっていたのである。

しかし、いかに義家を政治的に抑え込もうとしても、武士としての活躍を無視することはできなかった。朝廷は、ついに一〇九八年（承徳《しょうとく》二）に義家の院への昇殿《しょうでん》を認めた。院への昇殿とは、院＝上皇の住まいの場に直接祗候《しこう》して院に仕えることである。これは院権力の武力として武士が正式に登用されたことを意味しており、武士が国制上の地位を獲得していく過程で画期的な事件であった。このことを伝える『中右記《ちゅうゆうき》』の筆者藤原宗忠《むねただ》は日記の裏書に「義家朝臣《あそん》は天下第一の武勇の士なり」と記しながらも、「昇殿を聴《ゆる》さるるに世人甘心《かんしん》せざるの気あるか。ただし言うなかれ」と書いて、「天下第一」ではあれ「武勇の士」が院に昇殿することに「甘心」＝納得しない風潮がある、と記している（承徳二年十月二十三日条、大日本古記録）。しかし、最後に「ただし言うなかれ」と明記しているように、そのような新たな事態に反対できない状況が生まれていることも事実であった。

図2　源義家（『後三年合戦絵巻』）

荘園公領制

荘園制がはっきりとした姿を現すのも一一世紀末から一二世紀にかけてである。以前の教科書などでは摂関政治の経済的基盤は荘園であったと説明されることが多かったが、王朝国家（一〇世紀〜一一世紀後半までの国家）や当該期の国衙領《こくがりょう》（国衙が支配していた領域。公領ともいう）に関する研究の進展によって、現在においては摂関政治期に荘園制が確立したと考える研究者はほとんどいない。

律令制に基づく支配の維持が困難になった朝廷は、一〇世紀初頭、延喜《えんぎ》荘園整理令（九〇二年）に代表される国政改革を断行し、戸籍《こせき》・計帳《けいちょう》による支配や班田制を最終的に放棄し、一定の耕地の経営と納税を有力農民に請け負わせる「負名《ふみょう》」制に移行した。そしてその耕地は「公田《こうでん》」として「国図《こくず》」に登録された。また、それまでの荘園は現作田《げんさくでん》（実際に耕作している田地）に限定され、国衙による「免《めん》除領田《じょりょうでん》制」のもとで管理された。このような状況であったから、一〇世紀に荘園が展開する条件はほとんどなかった。

しかし、一一世紀前半になると、国衙領の荒廃の進行に対応するため、朝廷は開発を条件に公田の領有を認める政策に転換せざるを得なくなった。ここに開発所領《かいはつしょりょう》としての荘園形成の糸口が開かれた。実際、一一世紀中ごろ以降には「別名《べつみょう》」や「保《ほ・ほう》」などと呼ばれた国衙領内部の開発所領がひろく確認できる。そして、これらの開発所領の寄進などを通じて一一世紀末〜一二世紀前半に荘園が飛躍的に増加した。

鎌倉時代になって作成された国別の土地台帳＝大田《おおた》文《ぶみ》には国衙領の面積だけでなく、荘園の面積やその所領が荘園化した年代なども記載されている。詳細は第六章「荘園と村落」の第一で記すが、その荘園化した年代と荘園と国衙領との比率を整理してみると、荘園が拡大するピークは一二世紀前半であり、その後はあまり増えないことがわかる。また、荘園と国衙領の比率は、六対四、ないし五対五くらいに落ち着く。このことは、一二世紀前半に増加のピークを迎えた荘園であっても、国別の耕地面積では五〇～六〇パーセントを超えず、あとの四〇～五〇パーセントは国衙領として維持されていたことを示している。

このようにしてでき上がった土地制度が中世社会の根幹となる土地制度であり、荘園公領《しょうえんこうりょう》制と呼ばれている。すなわち、中世社会を支えた荘園公領制もまた一二世紀前半に確立したのである（網野一九九二）。

権門体制

荘園制の進展にともなって摂関家さらに有力寺社や天皇家までもが大荘園領主として立ち現れてくるのも一一世紀末から一二世紀であった。

一一世紀中頃以降、摂関家への荘園の集積は継続されていたが、院政が開始され新たな権威が成立すると院にも荘園の寄進が行われるようになった。とくに鳥羽《とば》院政期には、院自身が院庁下文《いんのちょうくだしぶみ》や院《いん》宣《ぜん》を発して荘園を公認するようになったから（図3）、最上級の権威を求めて院に荘園を寄進する者が増大した。この結果、院は巨大な荘園領主としての性格を持つことになった。例えば、鳥羽院の娘の

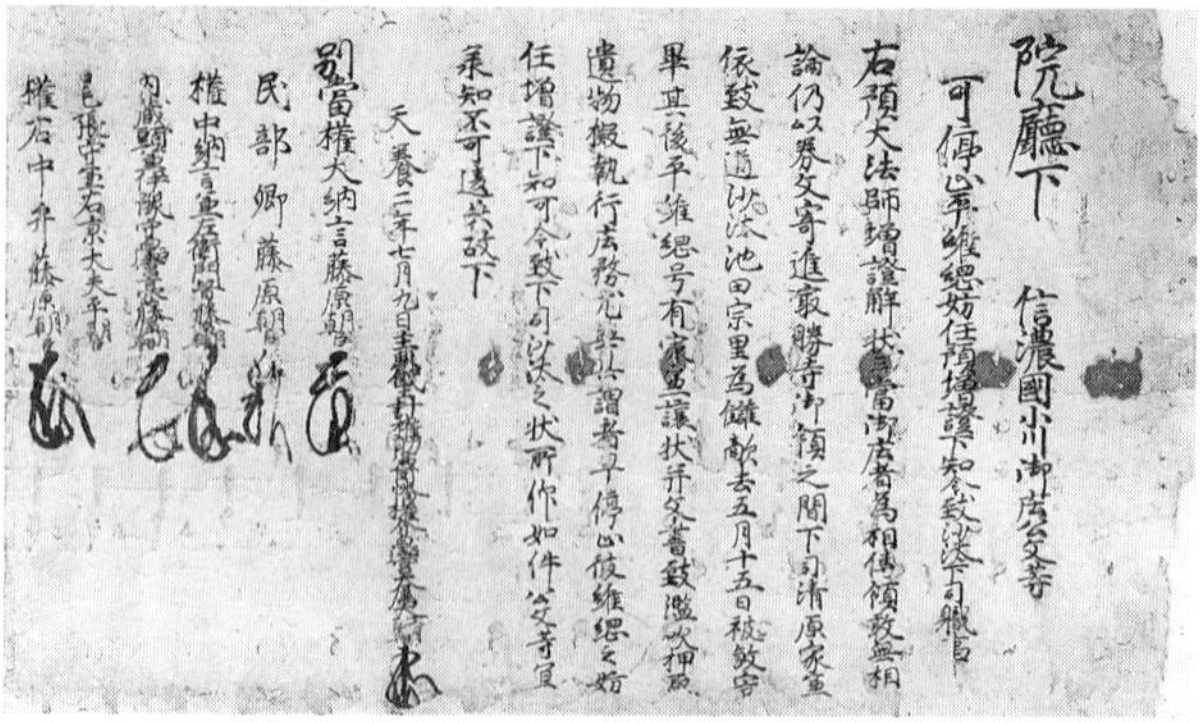

図3　鳥羽院庁下文

暲子《しょうし》内親王の所領八条院《はちじょういん》領荘園は一二二一年（承久三）には二二一カ所を数える厖大なものであった。

一一世紀中頃からいわゆる「末法の時代」に入るという考え方が流布する一方、平忠常の乱、前九年・後三年合戦などの戦乱や、一〇世紀後半以降内裏《だいり》の焼失や京中の火災が相次ぐなど、政治的社会的不安が増大するなかで、寺社とりわけ浄土教《じょうどきょう》の教えに救済を求める風潮が強くなった。貴族や天皇家は自分の救済のために競うように造寺造仏を行い、阿弥陀堂《あみだどう》の建築を推し進めた。そしてその財源として多くの荘園をそれらの寺社に寄進した。人々を救済するという特権と大規模な荘園群とを獲得した有力寺社は大きな権力をもつとともに、僧兵《そうへい》や神人《じにん》などの武力を用いて強訴《ごうそ》などの手段によって政治にまで介入してくるようになった。

このように、摂関家・院・有力寺社が荘園領主として並立する関係が一二世紀中頃までには成立した。また前述のように、この頃には武家も源氏・平氏を中心に中央政界で武門としての位置を確立しつつあったから、この時期の政治体制は、摂関家、天皇・院、有力寺社、武家などの、それぞれ独自の権力と財政基盤をもった集団＝権門《けんもん》が並び立ち、政務を分担する体制が作られた点に特徴がある。このような体制を権門体制と呼んでいる（黒田一九九四）。

権門体制は、どれかの権門が単独で権力を掌握し国家支配を遂行するのではなく、公家が政務・朝廷儀礼を、武家が軍事警察を、寺社が宗教と国家的なイデオロギーを分掌して、相互補完《ほかん》し合って国家運営を行い、大多数の人民を共同で支配する体制であった。このような分掌的な国家支配体制の中心が国王である天皇と朝廷の太政官《だじょうかん》機構であって、一つの権門では担えない一国平均役《いっこくへいきんのやく》などの国家的負担の徴収や、官位の任免・年号制定など独自の権能を発揮した。

この権門体制という理解の背景にも、武家権力だけをもって中世国家とする考え方に対する批判があることは明白であろう。だからといって、貴族政権にもどすのではなく、新たに成立してきた有力寺社や武家さらに院までを含み込んで中世国家と考えようとするところに権門体制の優れた点がある。

中世百姓と村落

しかし、中世を特徴づけるのは武士や大寺社などばかりではない。実は民衆が自立した運動を展開し、中世的な村落を形成するのもこの時期であった。皆さんは、九八八年（永延二）に尾張《おわり》国の郡司と百姓が国司藤原元命《もとなが》の非法を三一箇条に連ねて朝廷に訴え出たことを習ったと思うが（「尾張国郡司百姓等解文《げぶみ》」『平安遺文』三三九号、以下「平〇〇号」と略記する）、一一世紀中期になると「住人等解《じゅうにんらげ》」闘争といわれる荘園の住人らの集団的な運動が全国的に現れる。

これはある荘園の「住人」と名乗る農民が連名で「解《げ》」（上申文書）を荘園領主に提出し、自分たちの生産や生活に関わる問題の解決を訴え出たものである（図4）。その初期は「田堵《たと》」と称したり荘園

図４　紀伊国神野荘住人解

管理を職務とした荘官《しょうかん》なども含まれていたが、一一世紀末から一二世紀前半になると、一人一人が「住人」と称し、それぞれ署名して（「連署《れんしょ》」という）集団で訴える形式が確立する。この「住人等解」闘争は一二世紀末には「百姓等申状《もうしじょう》」闘争に展開する。荘園内身分である「住人」ではなく、国家的な身分である「百姓」として荘園領主に訴えるという闘争形態に発展したのである（島田一九八六）。

「住人等解」や「百姓等解」で提出された内容は、荘園領主の徴税強化や代官の非法など荘園内部の問題だけでなく、国司らの乱暴や新たな税の賦課の停止を求めたり、隣接する荘園との水利や山野の用益権をめぐる紛争の解決など、多様であった。これらの問題は、住人・百姓たちの生活の維持だけでなく、荘園経営にとっても重要な問題を含んでいたので、荘園領主は荘園経営を維持するためにも、国衙や他の荘園領主との交渉による解決が重要な政治的能力となった。もし、荘園領主が住人・百姓らの要求に応えられない時は、逃散《ちょうさん》という実力行使も行われることがあった。実際、平安時代末期のある荘園の「百姓等解」には、「自分たちの要求が叶《かな》わない時は、荘園をやめて国衙領になってもよい」とまで記されていた（平三二九六号）。

このような主体的・集団的な活動の経験のなかから、平安時代末期には「荘民一味《しょうみんいちみ》」（平三五一一号）という意識が形成され、鎌倉時代中期（一二四三年）には「百姓の習い、一味なり」と主張するほどになる（『鎌倉遺文』六二五四号、以下、「鎌○○号」と略記する）。荘民や百姓の中で「一味」という横の連帯が徐々に強化されていることがわかる。そして、この連帯と意識が「一揆《いっき》」に連続していくことは容易に想定できる。一揆の際、それに参加する人々の連帯意識を高めるために飲まれたのが「一味神水《じんすい》」と呼ばれたことがそれを証明している。「一揆」を生み出す百姓らの主体的・集団的な運動の始まりも一一世紀後半であったのである。

タテとヨコの相剋

このように、中世社会というのは、武士や荘園領主としての貴族や寺社が形成されてくると同時に、農民・百姓の自立的な性格が明確になってくる時代であった。中世後期になると、戦国大名の支配とそれに抵抗する農民・百姓の一揆との関係を指して「タテとヨコの相剋《そうこく》」と評価することが多いが、それは中世後期に特有なものではなく、中世の成立期から中世を一貫する対立関係であった。このことからも、中世を「武者の世」としてのみ捉えることがいかに一面的であるか、理解できよう。

私たちは民衆の立場に立った歴史の究明を目指している以上、支配者側の視点だけに基づく研究は極力排除し、民衆の視点から歴史を復元する努力を重ねなければならない。もちろん、史料は支配者の側に残される傾向が強いから、民衆に関する豊かな事実を発掘することはそれほど容易ではない。しかし、その努力をぬきにして民衆に立場に立った真の歴史像を構築することはできないのである。

以上、中世社会を特徴づける基本的な構成要素の概略を説明したが、以下本論ではさらにいくつかの要素を加えて、中世社会の成り立ちについて叙述することにしたい。

中世の始期と終期

ところで、それに先だって、中世の始期と終期について一言しておこう。これまで述べてきたことから、中世の始期を一一世紀中ごろ、院政の成立期におくように変化してきたことは理解できよう。このような考えから、本シリーズでは院政期から具体的な叙述を始めることにした。

では、中世の終期はいつか。近世も江戸幕府＝武家政権であり、村落もそれほど大きく変化したとはいえないし、さらに農民の闘争形態である「一揆」も継続することなどから、中世と近世の境を確定することは難しい。

以前は、豊臣秀吉のいわゆる「太閤検地《たいこうけんち》」によって中世と近世を区分する方法が採られていたが、「太閤検地」が実際全国的に実行され、一地一作人制などの制度が施行されたとはいえず、どちらかというと政策的な側面が強いことが判明し、以前のように時代を区分する基準として考えることができなくなった。それに代わって注目されるようになったのが、東アジア全体の中での戦国の動乱の評価である。日本国内の「動乱」から統一政権へという一国史的な視点を超えて、秀吉の朝鮮侵略という東アジア全体に影響を与えた「動乱」を経て、一つの「体制」として形作られたのが「鎖国」制ではなかったか、という考え方である。

もちろん、秀吉が全国統一を実現したこと、そしてそれに代わった徳川家康が江戸に幕府を樹立したことの意義は大きいいし、いわゆる幕藩《ばくはん》体制という独自の政治形態が形成されたことは高く評価しなければならないが、その確立の時期としては一六三〇年代の鎖国制の完成から本百姓体制が確立する一六六〇・七〇年代の間におくのが穏当だと思われる。

このような考えから、本シリーズでは、戦国の争乱の終焉《しゅうえん》＝豊臣政権の成立をもって中世の終期とする説は採用せず、中世から近世への移行する時期として鎖国制が指向される時期までを扱うことにした。「日本の中世」というシリーズとしては違和感を感じる読者もおられるかもしれないが、最近の研究成果を反映させた結果であるとご理解いただきたい。中世の始期を「武者の世」の成立におかない理由として、支配階層の交替を基準に時代を区分することはできない、と述べたが、中世の終期＝近世の始期の理解もこれと同じ考え方である。鎌倉幕府の成立＝中世、江戸幕府の成立＝近世とするのはわかりやすいパターンだが、真の歴史はもっと複雑で多様である。その複雑さや多様さを読み解き、わかりやすく叙述することこそ歴史叙述の醍醐味である。

このシリーズを通じて、歴史の醍醐味の一端にでも触れていただけることを期待したい。

一　武士の職能と身分

1——武士とはなにか

武士は自衛したか

「土豪や有力百姓は自分の所領や権益を守るために武装し、武士になっていった」と教科書や一般書で説明されることが多いが、自衛のための武力と武士の武力とを同一視することは大きな間違いである。詳しくは第三章「中世百姓の成立」で述べるが、一人前の百姓の資格として「腰刀《こしがたな》」を所持し危険から身を守る＝自衛する能力が不可欠であった。しかし、彼らが所持した腰刀と武士が帯した太刀《たち》や弓とを同じ武力であると評価することはできまい。

例えば、武士の成立を示す事例として有名な平将門《たいらのまさかど》も、桓武《かんむ》天皇の子孫で、かつ将門の父良持が東北地方のエミシや俘囚《ふしゆう》の反乱を抑えることを職務とした鎮守府《ちんじゆふ》将軍であったことが象徴的に示すように、その一族は東国の民衆のさまざまな抵抗を鎮圧すべく中央から派遣された、治安・軍事担当の貴族（軍事貴族）とでもいうべき存在であった（図5）。すなわち、彼らは最初から軍事の専門家集団であったのであり、その職務を遂行するために「群党《ぐんとう》、山に満《み》つ」といわれた九世紀後半の東国へ派遣されたのである（戸田一九九一）。

確かに、武士の存在が明確になる一〇世紀後半から一一世紀にかけての社会は、実力がものをいう時代になりつつあったので、自分の所領や権益を守るために自衛する集団がいてもおかしくないが、しかし、彼らの所領や権益は朝廷や国衙《こくが》の認定が不可欠であり、武力だけでは確保し維持することはできなかった。そのため、国衙の役人になり軍事の専門家として職能を発揮し、権益の確保を有利に

図5　桓武平氏系図

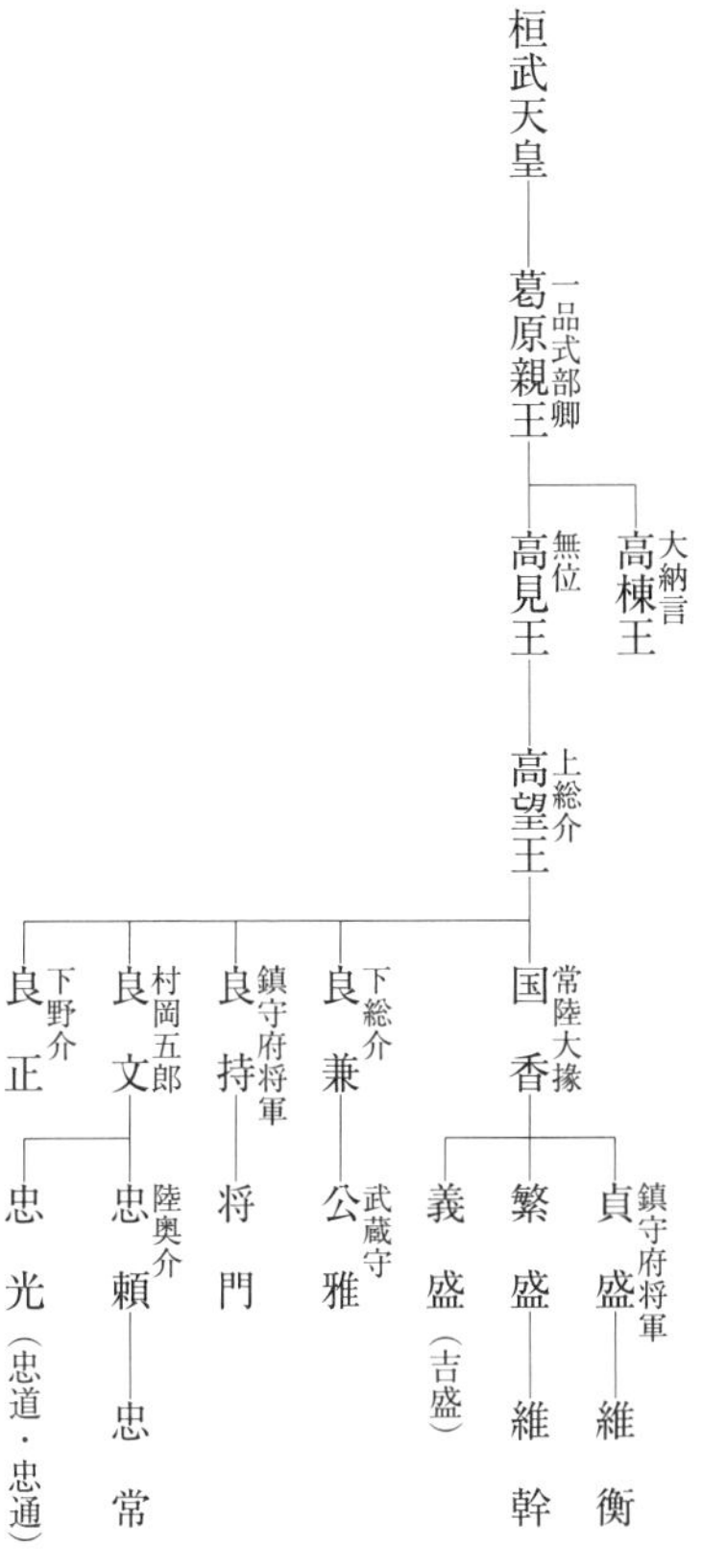

する者も現れた。このように、武人としての職能を通じて所領や権益の確保を実現した者が「武士」であるとする方が正確であろう。

平将門は反乱を起こし最後は敗北してしまうが、彼を打ち破った平貞盛《さだもり》や藤原秀郷《ひでさと》の子孫がその後武士として成長していることを考えると、将門が反乱へ至る要因も、武士による朝廷に対する反逆という単純なものではなく、地方支配における軍事貴族としての地位の確保をめぐる対立があったと考えた方が良いように思われる。軍事貴族という職能をもって国衙の支配組織のなかに位置づくことこそ、武士として生き延びていく一つの道であった（下向井二〇〇一）。

在地領主制論と武士

武士の成立を自衛という側面から理解しようとする考え方の背景には、「公《こう》武《ぶ》交替史観《こうたいしかん》」がある。古代的な貴族政権（公）をその内部から打ち破って武士政権（武）が成立するという考え方である。この考え方に基づくと、開発などによって獲得した豪族層の所領はつねに貴族政権の弾圧の対象であったから、豪族層はそれらを守るために武装し自衛せざるを得なかった、というのである。

このような考え方は戦後の中世史研究では通説的な位置を占めていた。律令制支配に抵抗する豪族層は開発などを通じて「私領《しりょう》」を形成し、その私領の経営のために周囲の農民を動員するとともに、徐々に彼らを隷属《れいぞく》させて、自らは領主に転化していった。そして、このような過程を通じて成長してきた領主を在地領主《ざいちりょうしゅ》と呼んだ。すなわち、律令制支配とその後につづく貴族政権をその内部から崩壊させ、中世社会を形成する主体として評価されたのが在地領主であった。彼らが私領を中核に作り上げた大規模所領とその経営に包摂された農民との間に成立した関係こそ封建的な隷属関係であると評価された（石母田一九八九）。

このような在地領主制論のうえに、政治的主体としての武士論が重なり合い、在地領主がいっそう発展し貴族政権を打ち破ったとき、武家政権が成立すると考えられてきた。すなわち、武家政権＝鎌倉幕府は在地領主である武士が作り上げた政権ということになり、「中世は武士の世だ」という考え方の根拠になったのである。

しかし、中世社会を作ったのは武士だけではないし、前述したような軍事貴族の存在は在地領主制論からのみ武士の成立を考えることは正しくない。このような反省から登場してきたのが「職能としての武士」論である（高橋一九九九）。

職能としての武士

一一世紀前半、当時著名な文人貴族であった藤原明衡《あきひら》が著した書物に『新猿楽記《しんさるがくき》』がある（『古代政治社会思想』日本思想大系）。これは、ある夜、猿楽を見にきた京都西京に住む右衛門尉《うえもんのじょう》一家に託して、当時の「一一《いちいち》の所能同じからざる」合計二五人の人々の職業を描き分けた興味深い書物であるが、そこに「博打《ばくち》」「田堵《たと》」「相撲人」らにまじって「武者」が描かれていた。ここでいう「所能」とは、技芸とか技術を意味しているから、武者が博打や田堵などと併記されていることは、武者は彼らとは異なった独自の技術をもつ存在であったことを示している。

図6　流鏑馬（『鳥獣戯画』）

ではその独自な技術とはなにか。

中君《なかのきみ》の夫は、天下第一の武者なり。合戦・夜討《ようち》・馳射《はせひき》・待射《まちゆみ》・照射《ともし》・歩射《かちゆみ》・騎射《のりゆみ》・笠懸《かさがけ》・流鏑馬《やぶさめ》・八的《やつまと》・三々《さんざ》九《く》・手挟《たはさみ》等の上手なり。或は甲冑《よろひかぶと》を被《き》、弓箭《ゆみや》を帯し、干戈《ほこ》を受け、太刀を使い、旌《はた》を靡《なび》かし楯《たて》を築《つ》き、陣を張り兵を従ふるの計《はかりこと》、寔《まこと》に天の与へたるの道なり。（中略）寔に一人当千と謂《い》ひつべし。姓名を知らず、字《あざな》は元、名は勲藤次《くんとうじ》と云云。

この文章から判明する「天下第一の武者」の技術とは、「射」という文字が象徴しているように、馬術と弓術とを中心とした合戦の技術であった。教科書などで「兵《つわもの》の道」＝「弓馬の道」とか「騎射三物《きしゃみつもの》」などと記されていたのはこのことに拠っている。したがって、武者＝武士とは弓馬の術をもって他の職業人と区別された技術者であるということができる。ちなみに教科書などでいう「騎射三物」とは『新猿楽記』にある笠懸・流鏑馬と「犬追物《いぬおうもの》」のことであった。

もちろん、『新猿楽記』は最初の往来物《おうらいもの》（初級教科書）といわれているように、文学的作品としての色彩が濃いことは否めないが、ここに記された武者には在地領主としての性格はまったくない。前に平将門について述べたとき、彼らの一族を「治安・軍事担当の貴族（軍事貴族）」と評価したが、『新猿楽記』の武者の記述に通じる性格といえよう。

また、源氏武士団の祖といわれる源満仲《みつなか》が中央政界に登場してくる契機になったのは、藤原摂関家の最後の他氏排斥《はいせき》事件といわれる九六九年（安和二）の安和《あんな》の変において、源高明《たかあきら》の陰謀を密告し、その功によって摂関家の傭兵《ようへい》になったことであった。まさに武者＝武士は、その当初から、職業的な戦士として朝廷や上級の貴族に仕えるような存在であったのである。

武士とイエ

武士がなによりも職業戦士であったとすると、職業人としての自らの地位を守るためには、その技術の独占と伝承が不可欠であった。もちろん、技術は一人の人間によって開発され維持され継受されることは不可能であるから、そこに集団性が必要になってくる。その一番身近な集団がイエであった。すなわち、武士が武士として存続していくためには、職業戦士を家業とするイエの成立が不可欠であったのである。

現在は教育や科学の発達によって知識や技術が共有されることが多いから、一つの技術を一つの家が受け継いでいるというような事例をあまり見なくなったが、少し前の職人の世界はまさに家業によって成り立っていた。職業戦士としての武士も家業として成り立っていたのである。

したがって、「武」という技術によって他の職業人から自らを区別した武士は、それにとどまらず、

表1　天慶の乱の勲功賞　（推定も含む）

氏　名	勲功前	勲　功　賞	出　典	始祖関係
藤原秀郷	下野掾	従四位下下野・武蔵守	日本紀略	小山・足利氏ら始祖
平　貞盛	常陸掾	従五位下右馬助	同上	伊勢平氏始祖
源　経基	武蔵介	大宰少弐	扶桑略記	清和源氏始祖
平　公雅	上総掾	安房守	浅草寺縁起	尾張長田氏ら始祖
平　清幹	上野介	因幡守	類聚符宣抄	安房安西氏始祖
橘　遠保	遠江掾	美濃介	日本紀略	駿遠橘氏始祖
藤原貞包		筑前権掾	本朝世紀	
巨勢広利		左衛門少志	同上	
大神高実		左兵衛少志	同上	豊後緒方氏始祖？
藤原為憲		兵庫権少允	同上	駿遠工藤氏ら始祖
藤原遠方		左兵衛権少尉	同上	
藤原成康		右馬権少允	同上	
大蔵春実	右衛門志	従五位下対馬守	大蔵系図	大宰府大蔵氏始祖
藤原倫実		左馬允	楽音寺縁起	安芸沼田氏始祖
越智用忠		従五位下	貞信公記	伊予河野氏ら始祖

「兵《つわもの》の家」「武芸の家」などと呼ばれる、武芸を家業とする特定の家柄の出身者でなければならなかった。一四世紀初頭に完成した唱導《しょうどう》（仏教の経典や教義を説いて人々を教化すること）の模範文例集である『普通唱導集』では、「世間・出世（間）芸能二種」と「世間・出世（間）聖霊二種」に分けてさまざまな職業人をかき分けているが、その「世間部」の「芸能（人）」の一つに「武士」もあった。そこで武士は

　武勇の家に生まれ、もとよりよくその芸を稟《う》け、弓箭《きゅうせん》の道に携《たずさ》はつて、思ひまた已《すで》にかの態に堪《たえ》へたり

と説明されている。「武勇の家に生まれ」るのが必須条件であった。

　また、『続本朝往生伝《ぞくほんちょうおうじょうでん》』には、一条天皇（在位九八六〜一〇一一）のころ、各方面に有能な人

材が多数輩出したといい、武士としては源満仲《みつなか》・源満正《みつまさ》（政）・平維衡《これひら》・平致頼《むねより》・源頼光《よりみつ》があげられている（『往生伝　法華験記』日本思想大系）。彼らこそ、その時代を代表する武士であり、典型的な「家ヲ継タル兵」であった。

では、このような「家ヲ継タル兵」の基準はどのようにして作られてきたのであろうか。最近の研究によれば、承平《じょうへい》・天慶《てんぎょう》の乱、すなわち平将門と藤原純友の乱の平定に活躍し勲功《くんこう》を得た者の家がその端緒であるという（表1、下向井二〇〇一）。『続本朝往生伝』であげられた源満仲・満政は将門の乱で勲功のあった源経基《つねもと》の子であったし、頼光は満仲の子であった。また平維衡も将門の乱を平定した平貞盛《さだもり》の子であり、致頼も桓武平氏の一族であった。

したがって逆に、いかに武芸に優れていても承平・天慶の乱の勲功者の子孫でなければ武士とは認められなかった。一一世紀初頭、源平の武士とならんで武名を誇った藤原保昌《やすまさ》でさえ、「家ヲ継タル兵」でなかったため、のちに子孫が絶えた時、「家ニ非《あら》ヌ故《ゆえ》ニヤ」と「武士の家でもないのに武士としてふるまった罰だと陰口される」ほどであった（『今昔物語集』巻二五―七話、新日本古典文学大系）。また、「範基《のりもと》武芸を好む、万民の許さざるところ、内外共に武者の種胤《しゅいん》に非ず」、すなわち藤原範基が武芸を好むのは万民が許すところではない、彼は父方も母方も武士の「種胤」＝子孫ではない（『小右記』長元元年七月二十四日条、大日本古記録）と非難された武士もいた。

武士とイエとの関係は武士団の首領を「棟梁《とうりょう》」と呼んでいることにもよく現れている。

武士団と棟梁

「棟梁」とは本来、家の棟《むね》と梁《はり》のことであり、そこから家の棟や梁に匹敵《ひってき》するほど重要な人物の意になったといわれるが、武士が武士団を形成し、職業戦士としてのイエと技術を受け継ぎ発展させていくためには強力な統率者が必要であった。その意味では、「職能としての武士」で述べたように、手工業者＝職人の集団内の関係とまったく変わりがなかった。親方と職人との関係である。現在、「大工の棟梁」などと使用される一因はここにある。したがって、武士団の棟梁とは、職業としての戦闘の技術を受け継ぎ発展させる職能集団の「親方」であったともいえるのである。

　しかし一方で、侍＝武士身分の成立には朝廷の官位と密接な関係があった。後述するように、侍は五・六位の官位をもつ官人の称でもあったのである。そのため、それら武士団の棟梁となるためには、貴族官人としての身分的優位性も要求された。それが貴種《きしゅ》性であった。貴種とは、人はそれぞれ出生によって貴賤尊卑《きせんそんぴ》の品が定まるという種姓《しゅせい》に基づいた身分観念で、身分・家柄の高い血筋に生まれた人々のことを指した。鎌倉時代前期の歴史書『愚管抄《ぐかんしょう》』には、

　日本国ノナラヒ（習）ハ、国王種姓ノ人ナラヌスヂ（血筋）ヲ国王ニハスマジト、神ノ代《よ》ヨリサダメタル国ナリ、

と記しているのがそれである（巻第七）。国王になるには国王になる血筋でなければならない、というのである。

武士団の棟梁にも貴種性が求められたことは、源頼朝挙兵時の次の逸話がみごとにいい表している。治承《じしょう》四年（一一八〇）、源頼朝の挙兵に間に合わず、かつ石橋山の合戦で頼朝が敗北したことを聞いた三浦一族は居城の衣笠城《きぬがさじょう》（三浦半島）に退いた。頼朝軍を破り勢いにのった畠山・河越氏を中心とする平氏軍にその衣笠城を攻められた時、三浦一族の長老で八十九歳であった三浦義明《よしあきら》は、

自分は源氏累代《るいだい》の家人として、幸いして、「貴種」再興の秋《とき》に逢うことができた。ここで、あといくらもない老いの命を頼朝に投じて、子孫の勲功にしたい、

といって、立て籠もっていた三浦一族や和田義盛《よしもり》らを逃し、自らは城に踏みとどまって壮烈《そうれつ》な戦死をとげた、という（『吾妻鏡』治承四年八月二十六日条、新訂増補国史大系）。

当時の東国の有力武士にとって、頼朝の挙兵は「貴種再興」を意味したのであり、その貴種性を一身に担っていたのが、源氏の嫡流である頼朝であったのである。三浦氏や和田氏、さらに後には頼朝に味方する畠山・河越ら秩父一族のような東国を代表する豪族的武士だけでは、朝廷に対抗するような武士団を構築できなかったのであり、逆にそれら各地に盤踞《ばんきょ》する豪族的武士を強力な武士団として糾合《きゅうごう》するためには、頼朝の貴種性が必要であったのである。京都の朝廷からみれば一介の流人《るにん》にすぎなかったが、前九年・後三年合戦以後の東国社会における源氏の伝統は、このようにして甦《よみがえ》ったのであり、ここにこそ頼朝挙兵の意味があったのである。

話が具体的になりすぎたが、このような侍＝武士としての貴種性が、源氏・平氏をして武士団の棟

梁に登らせたのであった。まさに「イエ」の種姓に関わる問題であったのである。

征夷大将軍をめぐる諸問題

源氏武士団の棟梁源頼朝が平氏を長門壇《だんの》ノ浦《うら》で滅亡させ（一一八五年）、さらに反抗した弟源義経の追討を口実に奥州藤原氏を討滅させて、全国統一を果たしたのは文《ぶん》治《ち》五年（一一八九）のことであった。頼朝は早速翌建《けん》久《きゅう》元年に上洛し後白河法皇と後鳥羽天皇に謁見《えっけん》した。そして権大納《ごんだいな》言《ごん》と右《う》近衛大将《このえのたいしょう》の地位を得た。頼朝は征夷大将軍《せいいたいしょうぐん》の地位を望んだが法皇がそれを認めなかったといわれる。しかし、建久三年（一一九二）三月、後白河法皇が死去すると、七月には待望の征夷大将軍に任官されたのである（『吾妻鏡』）。そして、鎌倉幕府以後の室町幕府も江戸幕府もその首領が征夷大将軍の職に就くことが恒例となったことは周知の事実である。征夷大将軍は武門の棟梁の代名詞となったといえよう。

しかし、近年、このような「常識」をくつがえす事実が明らかにされた。『三槐荒涼抜書要《さんかいこうりょうぬきがきのかなめ》』（『山槐記』『荒涼記』の抜書）の翻刻《ほんこく》と紹介を行った櫻井陽子は、『山槐記』の中に建久三年の頼朝征夷大将軍任官に関する記事を発見して、つぎのような注目すべき事実を紹介している（櫻井二〇〇四）。少々長くなるが、注目すべき事実なので煩《はん》をいとわず引用しよう。

頼朝は必ずしも「征夷大将軍」という名称には固執《こしゅう》していなかったようである。頼朝は前任（略）ではあるが、近衛府の将軍であったことを示す「前右大将」を返上し、実際に戦闘に従事する征討軍を統括する「大将軍」という職を願ってきた。（『山槐記』の筆者中山）忠親《ただちか》は諮問《しもん》に答えて、「（平）宗盛《むねもり》の「総官」や（源）義仲の「征東」（大将軍）を避けたく、また中国の「上将軍」も敢えて用いる必要もない」と進言する。そして、朝廷では、（坂上《さかのうえ》）田村麻呂《たむらまろ》の例を吉例として、「征夷」大将軍という職名を選んだ。「征夷」が頼朝の発案ではなく、朝廷の側からの命名であったことが理解される。

私たちは、櫻井のいうとおり、『吾妻鏡《あづまかがみ》』の記事だけを頼りに、頼朝がそれを望んだという「常識」を信じてきたのであるが、事実は違ったのである。もちろん、結果的には頼朝は征夷大将軍に就任し、以後の幕府の首領もそれに倣《なら》ったことは間違いないにしても、頼朝が当初から「征夷大将軍」に固執していなかったという事実は重要である。

そして、この事実によって問題となってくるのは、第一に頼朝が最初に望んだ「大将軍」とはなにか、という点であり、第二は、頼朝が建久五年秋にその征夷大将軍職の辞退を申し出ていることの意味である。この将軍職辞任については研究者の間で議論が分かれているので、ここではこれ以上深入りはしないが、これ以後、頼朝が「将軍家」ではなく、以前の「前右大将家《さきのうだいしょうけ》」を名乗っていることも事実である。この辺りも頼朝が望んだのがなにであったか、違った角度からいえば頼朝にとって征夷大将軍とは何であっ

図7　（伝）源頼朝画像

たのか、という問題と関係し、興味ある点である。そして最後に、頼朝死後の頼家《よりいえ》の二代将軍就任の意味である。いうまでもなく、頼朝が望んだのが「大将軍」であり、かつ「征夷大将軍」も辞退していたとすれば、幕府の首領が征夷大将軍に就任するという慣例は二代頼家から創られたことになるからである。「征夷大将軍」をめぐる問題は、武家政権の性格に関わる重要な問題であるだけに、今後、慎重に検討されることを期待したい。

2――武士と身分

侍と御家人

武士を「侍《さむらい》」ということがあるが、この両者にはどのような違いがあるのであろうか。前節でも指摘したように、武士は武者ともいい、彼らの職能に基づいた呼称であった。職能身分といってもよいであろう。一方、侍は「さぶらう」という動詞を語源としており、本来は主人の側《そば》近くに仕える者たちをいった。一種の主従制的な関係に基づいた呼称といえる。平安時代中期以降、前述の源満仲《みつなか》のように、武士が上級貴族に近侍する者が多くなったため、侍と武士との混用がはじまった。

しかし、侍の身分規定は意外に厳密で、朝廷の官職で「諸大夫《しょだいふ》・侍」と併称されるときは六位以下の有官位者を指した。摂関政治の時代になると、律令で規定された官位は正六位上《しょうろくいのじょう》までとなり、それ以下の官位は実質的な意味を失ってしまったので、六位クラスの有官位者を侍と呼ぶようになった（田中一九九一、大山一九七八）。

また、律令以後に貴族社会で用いられていた公家法《くげほう》の刑罰の規定で、拷問《ごうもん》を免れることができる階層として指摘されていたのは、

官位有るの者、及び僧侶、五位以上の子孫、（『法曹至要抄《ほっそうしようしょう》』、一二世紀中頃成立、『群書類従』第六輯）

近代の僧侶、五位以上の子孫、（『金玉掌中抄《きんぎょくしょうちゅうしょう》』、鎌倉後期成立、同右）

であった。『金玉掌中抄』に「官位有る之者」がないが、これは写しの際の書き落としと考えられるから、両書で指摘されている「官位有るの者」こそ「侍」であったといえよう。このように、侍とは武士のなかでも、朝廷から六位クラスの官位を与えられた者を指す呼称であった。

いま、侍と官位の関係を見てみたが、一方教科書などでは、中世の侍＝御家人という記述がよく見られる。このような理解は「貞永式目《じょうえいしきもく》」＝鎌倉幕府法の内部で通用する関係であり、当然公家法内部では適用されない。では、幕府法の内部で侍と併称される御家人とはどのような身分を指すのであろうか。

一般的に御家人は、鎌倉・室町時代、将軍と主従関係を結んだ武士を意味し、そうではない武士＝非御家人とは厳密に区別されていた。一三二〇年前後に成立した鎌倉幕府の訴訟手続きの解説書である「沙汰未練書《さたみれんしょ》」には次のように説明されている（『中世法制史料集』第二巻）。

一　御家人とは　往昔《おうじやく》以来、開発領主として、武家の御下文《おんくだしぶみ》を賜る人の事なり。開発領主とは、根本私領なり、又本領とも云う。

一　非御家人とは　その身は侍たると雖も、当役勤仕の地を知行せざる人の事なり。

この規定に基づくと、御家人とは昔から開発領主として根本私領をもち、それを幕府（将軍）の御下文で本領として認定された武士のことであり、非御家人とは侍ではあるが、「当役」＝御家人役を勤仕する所領をもっていない、すなわち幕府から本領の認定を受けていない者を意味していた。とくに、後者の規定にあるように、侍であっても御家人ではない者がいたのであるから、侍＝御家人という規定はやや曖昧であるといわざるを得ない。

「貞永式目」と御家人

御家人の一般的な特徴は上記のとおりであるが、「貞永式目」など鎌倉幕府法に規定された御家人の性格について概観してみよう（田中一九九一、大山一九七八）。

まず、武器携帯についてである。建長二年（一二五〇）には、鎌倉市中において一般庶民の帯刀《たいとう》と「諸人が夜行の時弓箭《きゆうせん》を帯する事」が禁止されている（『吾妻鏡』同年四月二十日条）。鎌倉市中において太刀と弓箭＝弓と矢とを携帯できることは御家人の特権であったことがわかる。また、建長六年（一二五四）、弘長元年（一二六一）、弘安七年（一二八四）と連続して、幕府の下部《しもべ》・小舎人《ことねり》らが鎌倉市中を騎馬《きば》で行くことが禁止されている（『吾妻鏡』建長六年十月十日、「追加法」三八三条・五二八条、『中世法制史料集』第一巻）。騎馬も御家人の特権であった。

次に服装規定である。弘安七年（一二八四）、幕府は倹約を命じる新制を発布しているが（「追加法」五六三条）、その中で、一般庶民が狩衣《かりぎぬ》・直垂《ひたたれ》・帷《かたびら》・衣・小袖《こそで》などに「綾《あや》」などを用いることを禁止するとともに、「烏帽子《えぼし》・懸足袋《かけたび》」の着用も禁止されている。服装の制限は単に奢侈《しゃし》（ぜいたく）を禁止し倹約に役立つだけでなく、それによって一見して各人の地位や階層を識別でき、それは社会秩序の固定化・安定化を助け、混乱を防ぐうえで大きな役割を果たしたので、厳しく統制されたのである。

このように御家人としての特権は「式目」に明確に規定されていたが、しかし、御家人といえどもその地位は終身のものではなかった。「式目」第三条は、大番催促《おおばんさいそく》・謀叛《むほん》・殺害人などに対する御家人役の負担について規定したものであるが、そこには「そもそも重代の御家人たりといへども、当時の所帯《しょたい》無くば駈《か》り催《もよお》すに能《あた》はず」とあった。現在知行する所領のない御家人は、たとえ「重代の御家人」であっても御家人役に「駈り催す」＝負担させる必要はない、というのである。このことは、重代の御家人であっても所領を失えば御家人身分から事実上転落したことを意味している。

これとの関連で、たびたび「名字《みょうじ》、それ隠《かく》れ無き侍なり」とか「名字有る御家人」などと、名字をもつことと侍・御家人であることとが関連づけられていることが興味深い。「下作人《げさくにん》の名字」などという言い方もあるから、名字が侍の名字だけを指すとはいいがたいが、侍が自分の領地を指して「名乗りの地」「名字の地」などと表現している例も散見するから、名字と侍身分とは「名字の地」＝所領を媒介に不可分な関係にあったということができよう。「式目」第三条との関係でいえば、所領＝

「名字の地」のない御家人はもはや御家人身分として認められなかったのである。

御家人と刑罰

最後に、侍＝御家人の刑罰上の特徴を指摘しておこう（大山一九七八）。

先にも述べように、貴族社会で通用していた公家法では、「官位有るの者」＝「侍」は刑罰としての拷問《ごうもん》を逃れることができた。では「貞永式目」ではどうであろうか。代表的な例を二、三紹介しよう。

「式目」第一五条は「謀書《ぼうしょ》」（文書の偽造《ぎぞう》や偽作《ぎさく》行為）に対する罰則を規定しているが、そこには、

右、侍においては所領を没収せらるべし。所帯なくば遠流《おんる》に処すべきなり。凡下《ぼんげ》の輩は火印《かいん》をその面《つら》に捺《お》さるべきなり。

とある。すなわち、謀書の罪を犯した時、侍は所領没収か遠流であったが、凡下（一般庶民）は顔面に火印（焼印）が押されたのである。

同じく第三四条は他人の妻との密通《みつつう》と強姦《ごうかん》行為に対する罰則を規定しているが、後者の強姦行為に対する罰則は次のように規定されている。

次に道路の辻において女を捕ふる事、御家人においては百箇日の間出仕《しゅつし》を止むべし。郎従《ろうじゅう》以下に至つては、大将家御時の例に任せて、片方の鬢髪《びんぱつ》を剃《そ》り除くべきなり。

すなわち、御家人は百日の出仕停止でよいが、郎従（家来）以下は片方の鬢髪（頭髪）を剃り落とされたのであった。侍＝御家人とそれ以外の人々の間に、刑罰上大きな違いがあったことがわかる。

表2　侍・凡下に対する罰則規定

罪名	侍	凡下	出典
殺害 （〃）	死罪・流刑・所帯没収	ⓒ斬罪	式目一〇条 追加法七〇四条
刃傷		ⓒ伊豆大島（流罪）	追加法七〇四条
殴人咎 （打擲）	ⓐ所帯没収（無所領者流罪）	ⓓ召禁其身 ⓒ禁獄六〇日	式目一三条 追加法七〇四条
辻捕女 （辻捕）	ⓑ百ケ日出仕を止む ⓐ百ケ日籠居	ⓓ剃除片方鬢髪 ⓔ剃除片鬢片髪・召籠	式目三四条 追加法一八六条
密懐他人妻	召所領半分、出仕を罷む（無所領者遠流）	ⓖ{名主之輩過料二〇貫文 百姓過料五貫文}	式目三四条 追加法二九二条
謀書 （不実濫訴）	ⓐ没収所領（無所帯者遠流） 没収所領（無所帯者流刑）	ⓐ捺火印於其面 ⓓ召禁其身	式目一五条 追加法六九九条
窃盗	ⓐ遠流	（初度）捺火印於其面 （三度）誅	追加法七〇四条
博奕（四一半 雙六 目勝）	召所職所帯	ⓕ遠流	追加法二三三条

〔備考〕史料上の用語はⓐ侍、ⓑ御家人、ⓒ凡下、ⓓ郎従以下、ⓔ雑人、ⓕ下賤之族、ⓖ名主之輩・百姓を示す（大山喬平・一九七八）。

これらを含めて、侍と一般庶民とに対する刑罰規定の差異を整理すると表2のようになる。これからも明らかなように、鎌倉幕府の基本法である「貞永式目」では侍＝御家人に対する刑罰は所領没収などの財産刑であり、顔に火印を捺したり片方の鬢髪を切り落とすというように、直接肉体に苦痛または損傷を与える「体刑《たいけい》」が適用されないのが特徴であった。また、表2の「殴人《おうじん》の咎《とが》」（式目第一三条）などにもあるように、侍は禁獄《きんごく》（牢獄に収監されること）からも免れることができたのである。侍と侍以外の刑罰を中心とした身分上の差異は歴然としていたといえよう。

これとの関連で興味深いのが、荘園においては荘官クラス以上の者は百姓が負担する公事《くじ》が免除される特権を有していたことである。たとえば建治《けんじ》二年（一二七六）に、若狭《わかさ》国の御家人たちは太良荘《たらのしょう》末武名《すえたけみょう》について、「当名は往古の御家人領として、百姓名に非《あら》ざるの処、百姓公事を宛てらるるの条、謂《い》われなき次第なり」と称している（鎌一二三八三号）。公事とは、生の人間労働＝夫役《ぶやく》の徴発を基本的な内容とする収取体系であるが、御家人のいい分は「御家人の所領である名田（この場合は末武名）には、肉体的苦痛をともなうような人夫役を含めて、百姓並みの公事は免除されるのが当然である」というのである。これは、生の人間労働を徴発する公事もまた「体刑」の一種であるという理解に依拠していると考えられ、さきの侍身分に対する体刑免除規定と共通の性格として捉えることができよう。侍身分の体刑免除という特権は荘園の収取体系にまで浸透していたのであった。

3―合戦の技術

兵の道

本章1節の「職能としての武士」で指摘したように、武士の武士たる所以《ゆえん》は弓と騎馬の技術であったから、日頃から騎射《きしゃ》の訓練が重要視された。教科書に記されていたように、それらの訓練は「騎射三物《みつもの》」といわれ、笠懸《かさがけ》・流鏑馬《やぶさめ》・犬追物《いぬおうもの》に代表されるが、それだけではなかったことは、『新猿楽記』に武士の技術として「合戦・夜討《ようち》・馳射《はせひき》・待射《まちゆみ》・照射《ともし》・歩射《かちゆみ》・騎射《のりゆみ》・笠懸《かさがけ》・流鏑馬《やぶさめ》・八的《やつまと》・三々《さんざ》九《く》・手挟《たはさみ》等の上手なり」と記されていたことからもうかがえる。これらの多様な騎射の訓練は、武士にとって不可欠であったから、中世の武士の館には厩舎《うまや》と馬場《ばば》が付随するのが常であった。そこで日常的な訓練が行われたのである（図8）。

図8　武士館内の厩（『一遍聖絵』）

そのような日常的な訓練を超えた大規模

な実戦訓練も行われた。それが巻狩《まきがり》りである。建久四年（一一九三）に源頼朝が行った富士の巻狩りは、曾我《そが》兄弟の仇討ちという事件も重なって歴史上有名であるが（『曾我物語』東洋文庫）、この巻狩りを実施した頼朝の意図は当然別なところにあった。実は、この時の巻狩りは富士の裾野《すその》だけでなく、それに先だって信濃《しなの》国三原野《みはらの》、下野《しもつけ》国那須野《なすの》でも行われていたのである。三原野は東山道《とうさんどう》が関東に入る境に位置し、那須野は奥州街道が関東を出る境に位置していた。そして富士野は東海道の関東へ入る境であったのである。すなわち、この三ヵ所は関東に入る主要街道のそれぞれ境界であった。そこで二ヵ月にわたって、東国の御家人を動員して大々的な巻狩りを実施したのである（木村二〇〇七b）。

このことに、前年建久三年七月に頼朝の征夷大将軍就任が認められていたことを考え合わすと、この一連の巻狩りが、頼朝の征夷大将軍としての権威を内外に示すとともに、権力の基盤である関東の御家人を動員することによって、その支配体制を確立することに目的があったということができよう。その主従関係の確認の場として、武士の職能である騎射の技量を発揮する巻狩りという実践訓練の場が選ばれたのである。この巻狩りで、頼朝の長男頼家《よりいえ》が初めて鹿を射止め、頼朝が大いに喜んだという逸話《いつわ》までも挿入されていることも、源氏武士団の次期の棟梁を認定する場として、巻狩りがいかにふさわしかったかをよく示している。

このような大規模なものではないが、地方の武士も狩猟を行う「狩庭《かりば》」や「狩蔵山《かりくらやま》」などと呼ばれる場をもっていた。早い例では、康治《こうじ》三年（一一四四）筑前《ちくぜん》国観世《かんぜ》音《おんじ》寺領大石・山北封《ふう》内の「大野袋野」において、肥前国の前司が「五百余人の軍兵」を率いて狩猟を行い住民たちから非難されているが、その大野は「狩庭大野」とも言われていた（平二五二三号）。また寿永《じゅえい》二年（一一八三）、清原通房《みちふさ》は豊後《ぶんご》国玖珠《くす》郡内の「狩庭」を佐賀殿に去り渡しているのが知られるし（平四一一六号）、嘉禎《かてい》元年（一二三五）の安芸《あき》国三入《みいり》荘の地頭得分を書き上げた注文には「狩蔵山」が記されており、地頭熊谷《くまがや》氏が狩倉を所有していたことがわかる（鎌四八四九号）。

このことは、中世の武士団が騎射を実践する場としての狩倉・狩庭を所有し、そこで狩猟を行っていたを物語るとともに、大石・山北封の場合のように、その実践はたびたび住民たちとの軋轢《あつれき》を生み出していたことも示している（河音一九七一）。

以上のように、中世の武士は日常的には騎射三物を中心とした訓練を館《やかた》周辺で行い、さらなる実践的な訓練として狩倉で狩猟を行うことによって武士の職能を磨いていたのである。このような常に実際の合戦を意図して武芸に励んでいる中世武士の生き方を「兵《つわもの》の道」といい、江戸時代に入り合戦をしなくなった段階の武士が、武士であることを精神性に求め、いさぎよさや捨身《すてみ》、名や恥を重んじるようになった「武士道」とは区別して考えるべきである。

弓と太刀

武士の職能が騎射である以上、弓と馬の性能が問題になる。それに太刀もあわせて、武士の武具について簡単に紹介しておこう（下向井二〇〇一）。

古代の弓が自然木の細い幹をそのまま利用する丸木弓や太い材木を削って作った木弓であったのに

対して、中世には木弓に竹を合わせ用いた合成弓が出現した。一一世紀中葉に伏竹弓《ふせたけ》（ままき弓ともいう）が作られた。これは、木弓の外面（弦《つる》と反対の方）に竹片を貼《は》り付けたものである。さらに平安時代末期には三枚弓が作られた。これは伏竹弓を改良し、伏竹弓の内面にも竹片を貼り付けたものであった。三枚弓は、弓を引き絞ると外側の竹は極度に伸張し、逆に内側の竹は激しく圧縮されるから、その両者の反撥力《はんぱつりょく》が重複して、強い弾力をもつことになったのである。これによって、丸木弓や木弓の飛距離や打ち抜く威力を大幅に超えることができたのであった。

しかし、弾力が強い分だけ破損することも多く、そのために伏竹弓以後の合成弓には要所要所に籐《とう》づるなどを巻くことが多くなった。これは、弓の破損を防御するだけでなく、木と竹との弾力を一体化する上でも大きな効果をあげた。籐づるをぎっしりと巻いた弓を重籐《しげとう》の弓というが、これは巻き方の工夫によって装飾の意味合いももった。

中世に通用する太刀は一〇世紀末から一一世紀末ころに完成した。古代の太刀は平造《ひらづく》りないし切刃《きりは》造りの直刀形式であったが、次第にすたれ、中世の武士は鎬《しのぎ》造りで優美なそりをもった彎刀《わんとう》形式の日本刀を用いた。これは、騎馬戦闘では突くを主とする直刀よりも斬るに適した彎刀の方が殺傷能力が高かったからである。

その成立については古代の直刀から発展したものではなく、エミシが使っていた蕨手刀《わらびてとう》から進化したものであるという（石井昌国一九六六など）。図9に示したように、まず蕨手刀、ついで毛抜形刀《けぬきがたとう》さらに毛《け》抜形《ぬきがた》太刀《たち》へと展開する過程をみると、日本刀への発展が理解できよう。とくに、図中の「d」長野県塩尻《しおじり》市宗賀《そうが》出土の毛抜形太刀は、手元で強くそり、先にいってのびており、かつ元幅に比べて先幅が狭くなっており、平安時代末期の日本刀に近い形態になっていることがわかろう。エミシは騎馬戦闘を得意としていたから、彼らとの戦闘の中で騎馬戦闘に適した太刀の形態を学び取り、それを進化させた結果が日本刀の成立を導いたのであった。

その完成時期は、三条宗近《さんじょうむねちか》や古備前友成《ふるびぜんともなり》ら有名な刀匠たちが活躍した永延のころ（九八七・八八年）とするのが定説であるが、刀剣学の石井昌国は、彼らの銘のある現在最古の太刀の製作年代は一一世

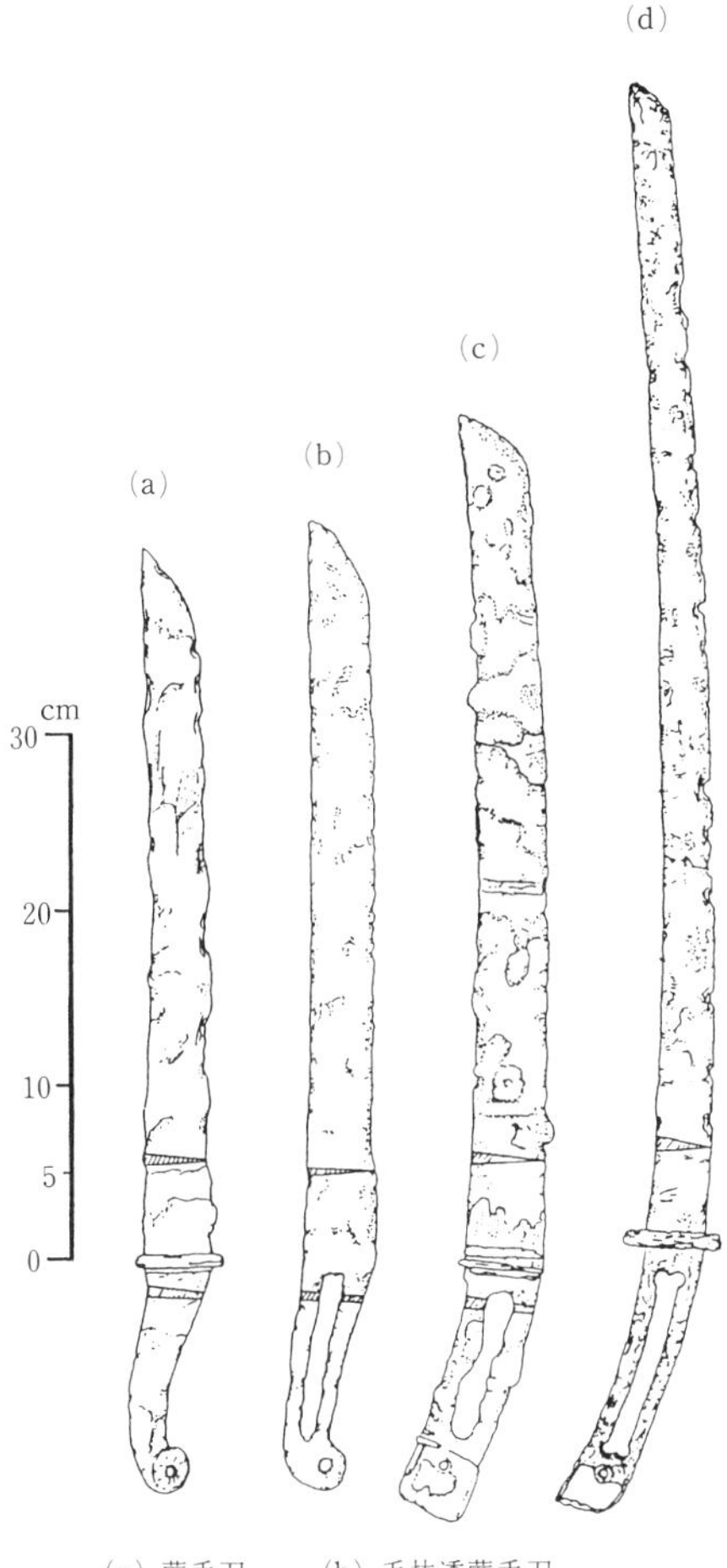

(a) 蕨手刀　(b) 毛抜透蕨手刀
(c) 毛抜形刀　(d) 毛抜形大刀

図9　太刀の変遷（石井昌国氏による）

紀末以後である、と主張しており、完成年代はやや幅をとって理解した方がよさそうである。

名馬の条件

さて最後に馬について述べておこう（高橋一九七八）。

一九五三年、鎌倉の材木座《ざいもくざ》海岸より、新田義貞《にったよしさだ》の鎌倉攻めの際の戦闘（一三三三年）で死亡したと思われる多数の人骨と馬の骨が発掘された。林田重幸《はやしだしげゆき》は出土した馬の四肢骨《ししこつ》を獣医学的に調査・検討し、これらの馬の体高（前足の爪先から肩まで）が一〇九チセンから一四〇チセンの間に分布しており、その平均値は一二九・五チセンであることを明らかにした（林田一九七四）。これは中型馬の範疇に入るという。

材木座から出土した馬は軍馬であったと推定されるから、当時の馬としては大きめであったにもかかわらず、平均一五八チセンのサラブレッド種、一五二チセンのアラブ種、西欧種によって改良を重ねた現代日本馬の一五〇チセン前後と比較しても相当小さいことがわかる。当然、現代馬と比較して速力・負担力・持久力が著しく劣弱であったことはまちがいない。

では、この材木座出土の馬は中世ではどのようなレベルの馬であったのであろうか。中世では馬高四尺（約一二一チセン）を定尺とし、それを越えるとあとは一寸・二寸と表現するのが慣例になっていたという。その中で名馬と呼ばれるほどの馬は六寸（約一三九・五チセン）〜八寸（約一四五チセン）に達するほどの馬であった。ちなみに、高楯黒《たかたてぐろ》という名の「奥州第一の駿馬《しゅんめ》」は「九寸」（約一四八チセン）と記されていた。この数値からみる限り、材木座の馬は、際だった名馬はいないにしても、それほど劣った軍馬ともいえないであろう。

ところで、律令国家以来、馬の生産については国家的な施策が行われてきた。左右馬寮《さうめりよう》所管の勅旨《ちよくし》牧や兵部省《ひようぶしよう》所轄の諸国牧が信濃《しなの》・上野《こうづけ》・甲斐《かい》・武蔵《むさし》などの国々に設定されていた。このような馬生産の高さが、関東における武士発生の重要な基盤になったことは容易に想定できる。実際、武士発生の代表的な人物である平将門も官牧《かんまき》の牧司《まきのつかさ》（管理役人）であったとする見解も出されている（福田一九八一）。

しかし、中世で駿馬の生産地としてクローズアップされてくるのが奥州地方である。とくに、現在の岩手県北部から青森県南部にかけての糠部郡《ぬかのぶ》は駿馬の有名な産地で、「糠部の駿馬」は武士たちの垂涎《すいぜん》の的であった。平泉を拠点に奥羽地域に勢力を伸ばし「平泉政権」といわれるほど大きな権力をもった奥州藤原氏は、一方で「奥六郡の主」ともいわれているように、平泉より以北の「奥六郡」までをも支配下に収めていた。その奥六郡を代表する産物こそ馬と金であったのである。平泉政権の経済的基盤の一つとして駿馬の生産があったことは間違いないであろう（入間田一九八六）。

二　信仰と寺社勢力

1――宗教の時代

価値の転換

中世は宗教の時代であるといわれる。平安時代には、最澄《さいちょう》や空海《くうかい》さらに法然《ほうねん》や親鸞《しんらん》などが出て新しい宗派を次々と誕生させたし、鎌倉時代に入ると、中国の宋・元の影響を受けて、栄西《えいさい》や道元《どうげん》らによって禅宗が伝えられ武士や民衆の中に広がった。そして、宗教の広がりは信仰だけに止まらず、政治的な側面に影響を与えるまでになった。詳細は第七章で述べるが、戦国時代になると浄土真宗《じょうどしんしゅう》（一向宗《いっこうしゅう》）の信者（門徒《もんと》）を中心とした一向一揆が各地で起こり、戦国大名とするどく対立するようになったことが、それをよく示している。

このような宗教の普及の要因を指摘することは簡単ではないが、新しい仏教を生み出した出発点である平安時代が、古代社会から中世社会への大きな転換点であったことがやはり大きな要因ではないだろうか。なかには、その転換点が相次ぐ戦乱を生み出し、人々が生き抜くために仏教に救済を求めた、などと考える向きもあるが、それは現象の一部であって、転換点の奥深さを説明したことにはならない。

私は、平安時代に新しい宗教が誕生し普及した要因として、価値観の転換とその舞台としての都市京都の成熟を指摘したいと思う。都市京都の成熟は第五章「都市と分業」で扱うとして、ここでは価値観の転換について若干説明をしておこう。

価値観の転換をすべてにわたって説明することはできないが、第一章の「職能的武士論」で紹介したように、博打《ばくち》や田堵《たと》や遊女とならんで武士を「職能」として捉えようとする文人貴族藤原明衡《あきひら》の価値観（『新猿楽記《しんさるがくき》』の世界）もそれまでにない新しい価値観であったし、第二巻で触れられる『今昔物語集《こんじゃくものがたりしゅう》』の世界においても、名もなき一般民衆を「下衆《げす》」と呼び、その活力ある活動を評価しようとする貴族の視点にもそれが現れている（河音一九八四）。

本巻ではまったく触れることができないが、平安前期の唐風文化に代わって平安中期にはいわゆる「国風文化」が成立してくるのも、その一つの現象である。歴史の教科書などでは、「国風文化」をかな文字と和歌とかな文学で代表させることが多いが、思想的にはその背景に排外《はいがい》主義と本朝意識《ほんちょういしき》があったことが重要である（木村一九九七a）。

排外主義とは、九世紀中頃から新羅《しらぎ》との国交が悪化するなかで、新羅を「蕃国《ばんこく》」＝未開の国として扱い、日本の交渉相手から排除しようとする考え方で、この考え方の背景には日本を「神国」として理解しようとする、当時の貴族の願望（神国思想）も含まれていた。このような流れの過程で遣唐使の中止（八九四年）が建言されたのであって、新羅とも唐とも国交しないという、閉鎖的な外交姿勢はすでに九世紀後半には確立していたのである（村井一九九五）。

閉鎖的な外交姿勢と神国思想を前提にした時、当時の文人貴族層が日本＝本朝に関心をもつようになるのは必然であった。そのような貴族層の関心や意識を本朝意識と呼んでいる。本朝意識とは、具体的には九世紀末ころより「日本」や「倭（和）」、また日本の代名詞である「扶桑《ふそう》」という名称を付けた漢詩文集や辞書などが増えてくることを根拠にしている（小原一九八七）。具体例をいくつかあげると表3のようになる。

表3　本朝意識を示す文献

書　名	編・著者	成立年代
日本国見在書目録	藤原佐世	八九一年頃
本草和名	深根輔仁	九〇一〜二二年
倭名類聚抄	源　順	九三〇年頃
日観集	大江維時	九四七〜五六年
扶桑集	紀　斉名	九九五〜九九年
本朝麗藻	高階積善	一〇一〇年頃
本朝文粋	藤原明衡	一一世紀前半

『本朝文粋《ほんちょうもんずい》』の後も、院政期にかけて『本朝秀句《しゅうく》』『続本朝秀句』『本朝佳句』『本朝無題詩』など多くの作品が造られた。

このような本朝意識が前提となって国風文化が成立したことは十分理解できよう。

浄土信仰の広まり

先に述べたように、宗教の時代の始まりは、平安時代初期に最澄と空海が出て、それぞれ天台《てんだい》宗と真言《しんごん》宗を開き、宗派仏教を広めたことに端緒を求めることもできるが、やはり、平安京の都市としての成熟と価値観の転換が本格化する一〇世紀の中頃、京都市中で布教し「市聖《いちのひじり》」と呼ばれた空也《くうや》の出現がそれを象徴的に示している。

空也の特徴は、国家の許可を得ずに出家したいわゆる私度僧《しどそう》で、既成の教団に属さずに民間にあって修行と布教を行った「聖《ひじり》」としての性格にある。彼のような存在は、僧尼《そうに》を取り締まる「僧尼令」が生きていた律令時代には、奈良時代の行基《ぎょうき》がそうであったように、徹底的に弾圧される対象であった。しかし、律令制支配も弛緩《しかん》し、仏教の国家仏教としての性格も変化した当該期においては、彼は、京都を中心に橋を架けたり井戸掘りなどの土木工事や疫病《えきびょう》の供養などをしながら、浄土教に基づいて阿弥陀仏を信じ念仏を唱えることによって、往生がかなうと説いた。

図10　空　也

空也が活躍していた頃、文人貴族の中にも新しい動きがあった。それは比叡山《ひえいざん》山麓の坂本で行われていた勧学会《かんがくえ》である。康保《こうほう》元年（九六四）から始められた勧学会は、大学寮で中国の史学・文学を学ぶ紀伝道《きでんどう》の学生二〇人と比叡山の僧二〇人によって構成された一種の念仏結社《ねんぶつけっしゃ》で、三月と九月の十五日に西坂本の一堂に会し、朝は法華経《ほけきょう》を講じ夕には阿弥陀仏を念じ、その後暁《あかつき》に至るまで讃仏《さんぶつ》・讃《さん》法《ぼう》の詩を詠《よ》むなどして夜を明かした、という（『三宝絵』新日本古典文学大系）。この会には、仏教の入門書『三宝絵《さんぼうえ》』の著者源為憲《ためのり》や『日本往生極楽記《おうじょうごくらくき》』の著者慶滋保胤《よししげのやすたね》ら当時を代表する文人貴族も参加し、さらに彼らは後に述べる

『往生要集《おうじょうようしゅう》』の著者源信《げんしん》らとも交流しているから、この結社の活動は浄土教の普及・隆盛に大きな役割を果たしたといわれる。

このような僧侶と文人貴族を巻き込んだ活動が展開するという環境のなかで、日本の教学史上画期的な仏教経論集と評価される源信の『往生要集』が著述されたのである（九八四年、日本思想大系）。源信はこの本の中で、中国からもたらされていた多くの経論のなかから極楽往生に関する文章を収集し、極楽と穢土《えど》（けがれた国土）を対比的に描きながら、往生するための方法としては念仏が不可欠であることを理論的に説いている。中国や朝鮮の知識の集成という側面が強いが、それらを日本の現実に合わせて組み直し、理論的に整理した仕事として、浄土教の普及に大きな影響を与えた。

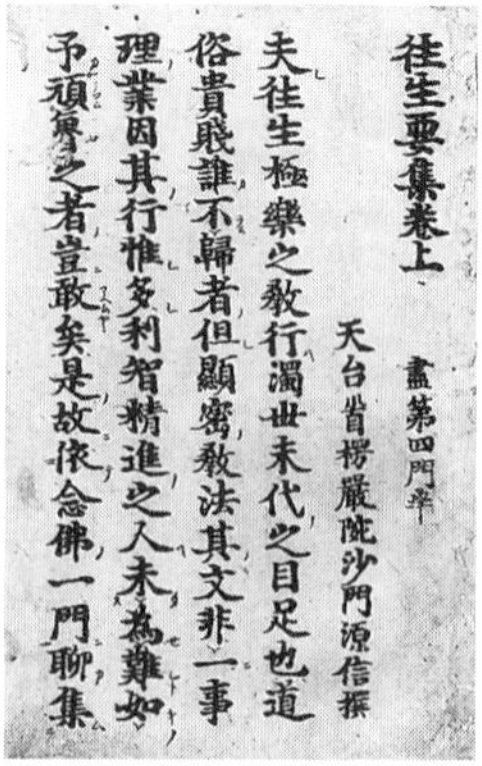
往生要集巻上　盡第四門半

天台首楞嚴院沙門源信撰

夫往生極樂之教行濁世末代之目足也道俗貴賤誰不歸者但顯密教法其文非一事理業因其行惟多利智精進之人未爲難如予頑魯之者豈敢矣是故依念佛一門聊集

図11『往生要集』

また同じ頃、前述した慶滋保胤も、往生のための具体的なテキストとして、日本における往生者の最初の伝記集『日本往生極楽記』を著した（日本思想大系）。ここには、聖徳太子から加賀《かが》国（石川県）の一婦女まで四二項四五人の往生者を選び、その往生の様を具体的に描いている。この「極楽記」は、浄土教や末法《まっぽう》思想の普及、さらには浄土宗の成立に大きな影響を与えた。

道長の信仰

上記のように、一〇世紀後半以降浄土教に基づく浄土信仰が都市平安京を中心に普及し始めたことは間違いないが、当時、貴族社会で厚い信仰を受けていたのは法華経《ほけきょう》であった。『枕草子《まくらのそうし》』一九五段に「経《きょう》は法花（華）経さらなり」と記されているのがそれをよく示しているし（新日本古典文学大系）、前述の勧学会で唱えられたのも法華経であった。

一〇世紀末期以降、法華八講や法華三十講といわれる法会《ほうえ》が行われるようになった。法華八講とは、一部八巻二八品からなる法華経を一座一巻ずつ講ずる法会であるが、平安初期に初めて行われた時の朝夕二座を設けて四日間で講説するという型式が踏襲《とうしゅう》された。この時期に、追善供養《ついぜんくよう》の仏事として盛んに行われるようになり、規模も拡大して十講や三十講などが上級貴族・宮中・諸大寺において競うように挙行された。以下、最近の研究に依拠して、藤原道長を中心に当時の信仰形態をみておこう（大津二〇〇一、上島二〇〇一）。

法華三十講は道長が行ったのが早い例で、道長邸の五月の法華三十講は寛弘《かんこう》二年（一〇〇五）以降ほぼ毎年の恒例行事となった。また、道長の父兼家《かねいえ》の命日には法興院《ほこいん》（兼家の邸宅を寺に改造）で、姉の東三条院詮子《せんし》の命日には慈徳寺《じとくじ》で行うなど、道長が法華八講を挙行した例は枚挙《まいきょ》にいとまがない。このように、法華八講が藤原北家を中心に催されたのは、摂関家内部の嫡流《ちゃくりゅう》意識の形成と関わりがあるといわれる。

また道長は、寛弘二年に基経《もとつね》以来藤原氏の墓地であった宇治木幡《うじこはた》に「一門埋骨《まいこつ》の処」として浄妙寺《じょうみょうじ》を建立しているが、その時建立されたのは法華三昧堂《ほっけさんまいどう》であった。さらに二年後には釈迦《しゃか》・多宝如来《たほうにょらい》を安置する多宝塔を建立しているが、ともに法華経信仰に基づくものであった。

道長の信仰として有名なものは、寛弘四年（一〇〇七）の大和金峰山《きんぷせん》への埋経《まいきょう》であろう。元禄時代

図12　藤原道長埋納の経筒

に経塚《きょうづか》から発見された金銅製の経筒《きょうづつ》はその中に道長が書写した経典の残巻《ざんかん》があったこともあって、国宝に指定されていて、教科書の口絵などでおなじみである。問題はその経筒に納められたお経である。経筒の銘文《めいぶん》によれば、「妙法蓮《みょうほうれん》華経《げきょう》一部八巻・無量義経《むりょうぎ》・観普賢経《かんふけん》各一巻、阿弥陀経一巻、弥勒上生下生成仏経《みろくじょうしょうげしょうじょうぶつ》各一巻、般若経《はんにゃ》一巻」の自筆経であるという。法華経・阿弥陀経・弥勒経などの信仰が併存しているが、経筒の縁には梵字《ぼんじ》で「南無妙法蓮華経《なむみょうほうれんげきょう》」と記されており、納められた経の筆頭は法華経であったのである。道長の信仰の中心にあったのは法華経であった。

このように、法華経を仏教信仰の中心においていた道長であったが、その晩年には浄土《じょうど》信仰へ大きく傾斜する。それを物語るのが法成寺《ほうじょうじ》の造営であった。寛仁《かんにん》三年（一〇一九）三月、胸の病に犯された道長は出家した。しかしもちなおすと、七月に阿弥陀堂の建立を思い立ち、土御門第《つちみかどてい》の東隣に丈六の阿弥陀仏九体と観音勢至菩薩《かんのんせいしぼさつ》を安置した無量寿院《むりょうじゅいん》を建造した。この無量寿院を拡大して完成したのが法成寺で、金堂の供養が行われたのは治安二年（一〇二二）七月のことであった。その後の完成した法成寺は、「伽藍《がらん》復原図」によれば、中央の池と中島を挟んで、西に阿弥陀堂、東に薬師堂が相対し、北側には金堂・五大堂《ごだいどう》・十斎堂《じゅつさいどう》・釈迦堂・講堂が並び立つ壮大な寺院建築であった。

金堂供養の際の情景を描いた『栄花物語《えいがものがたり》』（巻第十七「おむがく」）は

仏の御影《みえい》は池に写り映《えい》じたまへり。東西南北の御堂〳〵、経蔵《きょうぞう》、鐘楼《しょうろう》まで影《かげ》写りて、一仏世界と見えたり。

と記し、さらに、

極楽世界、これにつけても、いとどいかにとゆかしく思ひやりたてまつる。

と記しているように（日本古典文学大系）、法成寺全体が「一仏世界」＝「極楽世界」をこの世に復原してみせたものであったのである。法華経を厚く信仰した道長であったが、病に倒れ、死を実感した時、最後に行き着いたのが浄土教信仰であった。道長がこの世に復原しようとした極楽世界は子頼通《よりみち》の平等院《びょうどういん》の造営によって完成するのである。

末法思想と阿弥陀信仰

浄土教信仰の普及は、末法思想《まっぽうしそう》の流布によって拍車がかけられた。末法思想は、中国の六朝《りくちょう》時代から広まった考え方であるが、釈迦入滅後の世界を正法《しょうほう》・像法《ぞうほう》・末法の三時期に区分し、正法の時期は仏の力によって社会の秩序が維持されているが、像法の時代になると仏の力が弱まり、さらに末法の時代に入ると仏の教えだけが残り、人の心は荒れ、秩序も乱れて混乱が続く、という考え方に基づいた歴史観である。それぞれの時代を何年にするかは諸説あったが、日本においては最澄《さいちょう》が唱えた正法一〇〇〇年説が採られ、永承《えいしょう》七年（一〇五二）が末法第一年であると信じられていた。

図13　平等院鳳凰堂

この間、承平《じようへい》・天慶《てんぎよう》の乱（九三五〜四一年）が起こったり、天徳《てんとく》四年（九六〇）に初めて焼亡して以後相次いで内裏《だいり》が焼失したり、たびかさなる飢饉や疫病の流行は人々を社会不安に陥《おとしい》れることになった。彼らは現世の安穏《あんのん》と来世《らいせ》で地獄に堕《お》ちることから逃れるために、ますます仏教に救いを求めるようになった。その救いを求める形の一つが、「道長の信仰」で見たような阿弥陀堂の建造であった。道長が無量寿院の阿弥陀堂を建築して以後、院政期に集中的に建立され、その数は一〇〇棟を超えるといわれるから、その信仰の広がりは目を見張るものがある。

そのなかでも、藤原頼通が宇治の別荘を寺院に改めた平等院の中に、天喜《てんぎ》元年（一〇五三）に建造した鳳凰堂《ほうおうどう》が阿弥陀堂建築の代表的な遺産ということができよう（図13）。鳳凰堂は、阿弥陀の極楽浄土、薬師の浄《じよう》瑠璃《るり》浄土、釈迦の霊山《りようぜん》浄土など浄土の諸相を描いた「浄土変相図《じようどへんそうず》」の中に極楽浄土の宝楼閣《ほうろうかく》を模したもので、堂の前に広がる苑池《えんち》は極楽浄土の様を写した浄土庭園であるという。一九九一年の試掘《しくつ》調査によると、鳳凰堂が建つ中島は池の中に人工的に造られた島であり、その周囲を洲浜《すはま》（玉石を敷き詰めた浜）がめぐっており、かつ水面の部分が今より広く、堂の直前まで水が迫っていた。したがって、鳳凰堂全体があたかも水上に浮かぶ楼閣《ろうかく》のようで、その均整のある、そして朱と白を中心に彩られた姿とそれが水面に映る様は、まさにこの世における浄土世界に他ならなかった。

中堂の正面には、七重の蓮華座《れんげざ》の上に阿弥陀の定印《じょういん》を結び、華麗な飛天光《ひてんこう》と呼ぶ光背《こうはい》をもった丈六の阿弥陀如来が安置されていた。顔にあたる高さのところに格子窓《こうしまど》が開けられており、人々は苑池越しに阿弥陀仏を拝むことができた。扉には「九品来迎図《くほんらいごうず》」が描かれるなど、柱・長押《なげし》（鴨居《かもい》の上に取り付けた横木）・組入天井にいたるまで極彩色に飾られていた。なかでも長押上の小壁に掛けられた五二体の雲中供養仏《うんちゅうくようぶつ》は極楽の様を醸《かも》し出しており、みごとである。平安中期の童謡《わざうた》に「極楽いぶかしくば宇治の御寺を礼《うやま》へ」（極楽浄土を知りたいと思ったら宇治の「御寺」＝平等院を見るがいい）と謳《うた》われたのも納得がいく。

院政期には、法勝寺《ほっしょうじ》・延徳院《えんとくいん》・仁和寺《にんな》最勝院《じさいしょういん》・尊勝寺《そんしょうじ》など多くの寺院に阿弥陀堂が建築された。この波は地方にも押し寄せ、奥州平泉の中尊寺金色堂《ちゅうそんじこんじきどう》（口絵1）、陸奥国《むつ》白水《しらみず》の阿弥陀堂、豊後《ぶんご》の富貴寺《ふきじ》大堂などがその遺産として現存していることはよく知られている。

ただ、中尊寺の初期の形態である「多宝寺《たほうじ》」が釈迦・多宝の二像を安置していたことが注目される。これは、「道長の信仰」で紹介したように、道長が木幡浄妙寺《こはたじょうみょうじ》に建築した釈迦・多宝如来を安置する多宝塔の影響を受けたもので、法華経の「見宝塔品《げんほうとうほん》」の思想に基づくものであった。すぐ後の嘉承《かしょう》二年（一一〇七）に建立された二《に》階大堂《かいおおどう》（大長寿院《だいちょうじゅいん》）は同じく道長の法成寺・無量寿院に始源をもつ九体《くたい》阿弥陀堂《あみだどう》であるから、あまり強調することはできないが、平泉の仏教信仰もまた法華経を基礎にしていたことは注目してよい（菅野二〇〇二）。また、ここで扱う問題ではないが、平泉の寺院建築が道長のそれを踏襲していることも、奥州藤原政権の性格を考える上で興味深い事柄ではないだろうか。

2—死と救済

飢饉と災害

中世成立期の人々が「現世安穏《げんせあんのん》」と「後世善処《ごせぜんしょ》」を仏教に求めた背景には、「死」に対する恐怖観念の増幅があったと考えられる。九世紀中頃に政治的敗者の「怨霊《おんりょう》」を鎮めるために、御霊会《ごりょうえ》が内裏《だいり》に南接する神泉苑《しんせんえん》で朝廷主催で催されて以後、御霊信仰が広がったり、死穢《しえ》を中核とする「触穢《しょくえ》」の観念が貴族層に異常に拡大したなどによく示されている。また、衰日《すいにち》や方違《かたたが》えなど陰陽道《おんみょうどう》にもとづく日常のタブーが貴族社会に取り入れられるのもこの頃であった。

このような死霊・死穢への恐怖観念とその裏返しとしての現世さらに来世への期待は、宗教による教えだけでなく、平安京という都市の現実のなかから生まれてきたものであった。人口の流入によって肥大化した下層都市民の社会と、それに対応できない都市機能はさまざまな災害や犯罪をよびおこした。毎年のごとく起こる疫病や洪水さらに火災は、人々に死を実感させるに十分であったし、都市人口の増大は当然のごとく飢饉を誘発した。

一例として一〇世紀前半の京都の災害を年表風にまとめると表4のようになる（瀧浪一九九一）。これらは現存の史料に記録された記事だけなので、すべてとはいえないが、概要は読みとれよう。当時の平安京の人々はつねに疫病・火災・洪水などの危険に曝《さら》されていたのであった。

もう少し具体的な事例を紹介しよう。安元三年（一一七七）に起きた大火は、翌年再び起こった火災とともに「太郎焼亡《たろうしょうぼう》」「次郎焼亡《じろうしょうぼう》」と称されている。「太郎焼亡」は五条近くの舞人の宿舎から出火し、南東の風にあおられて左京五条以北の邸宅を焼き払い、ついには大内裏《だいだいり》まで延焼した。この火事は、大極殿《だいごくでん》・朱雀門《すざくもん》など大内裏東南部分の建物をはじめ、その南の大学寮や勧学院《かんがくいん》さらに関白以下一四人と、公卿《くぎょう》の半数の邸宅が焼亡するという大火災で、その他被災《ひさい》した者は数知れなかった。「次郎焼亡」は七条東洞院付近から出火し、七条大路に沿って西の朱雀大路付近まで延焼した（『玉葉』）。この二つの火事が、平安京の中心的位置を占めていた左京に大きな打撃を与えたことは間違いない（図

表4　平安京の災害略年表

905	高陽院焼亡
909	鴨川堤巡検
910	鴨川堤巡検
911	洪水
914	左京大火
915	疱瘡流行
916	鴨川堤巡検
917	降雨なし，渇水
919	渇水
922	京中疫病
923	咳病
924	火災・洪水
925	渇水
929	大風・洪水
930	旱魃
938	大地震・氾濫
939	旱魃・失火
940	火災
947	疱瘡・赤痢
949	渇水・洪水・火災
950	火災
953	火災
955	疾病
958	火災
959	頸腫病
960	旱魃

14）。

さらに被害は続く。養和《ようわ》元年（一一八一）に起きた大飢饉である。鴨長明《かものちょうめい》はその随筆『方丈記《ほうじょうき》』に、飢饉の様子を次のよう記録している（新日本古典文学大系）。

（死んだ）人数を知らむとて、四五両月を計《かぞ》へたりければ、京のうち、一条よりは南、九条より北、京極よりは西、朱雀よりは東の、路のほとり《辺》なる頭《かしら》、すべて四万二千三百余なんありける。いは

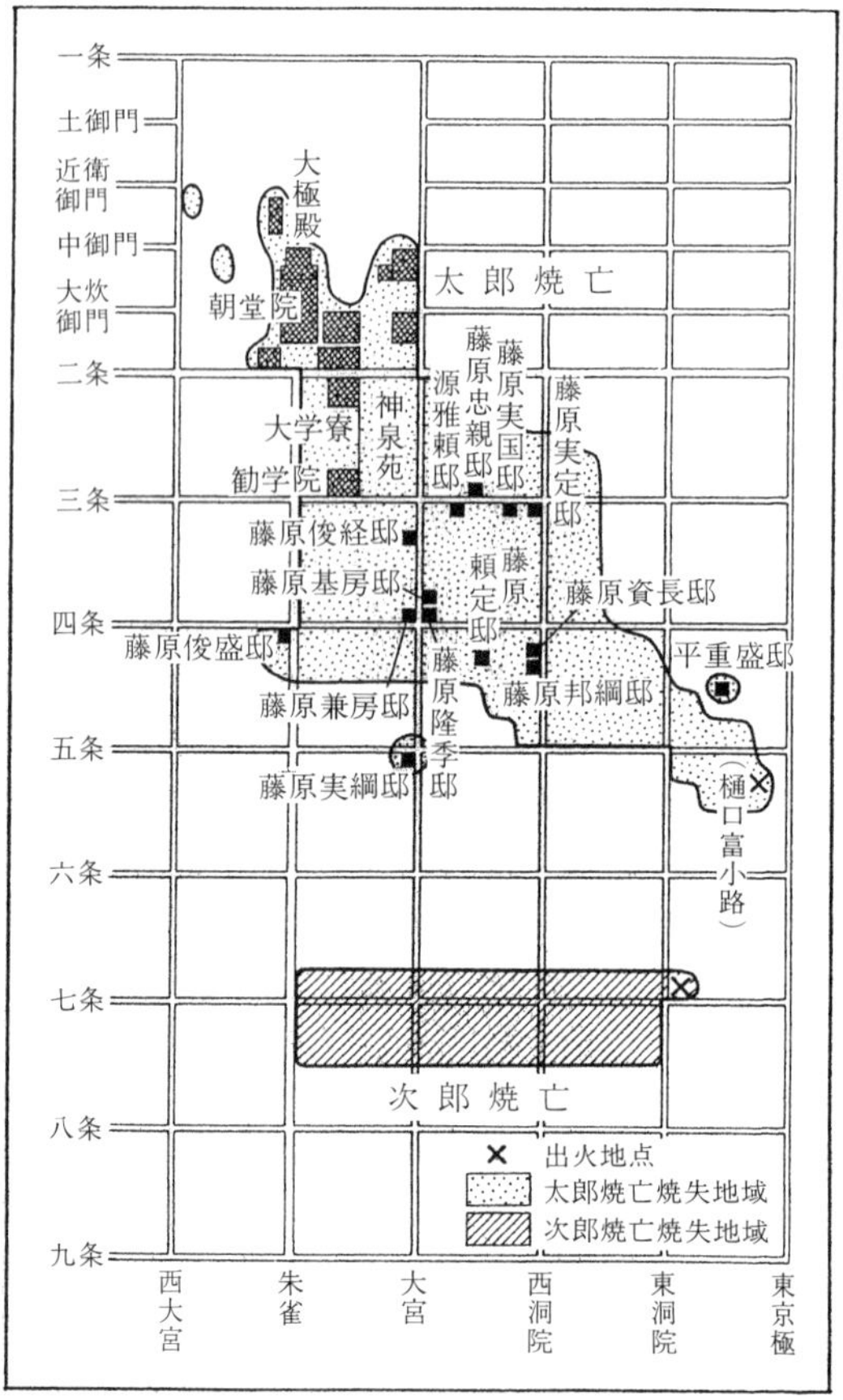

図 14　太郎焼亡・次郎焼亡の範囲

むや、その前後に死ぬる物《者》多く、また、河原・白河・西の京、もろ〳〵の辺地などを加へて言はば、際限もあるべからず。いかにいはんや七道諸国をや。

ここで長明が「京のうち」といっているのは、その地点表示から「左京」を指していることがわかるが、そこだけで四万二千三百余の餓死者がいたというのである。それに鴨川の河原や白河地域・「西の京」＝右京などを加えたら際限がないし、日本全土に広げたら数えようがない、といっている。この養和の飢饉の餓死者の多さを理解できよう。話題は変わるが、源頼朝《よりとも》が伊豆で挙兵したのは前年の八月のことであり、木曾《きそ》義仲《よしなか》が越中《えっちゅう》倶利伽羅《くりから》峠《とうげ》で平氏軍を破り、入京してくるのは二年後寿永《じゅえい》二年（一一八三）七月であった（『玉葉』）。一一八〇年前後の京都はまさに政治的・社会的な混乱の極《きわ》みであったといえよう。

このように、平安京を中心とした人々は、疫病や火災や飢饉などの災害による死と隣り合わせに生活していたのであった。

京中賑給と施行

もちろん、このような人々の窮乏に対する施策も実行されていた。その代表が賑《しん》給《ごう》である。賑給は、律令制下、国家の慶事《けいじ》や災害・飢饉などの凶事《きょうじ》に際し、天皇の徳を天下に示す儒教思想に基づいて、高齢者や病者・孤独者などの弱者の救済を目的とした制度で、米・塩らの食料や衣服を支給した。本来は、慶事・凶事のごとに、全国およびそれが起こった地域を対象に臨時的に施行されるのが原則であったが、平安時代中期以後は形骸《けいがい》化し、平安京だけを対象に

表5　『小右記』による長元四年の施行記事

月　日	
長元四年一月二三日	悲田院に米五斗、塩一斗を施行す。
一月二四日	悲田院に炭を給う。
三月一八日	清水坂下の者に塩を給う。
八月一三日	悲田院の熟瓜一駄を給う。
八月二八日	悲田院並びに鴨川堤病者・窮者らに少米を給う
九月一三日	悲田院並びに堤乞者に給す。

するようになった。それも五月に行われる年中行事の一つになってしまった。たとえば、一〇世紀中頃成立の儀式書である『西宮記《さいきゅうき》』には、五月の行事として「定賑給使事《しんごうしをさだむること》」とあるし（「故実叢書」）、同じく一一世紀前半の『北山抄《ほくざんしょう》』にも五月の行事として「賑給事」が記載されている（同前）。

このような形骸化した賑給に代わって一〇世紀ころから登場してくるのが「施米《せまい》」である。施米とは京辺の東西北の山に居住する無供の僧侶を対象に米塩などを支給する行事で、対象者は異なるが恒例の賑給と同様の意図に基づいた行事であった。しかし、一一世紀にはいると、上級貴族などが仏教の功徳《くどく》（御利益《ごりやく》）を求めて個人的な施米＝施行《せぎょう》を始めていることは注目しなければならない。時の右大臣藤原実資《さねすけ》の日記『小右記《しょうゆうき》』の長元四年（一〇三一）条を見てみると（表5）、なんと六回も施行が行われていた。

本来は国家的な施策として実施されるべき施行が個人の行為（功徳・慈悲《じひ》）として実行されるようになったのである。その対象は病人や孤独者の収容施設であった悲田院《ひでんいん》が中心であったが、それに加えて「清水坂下の者《きよみずさかしたのもの》」や「鴨川堤の病者《かもがわづつみのびょうしゃ》・窮者《きゅうしゃ》」が含まれていたことは注目してよい。なぜなら、清水坂下およびその近辺の鴨河原は、中世において非人《ひにん》（差別を受けた人々の代表的呼称）の集住地の一つであったからである。弱者を救済するという国家的な施策が形骸化し、個人の善意による「施し《ほどこし》」にとって代わられるとともに、その対象が固定化されることによって、その施しを受けた弱者を差別する傾向も生み出すことになったのである（木村二〇〇六）。

易行としての仏教

死と隣り合わせの生活、その一方における救済システムの形骸化という状況のなかで、彼らを死に対する恐怖観念から救済することをめざして登場してきたのが鎌倉仏教であった。それらは、広く人々に受け入れられるために「易行《いぎょう》」で往生できると説いている点に特色があった。

易行とは、自力によって悟《さと》りを開く難行に対する用語で、他力によってたやすく悟りに至る方法を指していた。その先駆けとなったのが法然《ほうねん》で、彼は浄土宗《じょうどしゅう》を開き、諸行往生を否定して、「称名《しょうみょう》は（阿）弥陀が選択した唯一の往生業《おうじょうぎょう》なるが故に、称名念仏以外では往生できない」という選択本願念《せんちゃくほんがんねん》仏《ぶつ》説にもとづき、ひたすら阿弥陀仏との誓いを信じ、念仏（南無阿弥陀仏）を唱えれば、どんな人でも

図15　踊り念仏（『一遍聖絵』）

極楽往生できるという専修念仏《せんじゅねんぶつ》の教えを説いた。

その弟子の親鸞《しんらん》は、生きるためには狩猟や漁撈などの殺生をせざるをえない民衆の苦悩を受け止め、「悪人正機説《あくにんしょうきせつ》」を説いて、「みずからの内面的悪を自覚した」者であれば身分・修行に関係なく往生できると教え、かつ阿弥陀仏を信じ念仏をしようと思った時、人はすでに救われるという信心為《しんじんい》本《ほん》を説いて浄土真宗《じょうどしんしゅう》の基礎を作った。同じく阿弥陀仏の信仰を説いて時宗《じしゅう》の祖となった一遍《いっぺん》は、各地を遍歴《へんれき》しながら布教し、念仏を唱えながら踊りに没頭することによって往生への道が開けると説いた（踊り念仏、図15）。また、彼らは死の穢《けが》れをいとわず、南北朝の内乱などの戦乱の際には戦場におもむき、戦死者の供養にも携わった。

さらに日蓮宗《にちれんしゅう》の祖となった日蓮は法華経のみが釈迦の正しい教えであると主張し、「念仏は無間《むげん》地獄の業、禅宗は天魔《てんま》の所為《しょい》、真言は亡国の悪法、律宗は国賊の妄説《もうせつ》」などと他の宗派を厳しく批判するとともに、「南無妙法蓮華経《なむみょうほうれんげきょう》」という題目《だいもく》を唱えることによって成仏できると説いた。また、これら邪法《じゃほう》を禁じて法華経に基づく政治を行わなければ、外国の侵略を受け、内乱が起こるであろう、と説いて、禅宗《ぜんしゅう》（臨済《りんざい》宗）を重んじる幕府を批判したため、幕府から弾圧をうけたことは有名である。

念仏・踊り念仏・題目という易行こそ彼らの救済の真髄《しんずい》であったのである。

このような易行の影響をうけて、古代以来続いていた南都仏教にも変化が見られた。華厳《けごん》宗の高弁《こうべん》（明恵《みょうえ》）は念仏に対抗して曼陀羅《まんだら》に向かって祈るだけで救われると説き、法相《ほっそう》宗の貞慶《じょうけい》とともに戒律《かいりつ》を重んじる南都仏教の復興にあたった。律《りつ》宗の叡尊《えいそん》は慈悲《じひ》を徳とする文殊菩薩《もんじゅぼさつ》への信仰を説いて貧民・病人への慈悲救済事業を行い、その弟子忍性《にんしょう》も救済事業を継承するとともに、貧民や病者らを救済のための功徳になるとして橋・道路などの土木事業にあたらせたりした。

一方、戒律と座禅《ざぜん》による自力の修行によって悟りを開くこと（自力本願）を主張する禅宗は権力の一端を担い始めた武士階層に受け入れられた。一二世紀末に栄西《えいさい》によって宋から伝えられた臨済宗は、座禅をくみ、師から与えられる公案《こうあん》という問題を解くことによって悟りの境地に達することを重んじた。栄西は二代将軍頼家《よりいえ》や北条政子《ほうじょうまさこ》の帰依《きえ》をうけ、鎌倉や京都を拠点に有力武士層に普及した。また、臨済宗より少し遅れて宋から曹洞《そうとう》宗を伝えた道元《どうげん》は、ひたすら座禅をすること（只管打坐《しかんだざ》）によってのみ悟りはひらかれると説き、越前《えちぜん》（福井県）の永平寺《えいへいじ》を本拠に地方の武士や農民の支持を得た。

社寺参詣

「現世安穏《げんせあんのん》」と「後世善処《ごせぜんしょ》」を願う人々はただ「易行」にすがっていただけではない。みずから神仏との結縁《けちえん》を求めて霊所・霊山への参詣《さんけい》を行った。

最初は観音信仰にもとづいた京都近郊の近江国石山寺《いしやまでら》や大和国長谷寺《はせでら》などが対象であったが、徐々に遠地が求められ、紀伊国の高野山《こうやさん》や大和国吉野の金峰山《きんぷせん》への参詣が流行した。なかでも有名なのが寛弘四年（一〇〇七）の藤原道長の金峰山詣《もうで》で、道長は三ヵ月間の精進潔斎《しょうじんけっさい》を行い、約半月かけて参詣を行っている。そしてみずから書写した法華経以下の経典を経筒《きょうづつ》に納め埋経《まいきょう》した。その経筒は江戸時代の元禄年間（一六八八～一七〇三年）に発見され、いまも国宝として伝存していることは前述した。

また道長は、治安三年（一〇二三）には高野山にも登り、空海が生身のまま禅定《ぜんじょう》に入り衆生《しゅじょう》を救済しているという奥院《おくのいん》に参詣した。これを契機に子の頼通《よりみち》や白河上皇・鳥羽上皇らの参詣が相次ぎ、堂塔の再興や建立、荘園の寄進、埋経や納髪《のうはつ》なども行われるようになって、高野山は修行の山寺から信仰の山、さらに天下の霊場へと変貌した。

院政期に入って流行したのが紀伊半島南部にある熊野《くまの》神社詣《じんじゃもう》でである。熊野信仰は、仏が神の姿をかりて人々の前に現れるという本地垂迹《ほんちすいじゃく》説に基づいており、熊野神社を構成する本宮（熊野坐《います》神社）・新宮（熊野速玉《はやたま》神社、図16）・那智《なち》（熊野那智神社）の三山は、それぞれ阿弥陀如来・十一面観音・薬師如来が本地《ほんち》仏《ぶつ》と考えられていた。

熊野詣でに行くにはいくつかのコースがあったが、よく使われたのが淀川を下り、摂津《せっつ》・和泉国をこえて紀伊に入り、南紀の田辺から本宮へ至る中辺路《なかへじ》のコースであった。このコースで、京都から熊野三山をめぐって京都へ戻ると約七〇〇キロ、約一ヵ月という大旅行であり、旅の労苦は並大抵のものではなかった。しかし、その労苦こそ修行であり、仏に結縁《けちえん》できる手段であったのである。実際、院政期になると本宮は熊野証誠殿《しょうせいでん》とよばれ、本地仏である阿弥陀如来に往生の証《あかし》をしてもらうことが熊野詣での目的の一つになった。熊野は仏との結縁を得ることによって、再生・復活を約束される場であったのである。

図16　熊野速玉神社

このように、熊野は再生・復活が約束される場であったからこそ、苦難の多い大旅行にもかかわらず、「人まねの熊野詣で」といわれるほど流行したのである。院政の創始者白河上皇は九回、鳥羽上皇は二一回を数え、さらに後白河上皇は三四回にも及んでいる。これは上皇になってから一年に一度の割合で参詣した計算になる。

もちろん、熊野へ詣でたのは健常者だけではない。その境遇のゆえに再生・復活を強く願う病者などの弱者も参詣した。『中右《ちゅうゆう》記《き》』の筆者藤原宗忠《むねただ》の参詣記には「田舎より御山に参る」「盲者」のことが記されているし（天仁二年十月二十五日条、増補史料大成）、熊野湯《ゆ》の峰《みね》の壺湯《つぼゆ》に入れば病気が治癒《ちゆ》し再生・復活すると信じられていたのである。

しかし、盲者など弱者が長距離の参詣を自分の力だけで行うのは不可能であった。それを可能にしたのが、彼らを助け導くことが功徳《くどく》であり、物品的な援助をすること（施行《せぎょう》）が供養になるという考え方であった。宗忠も盲者に食料を施行している。また、説教《せっきょう》『小栗判官《おぐりほうがん》』では、足が立たない癩病《らいびょう》者の土車《つちぐるま》に「檀那《だんな》」がついて、「一引き引いたは千僧供養、二引き引いたは万僧供養」と、熊野へ継《つ》ぎ送りする「施行車《せぎょうぐるま》」のことが語られているが、この話こそ、上記のような考え方が存在したことを如実に物語っていよう。

3——寺社勢力の展開

中世王権と神・仏

本章第1・2節で浄土宗を中心とする新たな仏教の浸透と展開の様子をみてきたように、信仰の側面ではそのような傾向を確認できるが、中央の政治的世界では違った様相が展開していた。実は、政治の世界では依然奈良時代から平安時代初期に成立した顕《けん》密《みっ》八宗＝南都六宗＋天台・真言両宗が中心的な位置を占めていた。というより政治と顕密仏教との関係がより親密になっていたのである（上島二〇〇一、二〇〇四）。

その具体的な現れを宮中で行われた法会《ほうえ》にみることができる。法会とは、仏に礼拝供養《らいはいくよう》し、経論を講じ教義を説いて、斎《とき》（食事）を設け僧侶に施物《せもつ》するためなどに催される仏教の集会《しゅうえ》をいうが、平安時代中期になると宮中で行われる仏教儀式が重要な意味をもつようになり、仏教が天皇を中心とする

図17　御斎会(『年中行事絵巻』)

秩序に組み込まれることになった。

その法会の中心が「三会《さんえ》」で、宮中大極殿《だいごくでん》で行われる御斎会《ごさいえ》と興福寺維摩会《ゆいまえ》・薬師寺最勝会《さいしょうえ》がそれである。中でも中核を占める御斎会は、毎年正月八日から十四日まで、大極殿で金光明最勝王経《こんこうみょうさいしょうおうきょう》を講説するもので、年頭にあたり五穀豊穣《ごこくほうじょう》・玉体安穏《ぎょくたいあんのん》を祈る鎮護国家の法会であった(図17)。さらに一一世紀初頭から始まった最勝講に、仙洞《せんとう》最勝講・白河院追善の法勝寺最勝講を加えた法会は「三講」と呼ばれ、「三会」の上位に位置付けられた。最勝講は、宮中の清涼殿《せいりょうでん》で金光明最勝王経を五日間一〇座にわたり論議する法会で、各座とも南都僧(興福寺・東大寺)と天台僧(延暦寺・園城寺《おんじょうじ》)とが対問するように構成されていた。

この三講—三会を中心に、仁王般若経《にんのうはんにゃきょう》を講ずる仁王会、大般若経を転読する季御読経《きのみどきょう》など、宮中や各御願寺《ごがんじ》さらに諸寺院で行われる諸法会、例えば本章第1節の「道長の信仰」で指摘したような「法華八講」や「法華三十講」などが密接に連関し、全体として国家を護持《ごじ》するという新たな秩序が造られていった。

そして、このような法会の国家的な序列が成立すると、その法会に参加することが僧侶の序列をも示すことになり、顕密八宗を中心とする壮大な法会・僧侶の国家的な秩序が形成されたのであった。

一方、神々の秩序＝神祇《じんぎ》秩序も中世的な展開をみせる。第一は、国家が直接祀る神々が大幅に縮小されたことである。律令制祭祀《さいし》では、毎年二月の祈年祭《きねんさい》が重視され、神祇官に全国官社の神官を集め班幣《へいはく》（神への捧げ物）の班給が行われたが、官社数が増加したため、まず、平安時代初期に官社を官幣《かんぺい》と国幣《こくへい》に区分し、地方神社の行政を国司に委任した。しかし、畿内諸社への班幣も困難になり、祈《き》雨《う》・止雨《しう》などを目的とした臨時奉幣《ほうへい》も京畿の有力社にしぼられ、一〇世紀中頃には伊勢・石清水《いわしみず》・賀茂上下・松尾・平野・稲荷《いなり》・春日・大原野・大神《おおみわ》・広瀬・龍田・住吉・丹生《にゅう》・貴布禰《きぶね》の一六社に固定された。そして一〇世紀末には、これらに吉田・広田・北野・梅宮・祇園《ぎおん》社が加えられ、二一社奉幣が確立し、これによって中世神祇秩序の基本的枠組みができた。

第二に、天皇直轄《ちょっかつ》祭祀が発展することである。律令祭祀では、天皇が関わるのは神今食《じんこんじき》と新嘗祭《にいなめさい》のみだったが、九世紀末には、毎日神拝・一代一度大神宝使《だいしんぽうし》発遣・賀茂臨時祭などが始まった。これに拍車をかけたのが承平・天慶の乱（九三五〜四〇）で、朝廷は乱の平定のために神仏の加護を期待し、諸社へ祈願を行ったため、乱平定後、神々の威光は増大した。そのため、全国諸神への神階《しんかい》授与や封《ふ》戸《こ》寄進、さらに石清水臨時祭の創始、賀茂社への行幸などが行われるようになった。

これらの動向の結果、神社・神々の間に階層分化が進行した。まず、二一社に入るか否かが決定的で、さらに二一社間での序列が各社・神の格付けを現すこととなり、その頂点に立つ伊勢神宮・天照《あまてらす》大神《おおみかみ》の地位はより強化されることになった。そして、神々の序列化の一方で、天皇の祭祀主宰者としての立場が明確になり、天皇と神々との結びつきがいっそう強化されることになったのである。

地方における宗教秩序の形成

地方神社の行政が国司に委任されたことは前述したが、その結果、受領《ずりょう》は任国の祭祀権を担うようになった。受領が任命された後、最初に任国の在庁官人《ざいちょうかんじん》に下す国司庁宣《ちょうせん》の第一条には、「一、恒例の神事を勤仕すべき事」という条文が置かれたことが、それをよく示している（『朝野群載』巻二二、新訂増補国史大系）。

国内主要社では神仏習合の影響を受け、最勝講《さいしょうこう》・仁王講《にんのうこう》・法華《ほっけ》八講《はっこう》など当時中央で行われていた諸法会が挙行された。これら五穀豊穣や疫病除去《えきびょうじょきょ》を祈願した仏事には、在庁官人から庶民までが参加し、国内平和だけでなく自らの祈りを捧げる場として機能した。こうして、国衙仏事の会場となった有力社は民衆の精神的な拠り所となり、一国鎮守《ちんじゅ》としての地位を固め、一一世紀後半には「一宮《いちのみや》」と呼ばれるようになった。一宮は一国内の仏神事の拠点としての役割を果たすとともに、一宮を頂点に国内諸社の階層的秩序が形成され、全体として国内を宗教的に護持する体制ができ上がっていった。

このような中央で行われていた法会など仏事の地方への持ち込みは、国衙・一宮だけではなかった。荘園制の展開のなかで荘園の鎮守社やさらに村落寺院においてもそれら仏事が挙行されていたことが確認できる。

表6　荘園鎮守・村落寺院の修正会（井原論文から一部抜粋）

荘園鎮守		『鎌倉遺文』
肥前国	長島荘鎮守武雄神社修正	六一三三
筑後国	瀬高下荘鎮守鷹尾神社修正	一二二四七
駿河国	賀島荘鎮守実相寺修正	一〇二九五
村落寺院		
肥前国	河幅荘極楽寺修正	一七五〇
丹波国	大山荘高蔵寺修正	五八七三
筑前国	飯盛社神宮寺修正	一〇八二四
越中国	堀江荘南方阿弥陀堂修正	一二一九〇
能登国	櫛比荘諸岡寺修正	一四八五八

正月始めに仏に罪過《ざいか》を懺悔《ざんげ》して国家の安泰と五穀豊穣などを祈る国家的法会であった修正会《しゅしょうえ》（前述した御斎《ごさい》会《え》もその一つ）の、地方への伝播とその民衆統合に果たす役割を究明した井原今朝男は、それが諸権門―諸国―地方有力寺院―荘園鎮守―村落寺院に至るまで実施されていたことを確認するとともに（表6）、国家儀礼としての修正会と在地での民間儀礼としての修正会の両者が対応して、全社会的規模で実施されることによって民衆を徳政イデオロギーの下に動員し、民衆統合の役割を果したことを指摘している（井原一九九五）。

具体的な事例を駿河《するが》国駿東《すんとう》郡沼津郷（現静岡県沼津市）に所在した岡宮浅間《おかのみやせんげん》神社に見てみよう。同社には、天文《てんぶん》五年（一五三六）に駿河守護今川義元《いまがわよしもと》が新たに寄進した「宮役田《みややくでん》」四町七段を書き上げた印判状《いんばんじょう》が残されている（『沼津市史　史料編　古代・中世』二六一号）。宮役田とは神社の維持や祭礼に用いる費用を捻出するために置かれた田地のことであるが、それを用途別に整理すると表7のようになる。

まず、修正免田《しゅしょうめんでん》が七段設定されていることがわかる。このことは、戦国時代の駿河の沼津地域でも修正会が実施されていたことを如実に示している。

表7　沼津岡宮浅間神社の宮役田

区分	宮役田	面積
神社の維持に用いる宮役田	修理田	八段
	油免田	一段
	畳田	二段
	御供田	一段半
	神田免	三段半
祭礼などに用いる宮役田	御神楽田	半
	舞射田	二段半
	六斎講田	二段
	最勝講田	一段
	大般若免	二段
	修正免田	七段
	彼岸田	二段
	三月三日田	一段
	四月初午田	二段
	五月五日田	四段
	七月七日田	半
	八月彼岸田	
	一〇月舎利講田	半
	一一月田	二段半
	一二月仏名田	一段半

この表から、さらに注目すべきは、六斎講田《ろくさいこう》・最勝講田《さいしょうこう》・大般若免《だいはんにゃめん》が設定されていることである。本節の最初に指摘したように、最勝講は宮中の清涼殿《せいりょうでん》で最勝王経を論議する重要な法会であったし、大般若免も同じく宮中で行われた仁王般若経を講ずる仁王会や大般若経を転読する季御読経などに倣《なら》った法会のための宮役田であった。六斎講は念仏講の一つで、六斎日（八・十四・十五・二十三・二十九・三十日）に村人が集まって念仏を唱える行事なので性格を異にするが、その後の月ごとの行事を含め、中央の権門寺社の法会・仏事に匹敵する体系的な祭礼が挙行されていたことは注目に値しよう。

このような事実を踏まえ、中世国家と寺社との関係を総体的に叙述した上島享は、中世国家の護持体制を以下のように総括している。つまり、三講—三会を頂点とした宮中・諸御願寺《ごがんじ》で行われる法会体系を中心に、①各権門寺院で行われる諸法会と院家《いんけ》での種々の教学活動、②国鎮守・一宮を頂点に国内主要社で行われる諸講経法会、③在地寺院まで含めた大小寺院で行われた修正会・修二会、などが密接にかつ有機的に機能し、全体で護持する体制ができていた、と（上島二〇〇四）。

寺社権門の成立

前々項「中世王権と神・仏」で見たように、院政期に入ると、朝廷・院と寺社との関係がいっそう濃密になった。とくに、律令制に則った国家的給付が保障されなくなった寺社は、朝廷・院との一体化を目指すことによって生き残りを実現しようとした。その時寺社が用いた論理が「王法仏法相依論《おうほうぶっぽうそういろん》」という考え方である。それは

王法仏法あい双《なら》ぶこと、たとえば車の二輪、鳥の二翼の如し、もしその一を欠かば、あえてもって飛輪するを得ず。もし仏法なくば何ぞ王法あらんや、もし王法なくば豈《あ》に仏法あらんや、よって興法の故、王法最盛なり、

という文言によく表現されているように（平七〇二号）、車の両輪・鳥の両翼が片方がなくなっては意味をなさないように、法王＝政治権力（朝廷・院）と仏法は相互依存の関係にある、というのである。この表現は、「王法つきんとては仏法まづ亡《ぼう》ずといえり」（『平家物語』）、「王法・仏法、牛の角《つの》の如し」（『愚管抄』）などと中世を通じてさまざまな場面で使われているように、仏法＝寺社は自己の地位を国家権力と不可分の関係にあることを主張し、かつ認めさせたのであった（黒田一九八〇）。

一方、貴族層が仏教や神祇に精神的な安寧をもとめる気運も強くなったから、有力貴族の造寺造仏事業が盛んに行われた。摂関家のそれは前述したが、院政期には、後三条天皇の円宗寺《えんしゅうじ》（一〇七〇年）を皮切りに、歴代天皇・女院の御願寺《ごがんじ》が白河の地（左京区岡崎付近）に相次いで建立され（六勝寺《りくしょうじ》、表8）、「国王の氏寺《うじでら》」といわれるほどであった。また、京の南の鳥羽にも上皇らによって多数の阿弥陀堂が

造立された。

神祇に対する信仰も厚く、とくに院政期には熊野詣が盛んに行われたことは「社寺参詣」の項で説明したとおりである。

そして、これらの寺社では荘厳な法会が莫大な費用を用いて挙行された。当然、建立された堂舎を維持し、法会を執行するための財源として、その建立者や一族から多くの荘園が寄進された。

以上のように、寺社と政治権力との一体化・補完関係が進み、かつ厖大な荘園群を領有することになった寺社家勢力は、当時台頭しつつあった武家権門とならんで、寺社権門とでもいうべき地位を獲得した。それをよく表現しているのが、白河上皇がいったといわれる「天下の三不如意《さんふによい》」である（『源平盛衰記』、岩波文庫）。これは、院政を開始し絶大な権力を手に入れた白河上皇でも意のままにできないものとして、「賽《さい》の目」と「鴨川の水」にならんで「山法師《やまほっし》」を挙げたものだが、この「山法師」とは比叡山延暦寺《ひえいざんえんりゃくじ》の僧兵のことであった。また、延暦寺とともに「南都北嶺《なんとほくれい》」とならび称された奈良興福寺の強訴《ごうそ》の強引さを示す「山階《やましな》（＝興福寺）道理」という言葉が生まれたことも、この時期の寺社勢力の強さと地位の高さを示していよう。

序章で、中世の国家体制を表現する用語として「権門体制」があることを紹介したが、公家権門・武家権門に並び立つ寺社権門は、このようにして形成されて

表8　六勝寺一覧

寺　名	天皇名
法勝寺	白河
尊勝寺	堀河
最勝寺	鳥羽
円勝寺	待賢門院
成勝寺	崇徳
延勝寺	近衛

きたのである。

三　中世百姓の成立

1――住人から百姓へ

「百姓」の終焉

六国史や「太政官符《だじょうかんぷ》」など国家的な史料や法令を除くと、九世紀中頃になると古代的な百姓《ひゃくせい》呼称が減少する。

わかりやすい例を土地売券にとってみよう。まず承和《じょうわ》三年（八三六）の売券の書き出しは

坂田郡大原郷長解《げ》し申す　部内百姓売買墾田《こんでん》立券文の事

　（坪付略）

右、部内百姓秦継麿《はたのつぐまろ》の解状《げじょう》を得るに偁《いわ》く　件《くだん》の墾田……

とあって、百姓秦継麿の解状（上申文書）を受けた郷長が墾田売買の申請手続きをしている（平六〇号）。これは、「律令」の中で土地制度に関する「田令《でんりょう》」の一箇条「宅地条」に、

およそ宅地を売り買わんことは、皆所部《しょぶ》の官司に経《ふ》れて、申牒《しんじょう》して、然《しこ》うして後に聴《ゆる》せ、

と規定されることに拠っている。この規定にある「所部の官司」とは郷長や郡司のことであるから、

「宅地を売買する時は郡司・郷長を経由して申請せよ」というのが「宅地条」の法意である。したがって、大原郷長によって申請された坂田郡の売券は律令の規定に則って作成されていることになる。

ところが、九世紀中頃以降になると、以下のような律令に則らない形式が現れるようになる（平八七号）。

八木郷戸主依知秦真象《えちはたのまさかた》戸真大刀《おおと》自女《じめ》解し申す　常土《じょうど》売買墾田立券文の事

（坪付略）

右件の墾田、米参斛（石）伍斗に価直を充て……

ここには「百姓」という記載はまったく見えないばかりか、先の史料では郷長が売買の手続きをしていたものが、ここでは売り手本人、依知秦真象戸真大刀自女自《みずか》らが売券を作成しているのである。このように売り手本人が直接売券を作成する例は、承和十四年（八四七）のこの史料が初見で、これ以後徐々にその数を増していく。それに対して、承和三年の売券のように、百姓の意を受けて郷長が売券を作成する例は寛平《かんぴょう》八年（八九六）の「山城国山田郷長解」が最後である（平一八一号）。

このように、九世紀後半に律令制支配が衰退するにともない、土地売券において「百姓」呼称が消滅していくのがわかる。

「田刀」の登場

百姓呼称が消滅していく一方で、新たな身分呼称が現れてくる。その代表が「田《た》刀《と》」である。これは後に「田堵《たと》」という呼称に変化するが、それは一〇世紀末になってからで、九・一〇世紀には「田刀」と表記されるのが一般的である。

「田刀」の初見は貞観《じょうがん》元年（八五九）で、近江国（滋賀県）にあった依智荘《えちのしょう》の検田帳に現れる（平一二八号）。これは、荘園領主の使者が依智荘に下向して田地の調査をした時の帳簿であるが、そこに「田刀前伊勢宰《さきのいせのさいえ》依知秦公安雄《ちはたのきみやすお》」などと見える。彼らの性格を明確に規定することは難しいが、田地の状況をめぐって依知秦公安雄が使者に「召し問われ」ていたり、ある田地に関して「田刀愁《うれ》いて云わく」などと記されていることから判断して、田刀が依智荘の現地の経営者ないし耕作者であったことは間違いないと思われる。このように、現地で荘園の経営に携わっている者を「田刀」と呼んだ例が、売券の形式が変化する九世紀中頃に現れてきていることは注目してよい。

一〇世紀になると田刀呼称は頻出するようになる。延長《えんちょう》二年（九二四）、東寺は所領の丹波《たんば》国大山荘の荘官や荘民の雑役《ぞうやく》の免除を求めた「牒《ちょう》」（書状）を丹波国衙に出しているが（平二一九号）、そこには次のように記されていた。

荘別当《しょうべっとう》僧平秀　専当乙訓益福《せんとうおとくに》　田刀僧平基　僧勢豊　僧平増

荘別当と専当の下に田刀が三名いたことがわかる。荘別当と専当は荘園を管理する荘官であったと考えられるから、田刀は彼らのもとで実際の経営にあたった階層に違いない。前述の依智荘の田刀と同様の存在であったといえよう。

この後、田刀は筑前《ちくぜん》国高田荘・同国把岐《はき》荘、大和国清澄《きよずみ》荘などでも確認できるから、九世紀後半か

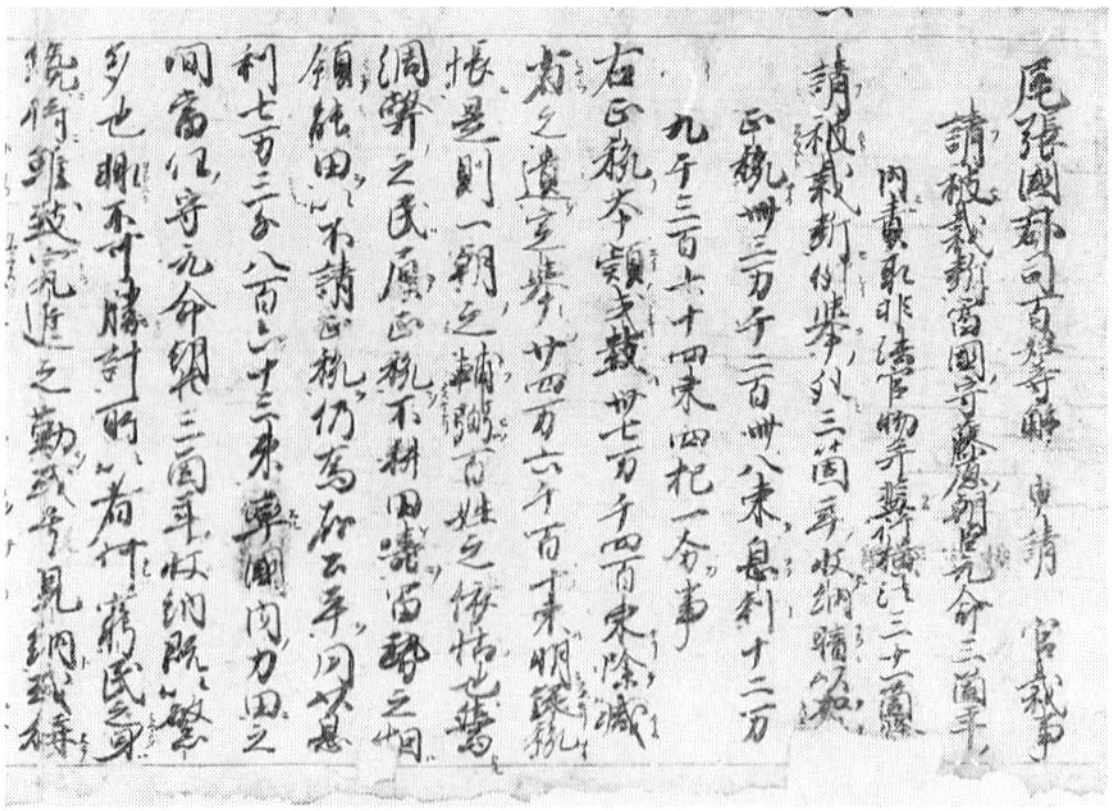

図18　尾張国郡司百姓等解（冒頭部分）

ら一〇世紀の荘園において、その経営と耕作にあたった人々は広く田刀と呼ばれていたと考えてよいであろう。

しかし、前述のように一〇世紀末・一一世紀になると「田堵」という呼称に変化する。その代表的な事例が「尾張国郡司百姓等解《げ》」である（平三三九号、図18）。「尾張国解文」は、尾張国の郡司・百姓らが、永延二年（九八八）、国守藤原元命《もとなが》の非法を三一箇条にまとめ、その罷免《ひめん》を要求した文書としてよく知られているが、そこに三箇所ほど「田堵」が現れる。この史料に現れる民衆の呼称については後でまた取り上げるが、第二条に「横法として租税田に准（準）じて加徴《かちよう》するは、田堵百姓らとして愁痛《しゆうつう》せざるはなし」、第一六条に「此の如き費《ついえ》は、すべて田堵百姓らにあり」「また田堵五、六人の手より責め取る所の絹は三、四疋《ひき》なり、又は一、二疋なり」などと記されている。これらの記述から、田堵は徴税の対象、すなわち国衙領の耕作責任者であったといえよう。

当該期の田堵の性格をより明瞭に示しているのが、寛弘《かんこう》九年（一〇一二）の「和泉国符案」である（平四六二号）。興味深いのでその書き出しのみを引用しよう。

国符す　　諸郡司

普《あまね》く大小の田堵に仰せて、古作の外、荒田を発作《(ママ)》せしむべき事

和泉国司（この時の守は源経頼《つねより》）が諸郡司に「古作」（すでに耕作している田地）以外の荒田の「発作」＝開発を命じているが、その開発の主体として期待されたのが「大小の田堵」であった。このことは、当時の和泉国において、田堵こそが耕地開発の中心的な担い手であったことを如実に示している。先の尾張国の事例と合わせて考えるならば、国衙領における農業経営の中心的な階層が田堵と呼ばれていたことは間違いないであろう。

このように、九世紀中頃から「百姓」呼称が減少していくことに反比例して、「田刀」「田堵」呼称が増加していくことが理解できたのではないだろうか。実はこのような現象は田堵だけではなかった。「杣工《そまく》」や「寄人《よりゅうど》」など職業や身分関係に応じた呼称が現れるようになる。このような職業に応じた民衆の呼称の世界を活写しているのが『新猿楽記《しんさるがくき》』である（『古代政治社会思想』）。

『新猿楽記』の世界

『新猿楽記』は、第一章でも触れたように、文人貴族藤原明衡《あきひら》が一一世紀前半に著した漢文の作品で、ある日猿楽の見物に来た「右衛門尉《うえもんじょう》」一家に託して、当時のさまざまな職業とその特徴を描いている点に特徴がある。

表9に載せたように、本人を除いた一家は、妻三人・娘一六人・息子九人の計三一人で構成され、四〇を超える職業が書き連ねられている。なかには「貪飯愛酒《どんはんあいしゅ》の女」（七の御許）など職業とは思われ

表9 「新猿楽記」の右衛門尉一家と職業

	A 続柄	B 姓名・通称	C 職業
1	本人	—	☆右衛門尉
2	第一の本妻	—	—
3	次の妻	—	—
4	第三の妻	—	—
5	大君の夫	尾藤太／傳治	■高名の博打
6	中の君の夫	元／勲藤次	■天下第一の武者
7	三の君の夫	出羽権介 田中豊益	▼大名の田堵
8	四の御許	—	□覡女
9	〃の夫	金集百成	☆△右馬寮の史生／七条以南の保長／鍛冶・鋳物師・銀金の細工
10	五の君の夫	菅原匡文／菅綾三	(☆) 紀伝・明法・明経・算道等の学生
11	六の君の夫	伯耆権介 丹治筋男	■高名の相撲人
12	七の御許	—	(貪飯愛酒の女)
13	〃の夫	越方部津五郎／津守持行	▽馬借・車借
14	八の御許の夫	檜前杉光	△飛驒の国の大夫大工
15	九の御方の夫	和気明治	☆■右近衛の医師
16	十の君の夫	賀茂道世	☆■陰陽の先生
17	十一の君の懸想人	柿本恒之	■一宮の先生
18	十二の君の懸想人	—	★侍従宰相／頭中将／上判官／蔵人少将／左衛門佐

19	十三の君	—	(糟糠／醜陋)
20	〃の夜這人	壱岐大掾　山口炭武	△炭売りの翁
21	十四の御許の夫	—	(不調の白物)
22	十五の女	—	(孀／道心堅固・仏法帰依)
23	十六の女	—	■▽遊女・夜発の長者／江口・河尻の好色
24	太郎	—	■能書
25	次郎	—	□一生不犯の大験者／三業相応の真言師
26	三郎	—	△細工・木の道の長者
27	四郎	—	☆受領の郎等／刺史執鞭の図
28	五郎	—	□天台宗の学生／大名僧
29	六郎	—	△絵師の長者
30	七郎	—	△大仏師
31	八郎	—	▽商人の主領
32	九郎の小童	—	■(雅楽寮の人の養子／僧俗の寵児)

(出典) 棚橋　一九九三より

★上級貴族　☆中・下級官人　▼農業経営者　△手工業・技術者　▽交通・流通業者　■広義の芸能者　□宗教者

ないものもいくつか含まれているが、現在にも通じる多種の職業を見ることができよう。これまでの叙述との関連でいえば、「三の君の夫」が「大名の田堵」であったことが注目される。その最初に「偏《ひとえ》に耕農を業《ぎょう》と為して、更に他の計《はかりこと》なし、数町の戸主《へぬし》、大名の田堵なり」と記されているように、田堵は農業の専門家の呼称であった。漢文学の世界でも田堵呼称は認知されていたのである。

しかし、『新猿楽記』の特徴はこのような指摘に止まるものではない。まずは、職業尽くしを妻から始めていること、息子ではなく娘（実際はその夫ではあるが）が先に描かれていることなど、当時の家父長制的家族関係の秩序観念からいえば、女性を先に書くという非常に斬新な構成になっていることが注目される。さらに、「武者」（表番号6）「馬借《ばしゃく》・車借《しゃしゃく》」（同13）「医師」（同15）「受領《ずりょう》の郎等《ろうとう》」（同27）などと並んで、前記の「貪飯愛酒の女」だけでなく「博打《ばくち》」（同5）「遊女・夜発《やはつ》の長者」（同23）まで挙げられているのはどうであろうか。職業には違いないが、それらを武者や医師と並べるのは現在においても躊躇《ちゅうちょ》するのではないだろうか。

実際、作者の藤原明衡もそれを十分意識していたようで、これら右衛門尉一家の職業尽くしを開始する直前に次のような一文を挿入していたのである。

就中《なかんずく》に西の京に右衛門尉といふ者あり。一家相挙《あいこぞ》りて来り集る。所謂《いわゆる》妻三人、娘十六人、男九人なり。各《おのおの》善悪相頒《あいわか》れて、一一《いちいち》の所能《しょのう》同じからずと云云《うんぬん》。

注目すべきは後半の「各善悪相頒れて、一一の所能同じからず」という箇所である。なぜなら、明衡は明らかにそれぞれの職業に「善悪」があることを知っていたにもかかわらず、一つ一つの「所能」が同じではない、という点に焦点を当てて、これ以後の職業を叙述する、と明言しているからである。博打や遊女が、当時の貴族的・伝統的な職業観念から見れば、当然「悪」であったが、「所能」＝技芸や技能という視角から見るならば、彼らの仕事は目を見張るものがあり、真っ当に紹介する必要がある、と考えたに違いないのである。だからこそ、職業尽くしの最初に博打を持ってきたのであろう。「大君の夫は高名の博打なり。筒《どう》の父傍《おやかたわら》に擢《ぬ》き、賽《さい》の目、意に任せたり」という書き出しは、賽子《さいころ》の目を自由に操《あやつ》る彼らの神業《かみわざ》的な技術に感嘆している雰囲気すら感じる。当然、明衡は博打に対する禁制《きんせい》がたびたび出されたことを知っていたはずである。しかし、にもかかわらず、である。

このような職業観念が当時の主流とは考えられないが、百姓に代わって田刀・田堵という職業に基づいた身分呼称が使用されてくる時代的な環境として、『新猿楽記』に見られるような新しい価値観が存在したことは注目してよいであろう。

国家的な身分としての「百姓」

一〇世紀にはいると、田堵など職業に応じた身分呼称が現れるようになると記したが、それは現実の社会関係の中での現象であって、国家的な秩序においては依然「百姓」という呼称が用いられていた。

先に紹介した「尾張国解文」が「尾張国郡司百姓等解《げ》し　申し請う官裁《かんさい》の事」と書き出されていたことがそれをよく示している（平三三九号）。「解文」本文の中では、先述のように「田堵」も使用されていたし、「人民」「窮民《きゅうみん》」「土《ど》（人）浪《ろう》（人）」「力田《りきでん》（の人）」など多くの呼称が用いられているし、中には「天朝の人民」という語句も使用されているにも拘《かか》わらず、国守《こくしゅ》藤原元命《もとなが》の非法を朝廷に訴える時は「百姓」と名乗らざるを得なかったのである。

職業に応じた多様な身分呼称が生まれる状況になっても、国家との関係では「百姓」と称せざるを得なかった。ここに、これ以後一貫して一般民衆を現す身分呼称として使用される「百姓」の特徴がある。もちろん、当時はまだ農業が基幹産業であったから、農業に従事する農民がその中核的な存在であったが、それだけではなく、「百姓」身分は職業に応じたさまざまな身分を含み込んで成り立っていたことにこそ注目しなければならない。百姓＝農民と置き換えるのは早計というべきであろう。

「住人」の登場

一一世紀中頃になると、新たな身分呼称が現れる。それは「住人」である。「住人」とは「どこそこに住んでいる人」という意味だから、単なる一般的な名称のように思われるかもしれない。しかし、この時期に現れてくる「住人」はそのようなものではない。それは、この時期の「住人」は「〇〇御荘住人等　解《げ》し申し請う　本家政所裁《まんどころさい》の事」と使用されように、集団（＝等）でかつ連署して、官使《かんのつかい》や国司の非法の停止、年貢の減免など自分たちの要求を荘園領主（＝本家）に訴え出て、領主の裁下を仰ぐ主体として現れてくるところに特徴がある。

このように、住人らが集団で自分たちの要求を荘園領主に訴える文書を「住人等解《じゅうにんとうげ》」、その闘争形態を住人等解闘争といっているが、このような形式の文書は、天喜《てんぎ》元年（一〇五三）に突然現れて一二世紀後半には消滅してしまう。現在、九〇通ほどの「住人等解」が残存しているから、「住人等解」は平安時代後半期＝中世社会成立期に特有の文書様式ということができる。したがって、その闘争の主体として現れる「住人」もこの時期の特有の身分呼称であった（島田一九八六）。

当然のことであるが、その初期の「住人等解」はいま述べたように整ってはいない。例えば、その初見史料である東大寺領美濃《みの》国茜部荘《あかなべのしょう》の場合は「茜部御荘司住人等」と名乗っているし（平七〇二号）、同じく東大寺領山城国玉井荘《たまいのしょう》では「玉井御荘下司田堵等」と名乗っている（平八一二号）、というようである。連署のメンバーに「荘司」や「下司」など荘官を含んでいたり、「住人」を名乗らず依然「田堵」を名乗っていたりしている。

しかし、一一世紀末になると文字通り「住人」が主体となった様式が整ってくる。その代表的な例が、永久三年（一一一五）の山城国玉井荘の「住人等解」である（平一八二七）。その書き出しと末尾の連署の部分だけを抜き出してみると次のようである。

玉井御荘住人田堵等解し申す　重ねて本寺政所裁を請うの事

（中略）

永久三年五月七日　　職事

住人重末（花押）

住人頼安（花押）

住人是末（花押）
住人永友（花押）
（以下、住人五人略）
御荘下司安積（略押）

このように、全部で一一人の連署があるが、荘官である職事と下司を除いた九人の人名の上にすべて「住人」という呼称が記されていることが注目されよう。内容を省略したのでわかりにくいが、これは隣接する他の寺院との用水相論に関する「住人等解」であった。用水は農民が農業を行う上で死活問題であったから、住人らの団結を固める必要があったため、一人一人「住人」であることが強調されたと考えられる。

以上、「住人等解」に現れた「住人」の特徴をみてきたが、連署して自らの要求を荘園領主に訴えていること、その要求も荘園内に住んでいる一部の人々の要求ではなく、用水問題など荘園内の人々全体に関わる内容であったことを考えると、彼らが荘園ないし村落を代表する上層の農民であったと評価することができよう。したがって、「住人」身分とは、それまでの田堵などのように職能に応じた身分呼称ではなく、まさに荘園の構成員として荘園の経営に直接関わる存在として自らを位置づけ、その立場からさまざまな問題の解決を荘園領主に要求できる存在であったのである。

「住人」のこのような性格がよく現れているのが、引用は略したが、本文の末尾の次のような文言である。

御修造の比《ころ》、尤も重役なり。耕作致さざれば、これ何物をもって所役を勤仕すべけんや

すなわち、住人たちは、「用水相論を解決し、水田の耕作ができるようにしてくれなければ、寺の修造のための所役（負担）を納入することができない」といっているのである。住人たちは、自分たちが「所役を勤仕する」条件として、東大寺が荘園領主として当然果たすべき責任の遂行（この場合は用水の確保）を要求している。荘園制というシステム内における荘園領主と住人らとの双務的な関係の成立を読みとることができるのではないだろうか。

「百姓」の成立

「住人等解」が一二世紀後半まで存続したことは前述したが、この「住人等解」に代わって登場してくるのが「百姓等解《ひゃくしょうとうげ》」である。「百姓等解」は一二世紀中頃に現れ、徐々に「住人等解」に取って代わっていく。そして、「住人等解」は一三世紀すなわち鎌倉時代に入るとまったく見えなくなってしまう。平安時代後半期は「住人等解」の時代であったと述べたのはこのことに拠っている。しかし、取って代わった「百姓等解」も一三世紀二〇・三〇年代には「百姓等申状《ひゃくしょうとうもうしじょう》」に変化してしまう。そして、「百姓等申状」はこれ以後、南北朝・室町時代を通じて、百姓たちが自分たちの要求を訴え出る文書として使用され続ける。平安時代後期が「住人等解」の時代であることと対比していうならば、鎌倉時代・南北朝時代は「百姓等申状」の時代ということができよう（島田一九八六）。

このように、平安時代後半期の「住人」に代わって「百姓」が用いられるようになる要因を明確に述べることはできないが、以下のような諸点を指摘することができよう。

まず、荘園制が発達・確立し、それまでの荘園領主の所領としての性格を脱却して、国衙領と同様に公的な性格をもつに至ったことである。いい換えれば、国衙領と荘園との均一化の進行である。一二世紀に入ると、荘園の年貢を「官物《かんもつ》」（国家に納める租税）と表現する事例も散見するようになることがそれを示している（勝山一九九五）。

また、同様な事例であるが、それまで臨時的な性格が強かった一国平均役（国衙領も荘園も区別なく賦課される国家的租税）が、一二世紀中頃になると「院事《いんじ》・勅事《ちょくじ》」（院と天皇の命令による賦課）と称されるようになり、その公的な性格を一層強めたことである。以前は不輸・不入権を楯に賦課を排除することも可能であったが、国家的な租税としての性格が強化されるにしたがい、それを拒否することができなくなったのである。このような変化も国衙領と荘園の均一化をいっそう推し進めたということができよう（上島一九九〇）。

このような状況の変化のなかで、「荘園の住人」であることを根拠にした「住人等解」が抵抗の根拠をもたないことは明らかであろう。そこで採用されたのが、国家的な身分としての「百姓」を根拠に、自分たちの要求を訴えることであったと思われる。一国平均役が国家的租税として定着する一二世紀後半に「百姓等解」という文書様式が現れ、それがまもなく「百姓等申状」に展開していくことがそれを裏付けている。

「百姓等申状」の特徴については第七章「一揆の作法」でもう一度取り上げることにして、本節では、古代的な「百姓」が九世紀中頃には終焉《しゅうえん》を迎え、その後は職能に応じたさまざまな身分呼称が現れたこと。しかし、荘園制が展開するにしたがい、一一世紀中頃には「荘園の住民である」ことを根拠にした「住人」身分が現れ、「住人等解」を提出して、荘園領主に荘園経営および村落生活に関係する諸要求を訴え出るようになったこと。そしてさらに、一二世紀後半に荘園公領制が確立し国衙領と荘園の均一化が進むと、「荘園の住人」であるという根拠が薄くなり荘園においても「百姓」を名乗るようになる、という、九世紀から一二世紀にかけての民衆の身分呼称の変化の過程をまず理解していただきたいと思う（木村一九九七b）。

と同時に、このことは、中世社会を根底で支えた民衆が自ら選び取った身分呼称が「百姓」であったことを示している。古代的な国家的身分としての「百姓」ではなく、民衆の主体的な身分呼称としての「百姓」への転換である。同じ「百姓」呼称であるが、両者には大きな違いがあったのである。私は、この事実こそが、中世後期に「御百姓」という認識を生み出し（藤木一九七四）、かつ現在の「百姓」呼称にまで連続する大きな転換であったと考える。その意味ではまさに「百姓の成立」であったのである。

2―百姓の身分的特徴

凡下と百姓

中世の一般民衆が「百姓」と呼ばれるようになった過程は理解していただいたとして、つぎにその百姓の身分的な特徴を、鎌倉幕府の基本法令である「貞永式目《じょうえいしきもく》」（以下、「追加法」を含めて鎌倉幕府法という）を参考に見ておくことにしたい（大山一九七八）。

ところが、少々やっかいなことがある。それは、鎌倉幕府法の中では、一般民衆を指す呼称として百姓と凡下《ぼんげ》という二つの用語が用いられているのである。そして、侍に対して凡下、奴婢《ぬひ》雑人《ぞうにん》に対して百姓が使用されることが多いという特徴もある。

まずわかりやすい後者から考えてみると、奴婢は主人に人格的に隷属《れいぞく》し家などをもてない奴隷的な階層であるから、それと対比される百姓は人格的隷属に組み込まれておらず、家ももてた存在であることはわかる。百姓の一般的な理解といえよう。では、前者の侍と対比される凡下とはなんであろうか。とくに幕府法のなかに規定があるわけではないが、その使用例などの検討から、凡下とは「侍身分を除いた一般庶民の総称」であるといわれている。

問題は、侍と対比する時百姓が用いられず、凡下という聞き慣れない呼称を用いた理由である。国語辞書などによれば、凡下とは「優れたところのないこと。平凡なこと。また、その人。凡夫。凡人」とあって、「凡下とは云々」という積極的な規定はない。前の研究上の規定も「侍身分を除いた……総称」とあって、同様に積極的な規定ではない。実は、ここに凡下を用いた意味があったと思われる。

というのは、第一章で指摘したように、侍身分は六位という官位の有無が重要な意味をもったのに対して、百姓身分は、前節で述べたように、国家的な公的な性格を色濃くもった身分呼称であった。このように、侍と百姓はレベルの異なった身分序列に属していたから、両者を直接対比することはできなかっただけでなく、それを実施すると思わぬ身分秩序の混乱が生じてしまう危険性があったからである。

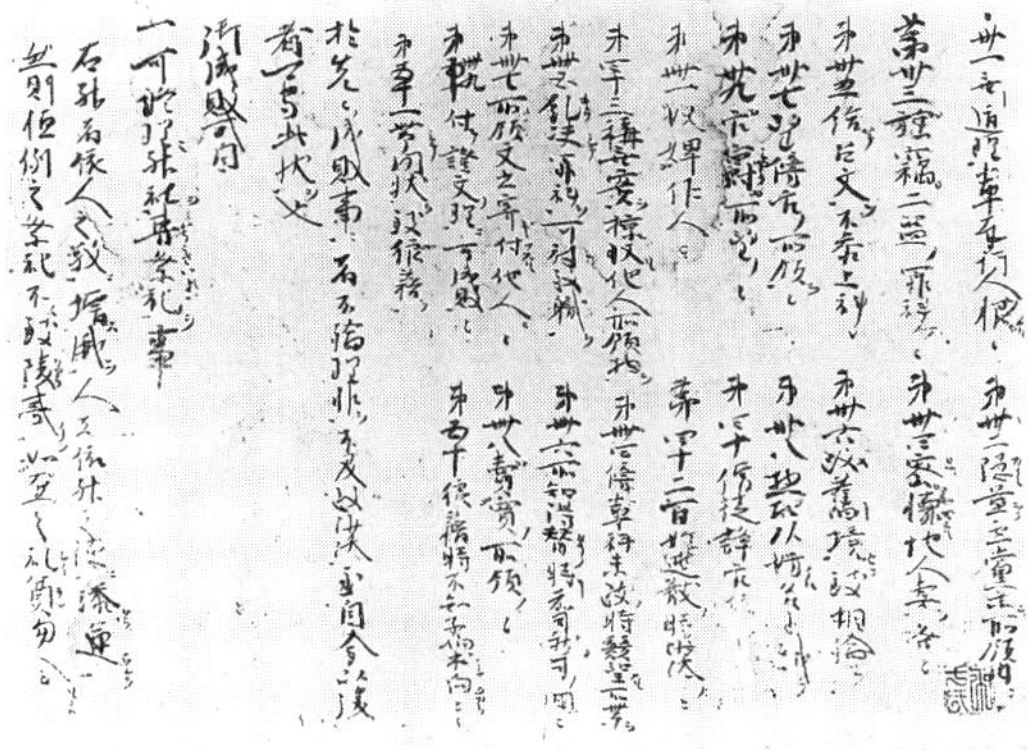
図 19 「貞永式目」

そのために、侍と対比するときは侍に重点をおいてそれ「以外の総称」としての凡下を、百姓と対比するときは隷属性という属性において百姓の対極にある奴婢を用いたのである。したがって、百姓と凡下は用語も違い、もともとの語義も異なっていたと思われるが、幕府法の中では、侍と百姓の身分的特性をより明確にし、さらに直接対比による無用な混乱を避ける目的で、一般民衆を指す呼称として凡下と百姓とを使い分けたのではないだろうか。

凡下と百姓とを用いた以上のような事情を勘案《かんあん》し、以下では両者を同じ身分として理解し、その特徴を考えることとしたい。

式目四二条の世界

鎌倉幕府法の中で、百姓の身分的特徴を明確に規定しているのが式目四二条である（入間田一九八六、黒田弘子一九八七、柳原一九八八）。少々長くなるが、有名な条目なので引用してみよう。

一　百姓逃散の時、逃毀《じょうき・にげこぼち》と称して損亡せしむる事

右、諸国の住民逃脱《ちょうだつ》の時、その領主ら逃毀と称して、妻子を抑留《よくりゅう》し、資財を奪い取る。所行の企てはなはだ仁政に背く。もし召し決せらるるの処、年貢所当の未済《みさい》あらば、その償《つぐな》いを致すべし。然らずば、早く損物を糺《ただ》し返さるべし。ただし去留《きょりゅう》においてはよろしく民の意《こころ》に任すべきなり。

文章が短いわりには複雑な内容が盛り込まれているため、この条文の解釈をめぐってはこれまで多くの論文が発表されているものの、まだ未解決の部分も多いが、そのポイントを紹介すると次のようになろう。

①百姓が逃散したとき、領主（この場合は、幕府法の規定なので地頭を指す）が「逃毀」と称して、妻子を捕らえたり資財を奪ってはいけない。

②逃散した百姓に年貢の未払いがあることが裁判で発覚したときは、年貢を納入すること。未払いがないのに、地頭が資財を奪ったときはすぐに返却すること。

③ただし、「去留」については百姓の意志に任せること。

①の内容は類似しているこの条文の題目と合わせて理解すると、百姓が逃散した時、「逃毀」していなければ「損亡」(妻子を捕らえたり資財を奪うこと)してはいけない、という意味になろう。では、違法行為である「逃毀」とはなにか。この条文のなかでそれを説明しているのは②だけであるから、「逃毀」とは「年貢未払いのまま逃散すること」を指していると考えざるを得ない。ということは、逆に考えれば、年貢の未払いがなければ百姓の逃散は権利として認められていたことになる。

しかしさらに条文をよく読むと、②の前半に、たとえ年貢の未払いがあっても裁判で発覚した際支払えばよい、と記されている。ということは、百姓の側に「逃毀」という違法行為は成立しないことになろう。「逃毀」というのは、地頭の口実に過ぎないのである。すなわち、この条文の法意は、百姓が逃散した際、地頭が「逃毀」などと称して、妻子の逮捕や資財の奪取などの実力行使を行ってはならず、「召し決す」=裁判を通じて事態の解決を図ることを命じている点にあったのである。

このように解釈することが可能であれば、少なくとも年貢の未払いがなければ百姓の逃散は当然の権利として認められていたし、未払いがあってもそれは裁判で決着を付けることであって、未払いを口実に地頭が実力をもって妻子や資財に害を加えることができなかったのである。

この式目四二条による限り、鎌倉時代の百姓は基本的な権利として逃散する権限をもっていたことは明らかである。したがって、③の「去留については百姓の意志に任せること」という規定も、上記のような権限をいっそう一般的に規定したものと理解できよう。さらに、四二条の解釈から注目しなければならないのは、地頭の百姓支配において、いかなる理由があろうとも、地頭の実力を伴う行為が厳しく禁止されていたことである。百姓の公的な身分としての特性がここにおいてもよく現れているといえよう。

刑罰と百姓

式目四二条において、百姓は年貢の未進がなければ逃散する権利を認められていたが、しかし、彼らが犯罪を犯したときは厳しく処罰されることが鎌倉幕府法に規定されていた。しかし、この点については、第一章第二節「武士と身分」で、武士の身分的特徴を説明するとき、百姓の刑罰との対比のなかで分析したので、改めてここでは繰り返すことはせず（三一頁・表2）、そこでの結果を簡潔にまとめておくことにしたい。

百姓への刑罰は、御家人が財産刑で済んだのに比して、「謀書《ぼうしょ》」（文書の偽造）や窃盗《せっとう》を犯したときは顔に「火印」を捺《お》されると規定されていたし（一五条、追加法七〇六条）、他人を殴ったときは牢獄に入れられたり（一三条）、女性を拐《かどわ》かしたときは鬢髪《びんはつ》の片方を剃り落とされる（三四条）など、直接肉体に苦痛ないし損傷を与える「体刑《たいけい》」が科せられた点に特質があった。

また、そこでも述べたが、百姓の名田には労働課役である夫役《ぶやく》（警護役や土木工事などの人夫役）が賦課されたのに対し、御家人領＝武士身分の所領には夫役が賦課されないのが原則であった。これも、百姓が体刑であったのに対し御家人は財産刑であったことに基づくものであろう。そういえば、荘園における地頭の所領＝地頭名は雑役免《ぞうえきめん》（雑役免除）であったこともこの原則にもとづくものであろう。

3——一人前の条件

鎌倉幕府法を素材に、百姓身分の一般的な特徴を指摘したが、ここでは若干視点を変えて、具体的な生活の中での百姓の特徴を見てみることにしたい。その視点は百姓として「一人前」になるにはどのような条件があったのか、という点である。

その時注目されるのが次の史料である。

今日、山城国人集会《こくじんしゅうえ》す。上は六十歳、下は十五、六歳と云々。同じく一国中の土民《どみんら》等群集す。

これは、文明十七年（一四八五）におきた「山城の国一揆」の始まりを伝える史料である（『大乗院寺社雑事記』、続史料大成）。中世の一揆を伝える有名な史料なので、教科書などで一度は見たことがあるのではないだろうか。では、どこに注目すべきかというと、集会に集まった人々の年齢が「上は六十歳、下は十五、六歳と云々」と明記されている箇所である。その前後の文章に注目し、国人と土民が一緒になって一揆を起こしたことが評価されることが多かったが、この年齢を記した箇所が当時の

下は十五、六
歳と云々

人々の一人前の年齢を示すことがわかってきたのである（横井一九七五）。というのは、当時、村々で開かれた集会は座《ざ》とか宮座《みやざ》といわれ、村の運営を担う重要な会議の場であったから、そこに参加できる資格は誰にでも与えられていたわけではなかった。いい換えれば、そこに参加できるのは村人として一人前として認められた者だけであったのである。とすると、国一揆の集会に参加できたのは「上は六十歳から下は十五、六歳」というのであるから、この年齢の間を一人前の期間ということができよう。ここから、中世においては十五、六歳で元服をし一人前と認められ、六十歳を過ぎると隠居《いんきょ》し一人前から外されたことがわかる。

これも戦国時代の事例であるが、室町幕府は犯罪が起こった時の証拠に関わって、次のように述べている（「蜷川文書」『中世法制史料集』第二巻、第三部三二三条）。

いかに御成敗《せいばい》あるべきやの由、尋ね下さるのところ、歳十五已前《いぜん》の輩《ともがら》においては、判形《はんぎょう》以下、証拠に用いられざるをもって……。

成敗（裁判）の時、十五歳以前の者の「判形」（署名と花押のある証明書）は証拠として採用することはできない、すなわち、十五歳以後の者の証明は証拠として認められるというのであるから、裁判で証拠能力のある一人前として扱われるのも十五歳以後であったのであった。

人身売買史料から

中世において、たびたび禁止されていたにもかかわらず、飢饉や戦乱などの「災害」に対応するための人命維持システムとして、人身売買が行われていたことは人身売買文書の残存によって明らかである。いま、その実態について言及することはしないが、その売買文書を整理してみると興味深い事実が浮かび上がってくる（木村二〇〇六）。

まずは、それらが、本人以外の者（父母）による売買（A）と、本人による売買（B）とに大きく区分することができることである。Bはさらに、本人を含めて家族ごとに「一類」として売却する場合（B i）と、本人単独の場合（B ii）に分けることができる。ここでは売買される者が同じく単身者であるにもかかわらず、AとB iiという違った売買形式が取られていることに注目してみたい。

その違いを解く鍵の一つが売買される本人の年齢である。年齢に着目して表10を作成すると表10のようになる。

Aの方に年齢不明のものや十八歳という不都合な例もあるが、AとB iiが十四歳と十六歳の間、すなわち十五歳を境にほぼ明確に区分できることがわかる。このことは、十五歳未満の場合は親によって売買される対象であったが、十五歳を過ぎると自分で自己の肉体を売却する権利が認められていたことを示している。すなわち、十五歳を過ぎると、家父長権に代表される親権《しんけん》を脱却して一個の人格

表10　人身売買の年齢

	事例数	年齢の判明する事例	年　齢
A	一三	九	七歳、八歳、九歳、十歳（二例）、十一歳、十四歳、十?歳、十八歳
B ii	九	四	十六歳、十八歳、二十二歳、二十五歳

＝一人前として認められていたのである。

一人前になったということは、一揆に参加する資格をもつだけでなく、裁判において証拠能力をもつ存在として評価された。そして、その一人前としての人格は、飢饉などに際し、自らの命を長らえるために自らの肉体を売買する権利まで保有していたのであった。一人前になることに伴う「厳しさ」を垣間見《かいまみ》ることができよう。

座入りと官途成

もちろん、十五、六歳になったら自動的に一人前として認められるわけではない。

そのためにはいくつかの儀式が必要であった。まず烏帽子成《えぼしなり》の儀式である。

烏帽子とは、成年男子が髻《もとどり》（髪の毛を集めて束ねたところ）を結んだ上に着けた被《かぶ》り物のことで、烏帽子を着けていない姿を他人にみられることは屈辱で、就寝時にも着用したといわれるほど、自分の身分を表現する重要な役割を果たしていた。その烏帽子を着す儀式が烏帽子成で、村の有力者の一人を烏帽子親と定め、その親から烏帽子を授かり盃《さかずき》を受けた。これを行い烏帽子を頭に被ることによって一人前の村人として認められたのであった。

次は官途成《かんとなり》である。これはそれまでの仮名《けみょう》（太郎・次郎などの通称）に加えて、左（右）衛門・大夫《たいふ》・権守《ごんのかみ》などの官職名が与えられる儀式で、「太郎左衛門」などと名乗るのがそれである。烏帽子を被り、官途を名乗ることができるようになったときが、一人前の村人として認められたときであった。

これらの儀式は最終的には村の運営組織である宮座の場で、そこに参加している「一人前の村人」

らによって認定され、これによって彼らもまた宮座のメンバーとして認められたのである。これを「座入《ざい》り」といった。

しかし、烏帽子は天皇や貴族から武士・手工業者・村人まで被り、その形は身分や官位の違いによって異なっていたから、烏帽子を被り一人前の村人として認められるということは、一方で、天皇から始まる国家的な身分秩序に組み込まれ、その身分に固定化されることも意味したのである。

巾着と火打ち石と腰刀

さて、一人前になったということは自分で自分の生活を維持する責任が生じたことでもある。自分で自分の生活を維持するための最低の持ち物として、近年絵巻物の分析などを通じて指摘されているのが、巾着《きんちゃく》（財布）と火打《ひう》ち石（薪などに火を付ける道具）と腰刀《こしがたな》である（保立一九九八）。巾着は財政を、火打ち石は家庭・生活を、腰刀は自衛力を意味しているという。この三点セットは、自立した生活を支える必需品であったとともに、これを所持していることが一人前の象徴でもあったのである。

ところで、中世社会が武士＝武力の時代であったことを考えると、一人前の条件として村人が腰刀をもっていたことは注目してよい。それは、中世においては、一般の民衆も自衛のための最低の武力をもっていたことを示している

図20　民衆の腰刀と巾着（『慕帰絵』）

からであり、そのことによって武士の所持する武力が特殊な武力、すなわち職業としての武力＝軍事力であったことも示しているからである。ともすると、私たちは武力を武力一般として論ずることが多いが、民衆の腰刀の所持は、自衛のための武力と軍事力としての武力（暴力）とを峻別《しゅんべつ》して議論しなければならないことを示唆《しさ》しているといえよう。

四　イエと女性

1―イエと中世社会

イエの歴史的性格

「家」とは、家柄や家産を示す場合もあるが、通常、居住用建物やそこに住む家族を指す場合が多い。では、その「家」を用いないで「イエ」と表現する理由はなんであろうか。それは、中世社会において、イエが建物や家族という一般的な内容だけではなく、社会を規定する特別の意味をもっていたからである。

中世の身分の全体的な構造の解明を試みた大山喬平は、中世社会を構成し、かつ独自の身分的な編成をとって現れるあらゆる諸集団を

（1）イエ、（2）ムラ、（3）党・一揆《いっき》・座・衆《しゅう》・武士団、（4）権門《けんもん》貴族・幕府（武家）・権門寺社、（5）国家、

の五段階に区分し、それぞれの集団のなかには強固な内部規範があり、外部からの干渉を排除しようとしている、と指摘するとともに、次のように述べている（大山一九八七）。

①（1）のイエが生産諸活動の基礎単位であり、（2）以下の社会諸集団の基礎単位である。
②（1）のイエの身分制的な表現形態として、中世の「百姓」身分が位置付けられる。
③中世の百姓の自立的性格の背景には、彼らが居住するイエの自立的性格があった。
そして、（2）ムラは（1）イエ相互の結合であり、（3）の武士団は、拡大された武士のイエであり、党・一揆・座は、ムラと似てイエ相互の結合という形態をとるが、それらが社会的な分業の進展に基づいた集団である点がムラとは異なる、と説明する。したがって、それぞれの集団内部にも、（1）イエがもっていた内部規範が強固に存在しており、たとえば、鎌倉幕府をしても、御家人のイエ内部の問題については介入できなかったし、武士団が拡大した鎌倉幕府内部の問題に対して、朝廷はまったく干渉することができなかったのである。後者は、「貞永式目《じょうえいしきもく》」＝鎌倉幕府法が幕府内部の諸問題や御家人制に関する諸問題の解決のために作られた自律的な法律であったことに、象徴的に示されている。

以上のような、イエが中世社会の根底を支えていたという大山の理解は、現在、多くの研究者によって支持されている。個人ではなく、イエが社会諸集団の基礎であるのは、現代のように個人が個人として自立しておらず、イエを介してのみ社会的に自立し、存在し得たからである。

それは、第一章の武士や第三章の百姓の説明の際、たびたび用いた『新猿楽記《しんさるがくき》』の職業尽くしが「所能」＝技能・技量に基づいており、その継続・発展のためにはその技能・技量を継承する「家」

が必要であり、そして、それらの技能が「家業」として存続し得たことからも確認できるであろう。このような動向は武士・百姓だけではなかった。貴族社会においても、平安中期になるとイエによる官司請負《かんしうけおい》（朝廷内部の専門的な職務の請け負い）が進み、それが算術のイエ、医者のイエ、日記のイエなどの家業に発展することが明らかにされている（佐藤一九八三）。

イエの自立性

やや理屈っぽくなったので、鎌倉幕府法＝「貞永式目」の条文の中にイエの自立性がどのように表現されているかを具体的にみてみよう。

まずは百姓らの場合である。式目第四条は、罪科人の財産の処分について規定した条文であるが、そこには

犯科人《はんかにん》の田畠・在家ならびに妻子・資財の事、重科の輩においては守護所に召渡すといえども、田宅・妻子・雑具に至っては付け渡すにおよばず。

と記されている。重い犯罪を犯した本人は守護のところに引き渡されるが、残った家族や田宅・雑具は没収されたり引き渡されることはない、というのである。犯罪人本人の処罰は当然行われるとしても、守護が犯罪人の家の内部まで介入することはできなかったのである。同様な内容は、盗賊の贓物《ぞうもつ》（盗んだ品物）の多少に応じた罪科を規定した追加法二一条にも見られる。そこでは「三百文以上の重科」の場合であっても、「親類・妻子ならびに所従らにおいては、元のごとく本宅に居住せしむべきなり」とある。

これらはあくまでも式目の規定であって、実際にそれが適用された実例ではない。しかし、寛元《かんげん》二年（一二四四）の薩摩《さつま》国の史料には、

御式目の状に任せて、下手人《げしゅにん》の身を地頭の所に召し取るとも、妻子私財物は、住宅に付して安堵《あんど》せしむべきの由、御裁許を蒙る、

と記述されていた（鎌六三三一号）。式目の何条に依拠したのかは明記されていないが、妻子と私財は住宅に付けて「安堵」（＝保障）すべきである、とあるから、前記の追加法二一条の「元のごとく本宅に居住せしむべき」という法意と同様な裁許が実際に執行されていたことが確認される。

このように、たとえ犯罪者は処罰されるとしても、彼の家内部の妻子や従者や私財に対する干渉は認められておらず、さらにそれらは「本宅」・「住宅」に付して安堵されなければならなかった。家の自立性が保障されていたことは明らかであろう。

では、御家人の場合はどうか。まず、わかりやすいのが主人と従者との間の訴訟である。普通、主人が従者を訴えることはないから、逆に従者が主人を訴えることは可能であっただろうか。実はこれは幕府では扱わないのが原則であった。たとえば、追加法二六五条は、「主従対論の事」について規定しているが、そこでは、主人と従者の「対論」＝訴訟は幕府としては受け付けず、イエ内部の問題として処置することになっていた。実際、文永《ぶんえい》七年（一二七〇）、主人の従者殺害容疑に対して、幕府は「事、実たりといえども、所従（従者）たるの上は、訴訟に能《あた》わず」と裁決を言い渡していた（鎌一

○六一七号)。従者殺害という重犯であっても、幕府は主人の権限を容認していたのである。
また、式目一八条は、娘に譲った所領を、親が悔《く》い返す(取り戻す)ことができるか否かについて規定しているが、そこでは「女子もし向背《きょうはい》(親への反抗)の儀あらば、父母よろしく進退の意に任すべし」とあって、娘が親に反抗した場合は、父母の意志に任せて悔い返すことができたのである。これは、一度譲状《ゆずりじょう》を書いて幕府に認可された所領であっても適用されたから、所領譲与というイエ内部の問題には幕府としても介入することができなかったのであった。

在家の景観

百姓のイエや武士のイエの自立的な性格を確認したついでに、もう少し具体的に彼らの住居の景観と構造をみておこう。

百姓の住居は周囲の畠地と一括して「在家《ざいけ》」と呼ばれることが多いが、鎌倉時代初期の播磨《はりま》国小犬《こいぬ》丸保《まるのほ》の百姓の次のような主張は、百姓のイエの本質をよく表現している(鎌九一一二号)。

> 畠地の収奪を受ければ、「土民」=百姓らは「何処《どこ》に居住し、課役を勤仕」したらよいのか。(中略)「在家」が収奪の対象になり住人の生活が妨《さまた》げられれば、誰が水田を耕作し「所当官物《しょとうかんもつ》」=年貢を納めるのか、

すなわち、百姓にとっては畠地が百姓の住居であり、その住居である「在家」が収奪されれば水田耕作もできなくなるし、したがって年貢も納めることができなくなる、というのである。このように、百姓にとって在家はなによりも生活そして生産の拠点であったのであり、在家が保障されて初めて年

貢などの納入も可能になったのである。

百姓の生活の拠点であった在家の面積などの実態を正確に把握することは難しいが、それにやや近いのではないかと考えられるのが、文治《ぶんち》五年（一一八九）の「摂津国垂水西牧榎坂郷《たるみにしのまきえさかごう》田畠取帳《とりちょう》」に記載された「屋敷」面積である（鎌三七六・三七七号）。そこには、垂水・榎坂・小曽根《こそね》・穂積《ほづみ》の四ヵ村の田畠と屋敷の面積が「名《みょう》」別に書き上げられている。屋敷が一軒しかない垂水村を除くと、それぞれの平均は榎坂村が一六六歩、小曽根村が一八五歩、穂積村はやや大きく二二二歩であった。そして三ヵ村の平均は一九一歩となる。約〇・五段（一九一歩／三六〇歩）ほどの広さが平均であったといえようか。六〇歩を基本にその倍数である一二〇歩・一八〇歩・二四〇歩の在家が多いこともやや気になるが、一応、鎌倉初期、畿内百姓の屋敷の面積として考えることができよう（島田一九六六）。

ちなみに、六〇歩は六分の一反で約一六七平方《メートル》、一九一歩は約五三〇方《メートル》である。現在、売り出されている一戸建て住宅の敷地面積は一〇〇平方《メートル》前後のものが多いから、小さい屋敷でも現在の一・五倍ほどあり、平均では約五倍の広さであったことになる。もちろん、先述のように屋敷といっても住居の周囲に野菜畠などの園地を含んでいたから、建物そのものは現在と大きな相違がなかったかもしれない。

在家の建物の構造を知ることができる数少ない資料として備中国新見荘《にいみのしょう》の有力百姓谷内氏の「屋敷指図《さしず》」がある（「東寺百合文書」サ函三三九号）。それを図示したものが図21である。谷内屋敷は、宏殿《こうでん》を中核とした敷地と主殿を中核とした敷地の二区画からなっていた。宏殿は母屋と考えられ、庫裡《くり》と蔵と「かん所（便所）」を備えていた。そして、その周囲には塀と堀が巡り、門と橋で大道に接続していた。もう一区画は主殿と雑舎からなり、橋で母屋と繋がり門を通じて道路に出ることができた。主殿とは客殿のことで、来客用の建物であった。

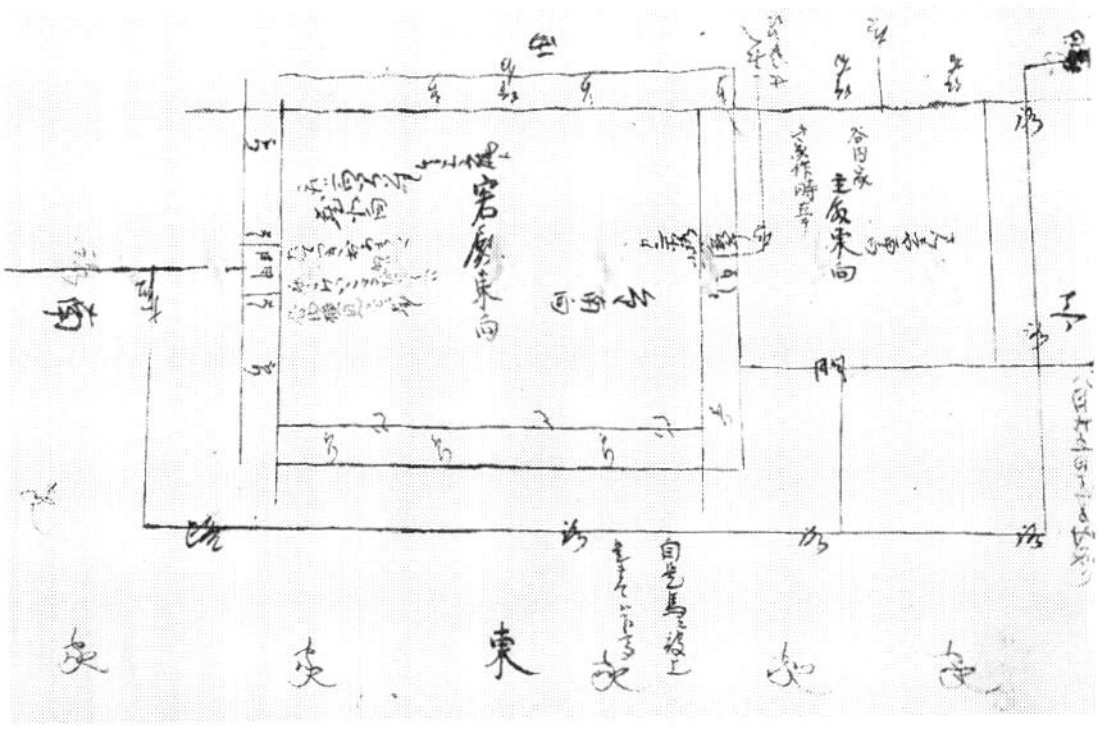

図21　新見荘屋敷指図

谷内屋敷の正確な面積は確定できないが、堀を半間（九〇センチ）とすると、約一三〇坪＝四五〇平方メートルほどになるという。垂水西牧の屋敷の平均値が五三〇平方メートルであったから、ほぼ同面積であったと理解できよう。中世の百姓の屋敷＝在家の面積はこの程度であった。また、絵巻物などの分析から、家屋の近辺には若干の菜園があり、入り口の門には注連《しめ》が付されていることが多いが、それは一種の占有権を表現しているといわれている。すなわち、垣根・門・注連は全体としてイエの排他的所有権を示して、イエの自立性を主張するものだった。

これらのことを総合すると、約〇・五段ほどの敷地に母屋を中心に三、四軒の家屋が建ち、その周囲には菜園を中心とした畠地が存在し、それらを取り囲むように垣根が巡っていた、というのが在家の景観といえそうである。

屋敷の景観

次に領主の住居＝屋敷の景観を復原してみよう。領主の屋敷地はその景観から堀内《ほりのうち》(堀ノ内)や土居《どい》などと呼ばれていた(小山一九八七)。それは屋敷の周囲を防御と用水利用とを兼ねた堀(濠)や、土を盛った土塁などによって囲われていたためといわれてきたが、最近は周囲を堀で囲むようになるのは南北朝期ころからで、それ以前は堀などよりは「大道」などと呼ばれた街道に面していたことが着目されるようになった(橋口一九八八)。

例えば、武蔵国熊谷《くまがや》郷の領主であった熊谷氏の「堀内」の領域は次のように記されていた(鎌二六七七号)。

東を神田宮垣内南北縄手に限る
南を東西大堀に限る
西を荘堺の南北大道に限る
北を東西中道に限る

東西に走る「大堀」もあるが、西は「大道」、北も「中道」によって境されていたことがわかろう。「縄手《なわて》」とはさらに耕地の中の細い道のことである。このような視角から改めて絵巻物をみてみると、『一遍聖絵』で有名な筑前国の武士の屋敷＝館も堀と塀で囲まれてはいるが、その門前には大きな道路が走っていたし(三三頁、図8参照)、『粉河寺縁起』に描かれた河内国讃良《さらら》郡の武士の館の門前にも大きな道路があった（口絵3参照）。

もちろん、熊谷氏の堀内の南境が「大堀」であったように、水路を一度堀内の堀に引き込み、それを周囲の水田耕作の用水として利用させるという、領主支配の機能を屋敷がもっていたことはいうまでもないが、それと同時に街道を門前に備えていたことは、鎌倉時代の武士の屋敷はまだそれほど防御性を優先しておらず、それよりも街道を用いた交通や交易を掌握することに重点が置かれていたということもできそうである。

堀内の門前には「門田《かどた》・門畠《かどばた》」といわれた田畠が広がっていた。屋敷の堀に引いた用水を最初に利用できる耕地であったこともあって、この田畠に対する領主の所有権は強く、荘園領主などによる検注の対象から外されているのが普通であった。寛元《かんげん》元年（一二四三）豊後《ぶんご》国都甲荘《とごうのしょう》の地頭は、「八代相承より以来、屋敷・堀内等は、前々検畠の時、まったくもって馬の鼻を向けられず」と主張している（鎌六一八七号）。「馬の鼻を向ける」とは役人が馬に乗ったまま検注を実施することを意味しているから、都甲荘の場合は「屋敷・堀内に対する役人による検注（検畠）は八代前から行われなかった」

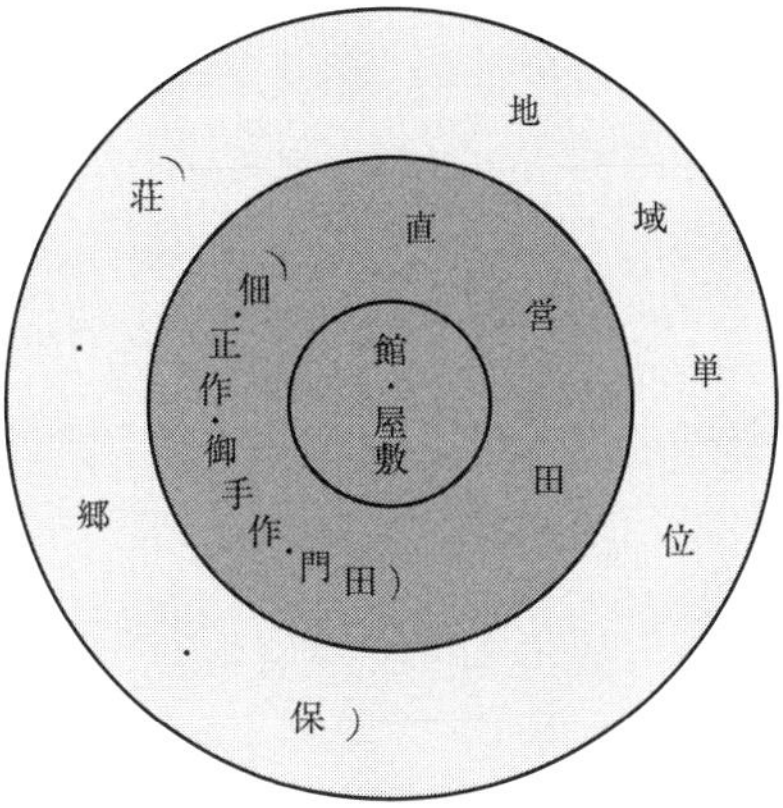

図22　中世武士の支配構造

と主張しているのである。屋敷・堀内に対する所有権の強さを読み取ることができよう（図22参照）。

次は領主の屋敷の内部構造についてである。水走《みずはや》氏を名乗った河内国の武士藤原康高《やすたか》の屋敷と所職などの譲状があるのでみてみよう（鎌七四四五号）。康高が「五条の屋敷一所」として書き上げた内容は次の通りである。

六間一面寝殿一宇・七間廊一宇・惣門一宇・中門一宇

三間土屋一宇・三間一面厩屋一宇・五間倉一宇・三間倉一宇・六間雑舎一宇

母屋にあたる寝殿を中心に廊下があり、門も二個備えていた。そしてその周りに、土屋・厩屋・二軒の蔵、雑舎があった。

また、浄土宗の祖である法然《ほうねん》の伝記を描いた『法然上人絵伝』には、法然の生家である美作《みまさか》国の押領使漆間《おうりょうしうるま》時国の屋敷が描かれているが、その構造は次のようであった。

母屋（草葺・寄棟造）、棟門、中門、蔵、厩、下人の家

水走氏の屋敷に比べるとやや小規模だが、棟門の外側には堀が巡らされており、さらにその外側には門田が描かれている。領主の屋敷はこのような構造であったのであろう。

2——イエの成立

百姓のイエ

在家と屋敷の景観と構造について概観したので、次は血縁的な側面からみたイエの成立について考えてみよう。しかし、百姓の場合は戸籍や系図もなく、祖先祭祀に関する史料もないので、イエの成立を確定するのは至難の技である。そこで、次項以降で検討する貴族や武士とは手法が異なるが、前節でも注目した「在家《ざいけ》」という語句の成立過程を追うことによって、百姓のイエの成立を明らかにすることにしたい。

「在家」という用語は一一世紀後半から見られるが、一二世紀初頭になると、その在家に特別の課役が賦課されるようになる。例えば、康和《こうわ》四年（一一〇二）山城国珍皇寺《ちんこうじ》では寺の別当が寺領の住民に「在家《ざいけ》役《やく》」と称してさまざまな雑役を賦課したため、「非道」であると訴えられているのがその早い例である（平一四七二号）。実際、その前年康和三年には珍皇寺領の堂舎二院と「在家」三二家が検注されていたから（平一四四四号）、この年の在家役賦課が計画的に実行されたことは間違いない（飯沼一九八一）。

また、東大寺領紀伊国木本荘《きのもとのしょう》でも、同年、「荘内在家」の注進が命じられているし（平一四八三）、伊賀国名張郡《なばりぐん》でも、永久《えいきゅう》三年（一一一五）ころから、国衙領に住む百姓の在家に対して「公郷《こうごう》在家と称して、先例に背き国役を充て課す」という事態が起こっているから（平一八一九号）、一二世紀を境に、百姓のイエを「在家」として掌握し、それに在家役を賦課することが公郷でも荘園でも一般化していったことは明らかであろう。

このように、百姓のイエが課税の賦課単位になる要因として、イエが安定した生活と生産の拠点として自立したことを想定することは許されるであろう。

実際、賦課対象としての在家は、名《みょう》・名田《みょうでん》制が採用された畿内および中間地帯を除いた地域においては、「田畠在家」と併称されて、田畠とともに所領の規模を示す単位として掌握された。例えば、高野山領備後《びんご》国太田荘では、嘉禎《かてい》二年（一二三六）「山中四郷」の在家が検注され「在家目六《もくろく》（録）」が作成されているが、そこには安田郷二四宇、斗張《とばり》郷三四宇、吉田郷五四宇、溝熊《みぞくま》郷一一宇が書き上げられていた（鎌五〇四九号）。また弘長《こうちょう》三年（一二六三）、豊後《ぶんご》国国東郡《くにさきぐん》の諸冨《もろとみ》名主沙彌《しゃみ》西秀が息子に譲った所領は、田地六町一段と在家一七宇によって構成されていた（鎌八八八六・八九一五号）。このような例は東北・九州地方に散見し、東北では「田在家《たざいけ》」、九州では「薗《その》」や「門《かど》」などと呼ばれて、所領の単位として後まで継続された。

以上のような在家の検討から、百姓のイエは在家が賦課対象として掌握されるようになる一一世紀後半〜一二世紀初頭にかけてほぼ成立したと評価することができよう。

天皇家のイエ

次に目を大きく転じて、天皇家・貴族のイエに移ろう。官職や位階などの政治的地位が父子継承という形態をとり始めるのは天皇の地位を巡ってである。それをよく示しているのが祖先祭祀＝荷前《のさき》儀式の変化である（服藤一九九一b）。

身近な祖先が葬られた「山陵《さんりょう》」を丁重に祭祀する荷前儀式は八世紀に始まるが、八世紀末、桓武《かんむ》天皇の時に至って質的に変化する。延暦《えんりゃく》十年（七九一）、桓武天皇は中国の宗廟《そうびょう》祭祀を荷前儀式と国忌《こき》（天皇・皇后の命日のうち、国家的な儀式が催される日）に取り入れ、血縁的正統性を表明する儀式を創始した。このとき、桓武天皇が属する王朝の始祖とされたのが天智《てんじ》天皇で、これ以後も「太祖《たいそ》不《ふ》遷《せん》の廟《びょう》」として位置づけられることになった（図23）。イエの始祖意識が祖先祭祀の整備を契機に成立したのである。王統意識の開始であり、皇位が天皇家の家産となる源流であった。

九世紀になると、この山陵祭祀・荷前儀式はさらに整備され、とくに即位や立太子など皇位継承にかかわる重要な時期に、太祖天智天皇を始祖とする直系祖先山陵への奉幣《ほうへい》が成立した。とくに幼少で

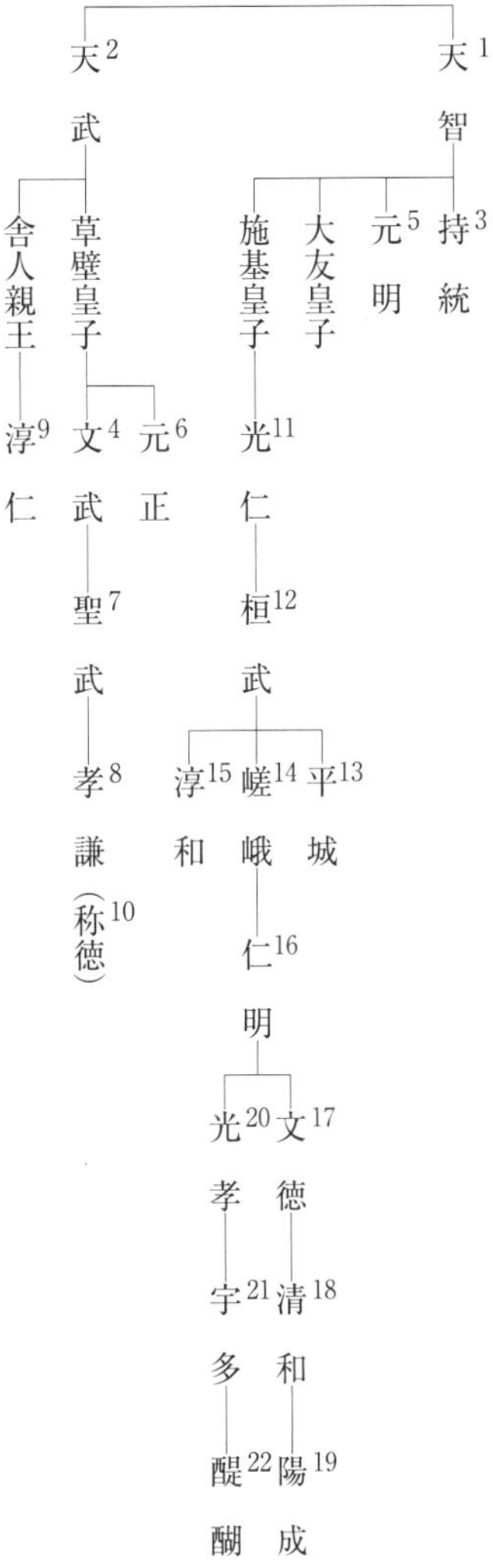

図23　天皇系図（天智—醍醐）

即位した清和《せいわ》天皇の時には、まず始祖天智天皇、ついで桓武—嵯峨《さが》—仁明《にんみょう》—文徳《もんとく》と桓武以後の一系的父子継承でつながった祖先山陵祭祀が挙行されたのである。すなわち、桓武天皇によって創始された天皇家の始祖天智天皇からの直系継承の原理はイエ的原理を採用することによって、血縁的直系継承こそ正統であるという観念を生み出すことによって、家筋が確立されていったのである。

上級貴族のイエ

天皇家において成立したイエ的継承は次第に上層貴族に波及した。その要因の一つが父祖の位階《いかい》に応じて一族の成人者に位階が授けられる蔭位《おんい》の制の変化である。九世紀にはいると、蔭位の制の対象者が若年化し、しかも規定より一、二階高い位階が授与されるようになった。若くしてその位階に相当する高い官職を得ることができるようになったのである。官職が特定の家筋に固定化する萌芽である。この傾向はまず天皇の親族である源氏から始まったが、次第に天皇のミウチとしての藤原氏の一部に広まった。

二つめの要因は天皇家でも指摘した祖先祭祀の変化である。藤原北家の場合をみてみよう（服藤一九九一d）。平安時代後期の説話集『江談抄《ごうだんしょう》』の「藤氏の氏寺の事」として次のようにみえる。

また云わく、「藤氏の人々の始められたる事、（略）大職冠（鎌足）は興福寺、法華寺、施薬院《せやくいん》を建つ。淡海公（不比等）は佐保殿《さほどの》を建つ。閑院大臣（冬嗣）は勧学院《かんがくいん》を立て、南円堂を始む。忠仁公（良房）は長講会《ちょうこうえ》を始む。昭宣公（基経）は木幡《こはた》の墓を点ず。（略）貞信公（忠平）は法性寺を立つ。九条右府（師輔）は楞厳院《りょうごんいん》を建つ。大入道殿（兼家）は法興院《ほこいん》を建つ。中関白（道隆）は積善寺《しゃくぜんじ》を建つ。入道殿（道長）は木幡塔、三昧堂《さんまいどう》を造り、法成寺《ほうじょうじ》を建つ。宇治殿（頼通）は平等

院を建つ」と。（第一巻第四〇、新日本古典文学大系）

この説話によると、鎌足以後良房までは、氏寺の興福寺や施薬院さらに佐保殿・勧学院など、藤原氏全体に関わる寺や施設院を建立したのに対して、一〇世紀初頭の忠平の法性寺以後は、楞厳院（師輔）・法興院（兼家）・法成寺（道長）・平等院（頼通）などその建立者の血縁子孫を加護し、関係するような狭い範囲の寺、いわゆる一門寺《いちもんじ》を建立していることである。このような一門寺は一門の精神的な拠り所として九世紀末以降盛行するようになる。基経が点定した木幡墓も基経の子孫のみが対象とされたと想定できるので、九世紀末ころより藤原氏の血縁的族的結合に変化が生じていたといえよう。すなわち、出生に基づく出自《しゅつじ》集団としての氏構成員全体が共有する氏《うじ》意識よりも、高位高官就任者を始祖とする下位の氏集団の方が、現実的な政治的経済的集団として機能し、小集団＝一門意識が強まっていくのである。

三つめの要因は貴族層のイエの女性の役割である。典型的な例を勧修寺《かじゅうじ》流一門にとってみよう。勧修寺流は藤原高藤《たかふじ》に始まるが、彼は良房の弟で身分の低いまま若くして死んだ良門《よしかど》の二男で、仁和《にんな》元年（八八六）当時四十七歳で従五位上であった。しかし、彼の娘胤子《いんし》が結婚した源定省《さだみ》が宇多《うだ》天皇として即位し、定省の時代に生まれていた第一子敦仁《あつぎみ》が寛平《かんぴょう》八年（八九七）に醍醐《だいご》天皇として即位したのである。身分の低かった高藤であったが、胤子が天皇の母（国母《こくも》）になったため、その父として参《さん》議《ぎ》に昇り、ついに正三位内大臣《ないだいじん》にまで昇進した。そして没後は正一位太政大臣が送られ、その子たち

図24　五摂家の成立

も大臣にまで昇って、勧修寺一門が形成されたのである。

この一門＝門流の成立によって、「一家の習《ならい》」「家例《かれい》」と称されたイエごとの昇進ルートが確立するにともない、門流ごとに特定の官職を経過するルートが固定化したため、次第にイエの「家格」が形成された。そして、その官職に応じた収入も固定化され、さらにその地位に応じて荘園などの家領も集積されたため、家格はいっそう明確になり、イエの分立が進んだ。イエ分立の第二段階である。その結果、平安時代末期には、藤原氏という名乗《なの》りも後退し、日野・中御門《なかみかど》・西園寺《さいおんじ》などと名乗るイエが次々に生まれた。

この典型が摂関家で、一二世紀中頃に活躍した藤原忠通《ただみち》の子基実《もとざね》と兼実《かねざね》がそれぞれ近衛《このえ》と九条を名乗り、基実の曾孫《そうそん》の代に鷹司《たかつかさ》が近衛家から分立し、同じく兼実の曾孫の代に九条家から一条と二条が分出して、摂政・関白を出すことができる五つのイエ筋＝「五摂家《せっけ》」が確立したのである（図24）。

このようにして確立したイエでは、摂関—院政期においては諸氏均分相続が原則であったが、院政期—鎌倉期には嫡子とその弟、女院《にょいん》の娘など一部の宗《むね》たる子孫に相続が集中するように変化する。概括すると、財産の長子単独相続制および家長（最高官職の者）の父子直系継承制に向かって進展するといえよう。先に述べた九条家では一三世紀後半に、他の貴族層では南北朝期に長子単独相続制へ移行すると評価されている。

武士のイエ

「兵《つわもの》の家」が成立してくるのは一〇世紀中期の承平《じょうへい》・天慶《てんぎょう》の乱のころである、と第一章で指摘したが、それは他の社会的集団から区別された専門的な職能集団として「兵」が成立してきた、という意味であって、これまで述べてきたような「一門」としてのイエではない。それは、平将門の乱の契機が父の遺領をめぐる一族内の叔父国香《くにか》や良兼《よしかね》・良正らと対立であったことがよく示している。

このような状況は一二世紀中頃まで継続したようで、桓武平氏の一流で、関東の秩父《ちちぶ》地方に勢力をもった秩父氏の一族が、ようやく河越《かわごえ》氏・畠山《はたけやま》氏・江戸《えど》氏などと本拠地の地名を名乗り、利根川西岸の関東平野に進出してくるのは一二世紀後半のことである。さらにその子孫は小山田・長野・稲毛《いなげ》・榛谷《はんがや》に分立し、ほぼ荒川と多摩川の流域に支配権を延ばした。そして、それぞれが独立した有力御家人として活躍したことは有名である（図25）。

だからといって、一族のイエがバラバラであったかというとそうではなく、常に「家督《かとく》」を河越・畠山などが受け継ぎ、秩父党としてのまとまりを維持していたことは、源頼朝が挙兵した時、平氏方に付いていた秩父一族がこぞって頼朝に味方した三浦氏を攻めていることや、逆に、房総半島に逃れた頼朝が上総《かずさ》氏や千葉氏を味方にし勢力を盛り返して武蔵国へ入る際、一族の葛西《かさい》氏の斡旋《あっせん》もあって、

図25 秩父氏系図

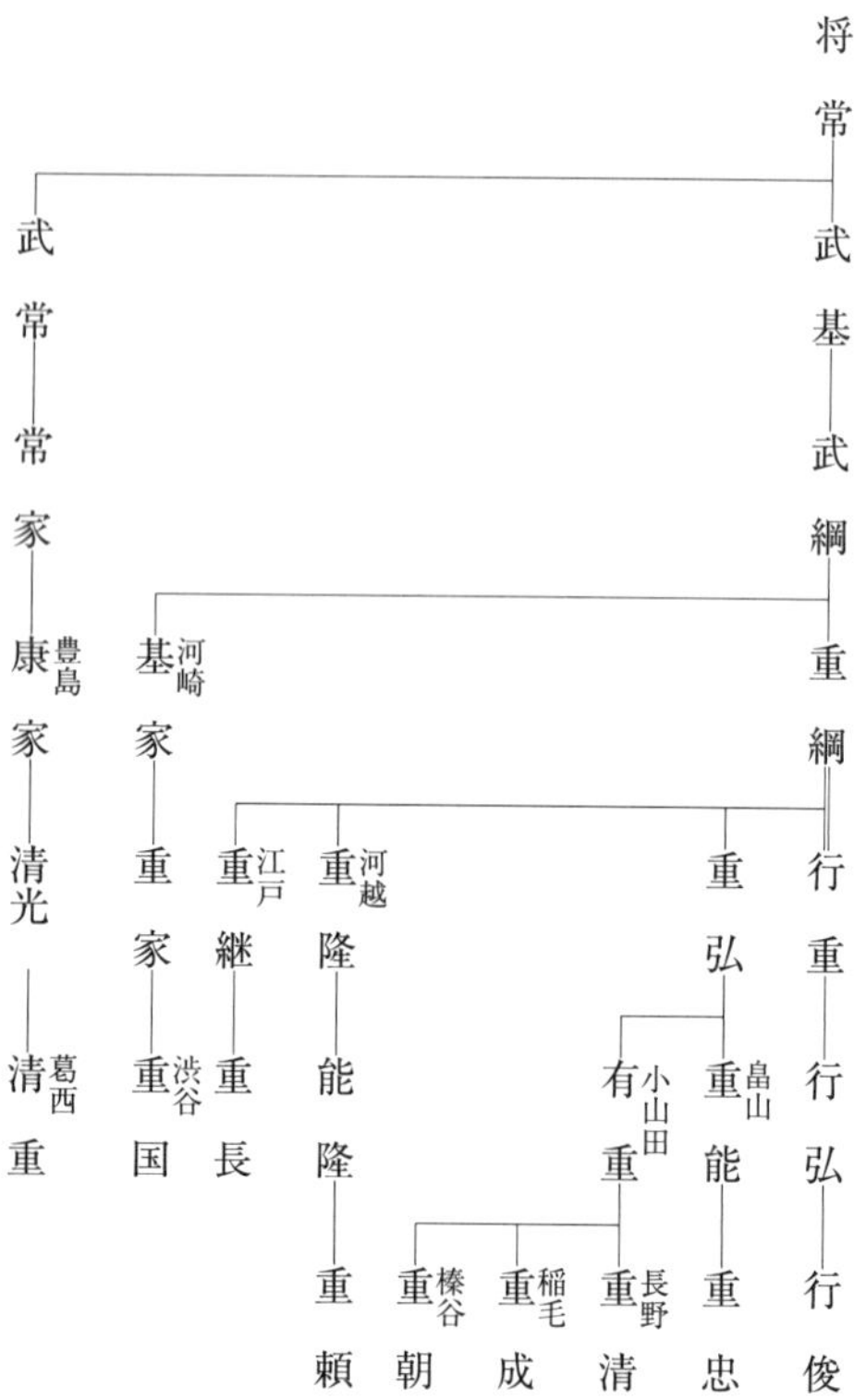

江戸・畠山・河越の諸氏が相継いで頼朝の傘下《さんか》に入っていることなどによく現れている。

この特徴は、桓武平氏の子孫の一つである常陸《ひたち》平氏のなかでも確認できる。一二世紀初め頃、上総介重幹《しげもと》の子が多気・吉田・石毛・小栗の四氏に分立し、その子・孫の代には「あたかも細胞分裂をくりかえすように」と石井進が表現したように、次々と分家を分出した。その分立が一段落したのは一二世紀後半の源平の争乱の前夜ころであったといわれる（石井一九七四）。この一族は鎌倉時代に入っても第二次・第三次の分立を繰り返しており、イエの細分化が進行しているように見えるが、その実名をみると、そのほとんど全部が常陸平氏の祖であった維幹《これもと》の「幹」の一字を共有しており、一族としての共通の意識で結ばれていたことは間違いない。このようなイエの編成原理は小さな武士団でも確認できる。

このようなイエの編成原理が形成された大きな要因の一つは、武士としての職能である「軍役」の負担体系によると考えられる。その典型が鎌倉幕府の軍役体系である御家人制である。御家人の軍役負担は「惣領制《そうりょうせい》」によって支えられていた。惣領制とは、惣領（家督を相続した嫡子）が庶子《しょし》を統率して、幕府に軍役や公事を負担する制度のことであったから、所領の分配を通じてイエの分立が進行しても、惣領を中心とした一族としてのまとまりを維持することが必須であったのである。したがって、惣領は「細胞分裂をくりかえすように」分出する分家の自立を保障し、一族としてのまとまりを維持するためには、合戦における戦功《せんこう》や公事負担などの勲功《くんこう》を通じて所領の拡大に努めなければならなかった。

庶子は惣領制のもとで所領などの財産を分割相続するという形態をとっていたものの、中世前期においてはまだ惣領と庶子の間は比較的並列的な一族関係であった。しかし、鎌倉時代末期になって幕府が軍役や公事を維持するために、所領の細分化を制限したこともあって、長子単独相続制へと向かった。また、女性にも配分されていた女子分も婚姻によって一族外へ流出する可能性が強くなってきたため、その女性が生きている間だけ知行権を認める「一期分《いちごぶん》」などが創出されるなど、長子（嫡子）の権限が強化されていった。このような移行は南北朝期にさらに進行した。

3―血縁と親族

「イエ」の範囲と構造

続いてイエの血縁的構造の特質について考えてみたい。その特質をよく示しているのが、『新猿楽記』である。この作品は平安時代中期の「職業尽くし」を示す史料としてたびたび使用してきたが、その職業尽くしは右衛門尉《うえもんのじょう》「一家」に託して叙述されていた。

この一家の説明を血縁関係に着目して整理してみると、最初は妻三人の職能が叙述され、次いで娘一六人と彼女らの夫・懸想人《けそうにん》・夜這人《よばいにん》一四人らの職能、そして最後に息子九人の職能が描かれる、という構造になる（七四頁・表9）。ここで注目すべきは、最初に右衛門尉の配偶者である妻が記されているのは納得がいくとしても、その次が娘たちで、最後が息子たち、という記載順序である。前近代は「家父長制家族」であるという常識からは違和感を覚えよう。第二は、娘が息子より先だとしても、娘の職能が記されているのは四女の覡女《かんなぎ》と一六女の遊女くらいで（七女の貪飯愛酒《どんはんあいしゅ》、一三女の糟糠《そうこう》（取るに足らぬもの〉、一四女の不調《ぶちょう》の白物《しれもの》〈素行不良な馬鹿者〉、一五女の孀《やもめ》〈夫を亡くした女性〉は職能とはいえまい）、夫などの記載のない一五女と一六女を除くと、後はすべて夫らの職能が記されていることである。第三は、第二とも関連するが、息子には妻や嫁などがまったく記載されていないことである。

　これらの特徴から浮かび上がってくる「一家」の構造は、一応、夫と妻、そして娘と息子を中核としながらも、娘の婿《むこ》をその重要な構成要素として含みこんでおり、女性を軸とした双方的な血縁構造をとっていた、ということである。とくに息子の嫁についてなんら記載がないことを考え合わせると、当時の一家は娘とその婿との関係を中心に外延的な関係を形成しており、一家形成において女系的要素が相当重要な役割を果たしていたと評価することができる（飯沼二〇〇四）。

　一家の血縁的構造における女系的な要素を評価する一方で、しかし、第二で指摘したように、娘の職能がほとんど叙述されていない、という特徴も合わせて評価しなければならない。職能をもった一家＝イエは男によって形成されていたという点である。これまでなんども指摘したように、イエの成立が家業の成立と密接に関係していたことを考えると、右衛門尉一家の構造は血縁的な女系の構造と、職能的な男系の構造とを合わせもった点にこそその特徴があるといえよう。

　以上のイエの血縁的構造は『新猿楽記』という文学作品から導き出されたものにすぎない、という批判ができそうなので、別の史料を用いて確認しておこう。

　これもたびたび使用しているが、鎌倉幕府の基本法である「貞永式目」をみてみよう。追加法七二条は「退座規定《たいざきてい》」といわれ、裁判の際、訴訟当事者と裁判官が一定の親族関係にある時、該当する裁判官を訴訟審理の場から退席させる規定であり、その親族関係の範囲を知るうえで格好の史料である。そこには次のように記されていた。

一　評定の時、退座すべき分限の事

祖父母・父母・養父母・子孫・養子孫・兄弟・姉妹・聟姉妹孫の聟、これに同じ・舅《しゅうと》・相舅《あいやけ》・伯叔父・甥姪・従父兄弟・小舅・夫妻訴訟の時これを退くべし・烏帽子《えぼしご》々、

祖父母・父母・子孫・兄弟・姉妹など血縁関係にある者を中核にしながらも、その次に聟＝婿・舅・相舅など婚姻関係によって関係が生じた者までも含まれている点は、前述の『新猿楽記』と通じている。と同時に、ここにおいても、婿の存在が舅・相舅という親族の広がりを形成しており、親族の範囲を確定する上で婿が重要な位置を占めていることは間違いない。最後の烏帽子子は、元服に際し実際の親ではない有力者を烏帽子親として烏帽子名をもらった者のことであるから、当時の親縁関係は、血縁関係を中核に婚姻関係、さらに烏帽子親―烏帽子子までも含んだ相当の広がりを持っていたことが理解できよう。

父系と母系

当時のイエが娘と婿の婚姻を介して婿方の親族まで含み込んでいたことを確認したが、それだけではなく、当時のイエは父方・母方双方の親族関係も含んでいた。それが明確に現れているのが、貴族の仏事の形態である（服藤一九九一d）。

天慶《てんぎょう》四年（九四一）八月二十六日、摂政藤原忠平《ただひら》は亡父基経《もとつね》のために、極楽寺《ごくらくじ》で一切経の供養を行っているが、その時布施《ふせ》を出した人々に注目すると、それらは血縁関係から二つのグループに分けることができる。一つは忠平・仲平・穏子《おんし》ら基経の子どもに、実頼《さねより》・師輔《もろすけ》という孫たちを含んだ、基経と直接的な血縁関係をもった人々である。二つ目は、陽成《ようぜい》天皇・重明《しげあきら》親王など直接には血縁で繋がらない人々である。しかし、陽成天皇は基経の妹高子《たかこ》の子であるし、重明親王も忠平の娘寛子《ひろこ》の夫であったから、母・妻すなわち母系の血縁によって忠平のイエに繋がりをもった人々であったのである。

このように、忠平の親族は、基経と直接血縁関係をもつ父系的集団と母系的関係をもった双系的な集団であったのである。

実は、勧修寺《かじゅうじ》流成立の大きな要因となった藤原胤子《いんし》の兄藤原定方《さだかた》の法事においても確認できる。承《じょう》平《へい》二年（九三二）、定方の「四十九日」の法事が行われたが、その際、布施を出したのは、「本家」「五女」「三男」と式部卿《しきぶきょう》親王（敦実）、前斎宮《さきのさいぐう》内親王（柔子）、尚侍《ないし》（満子）の三人であった。本家とは定方の経営体としての「家」（実際は妻）であるし、五女・三男はそこに記された名前から定方の娘と息子に間違いない。父系の親族である。次の敦実親王と柔子内親王は胤子と宇多天皇の間の子どもであるし、満子は定方・胤子の姉妹であった。彼らが母系に基づく親族であることはいうまでもない。勧修寺流もまた双系的親族関係をもつイエであったのである。

もう少し時代を下げても双系的な親族関係は確認できる。平安時代後期の貴族で『中右記《ちゅうゆうき》』の筆者として名高い藤原宗忠《むねただ》の場合を例にとってみよう。

宗忠は父宗俊《むねとし》が亡くなると、父の菩提寺《ぼだいじ》として一条御堂を造立した。そして、「一家の人々」の会議で、宗忠の異母兄弟で十五歳であった忠基《ただもと》を出家させ、父の菩提を弔《とむら》わせることを決定した。当時、一家の長が亡くなると、その家ごとに菩提寺が営まれ、一家のなかから菩提を弔うための僧侶が選出される場合が多かった。ここに働いている一家の論理は父を中心とする父系的な論理ということができよう。一方、宗忠は、母方の藤原実綱《さねつな》一家とも関係をもっていた。父宗俊の妻で、宗忠の母であったのは実綱の娘であったが、宗忠は母の命日に「悲母遠忌」として仏経布施物を日野観音堂に送っていたのである。実綱側に視点を移すと、日野観音堂の法事においては、宗忠は母系の親族として位置付けられるのである。

血縁のネットワーク

このような血縁関係の広がりと強さを示しているのが、合戦などにおける軍事編成である。

建暦《けんりゃく》三年（一二一三）、鎌倉幕府の有力御家人であった和田義盛《よしもり》が反乱を起こした時、彼に味方した武蔵国の御家人横山時兼《ときかね》は義盛の妻の兄の子であり、時兼の妹は義盛の子常盛《つねもり》に嫁いでいた。また、その時兼に従って参戦した波多野《はたの》三郎は時兼の婿であったし、同じく渋谷高重《たかしげ》は時兼の祖父時重《ときしげ》の婿という縁で参戦している。また、源頼朝挙兵直後、平家方の畠山重忠《しげただ》が頼朝に味方した三浦一族を攻めた時、上総介《かずさのすけ》広常の弟金田頼次が三浦一族とともに防戦しているが、それは頼次が三浦義明の娘婿《むすめむこ》であったからであった。

単に婚姻関係だけで参戦したわけではないだろうが、他にも娘婿や外孫などの縁から参戦している例を確認できるから、婚姻関係とくに娘を介した血縁のネットワークは意外に強固であったと考えられる（五味一九八二）。

このような血縁関係のネットワークの強さを示しているのが、「曾我《そが》の仇討ち」として有名な曾我兄弟をめぐるネットワークである（石井一九七四）。

母の命に背いて箱根山をくだり、北条時政の烏帽子《えぼしご》子として元服した弟五郎は母から勘当されてしまうが、その時五郎が自分を援助してくれるであろう親族として挙げている人物とその関係を示すと次のようである。

三浦義澄―伯母婿　　渋美（二宮）氏―姉婿　　早川氏―父方の伯母婿
和田義盛―母方の伯母婿　　秦野氏―父方の従父婿
渋谷重国―母方の従父婿
本間・海老名《えびな》氏―母方で親しい

ここに挙がっている武士は相模国を代表する武士団ばかりであり、これだけでも曾我兄弟の親族の広がりを実感できるが、ここで注目すべきは母方の血縁が強いことと、舅・婿の関係が中心であるということであろう。このような婚姻関係が兄弟の敵討ちを背景で支えていたのであった（図26）。

4―女性の職能と地位

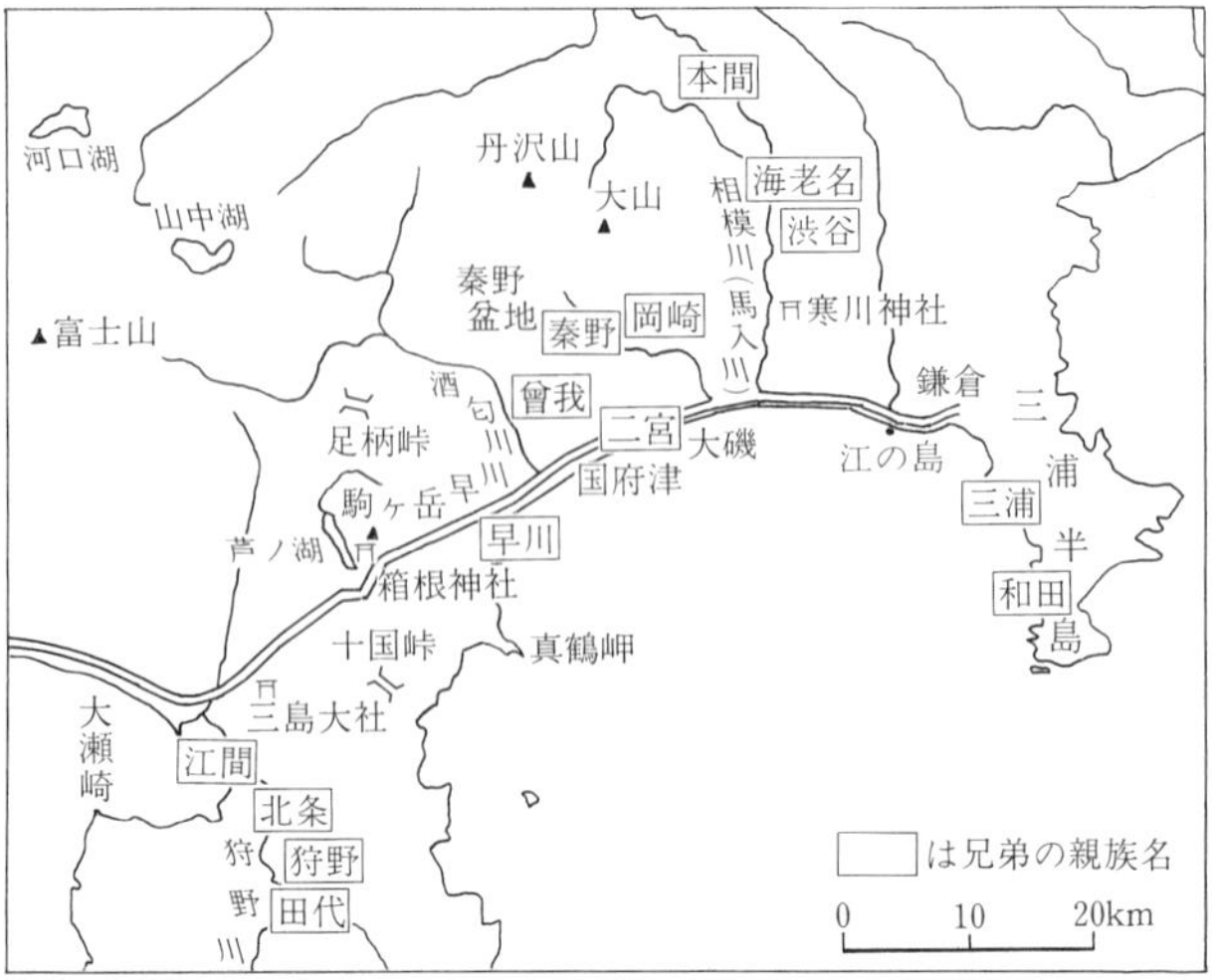

図 26　曾我兄弟の親族分布図

このように書くと、婿―舅という血縁関係だけでネットワークが形成されているように見えるが、実はそれだけではなかった。鎌倉時代の武士のイエの女性には「女子分」として所領の相続が認められており、それが娘婿や外孫の軍事編成を経済的に保障する意味が込められていたのである。というのは、先述のように、武士団のイエ結合である惣領制においては、惣領の指揮のもと庶子らが軍役を分担して勤めるのが原則であった。では女子はどうであったか。女子が結婚していない場合は一族で勤めたと考えられるが、結婚後は夫あるいは子が勤仕するのが普通であったからである。舅―婿との連帯関係が強く現れるのは、所領の「女子分」の存在形態もまた影響していたのであった。

妻の職能と理想型

中世のイエが多分に女系的な親族関係を包含しながら成り立っていたことを述べてきたが、本節ではもう少し限定して女性の役割について考えてみたい。最初に取り上げるのは妻の役割についてである(木村一九九七a、飯沼二〇〇四)。

妻の職能について詳細に記している史料として有名なのが、本章でもたびたび利用してきた『新猿楽記』の三人の妻の記述である。第一の妻は、色を好む六十歳の年上の妻で、夫の愛を失ったことを嘆き、さまざまな性愛の神に祈りを捧げる様が、その老いた面貌《めんぼう》とともにコミカルに叙述されており、筆者藤原明衡の文章能力がいかんなく発揮されている。ただ、この妻に関しては、そのような性愛をめぐる描写だけでなく、主人公の右衛門尉が若くして任官された時、「舅《しゅうと》姑《しゅうとめ》の勢徳に耽《ふけ》って」いたと記載されている点に注目しなければならない。なぜなら、右衛門尉の任官は妻の実家の権勢に拠るものであったからである。ここでも、当時のイエが母系の論理を組み込んで成り立っていたことを確認できよう。

第二の妻は、年齢は同年で、美貌も十人並みだが、「指《さ》せる過失」がなく、「心操《しんそう》調和にして、水の器に随うがごとし」という器量の持ち主であった。そして、裁縫《さいほう》・紡績、朝夕の厨膳《ちゅうぜん》、夏冬の装束、それぞれの道に優れており、その上「馬鞍・弓・胡籙《やなぐい》・従者・眷族《けんぞく》、皆この女房の徳によれり」とまで記されている。家事全般に関する知識と技術・能力の修得こそ妻の職能である、というのである。

第三の妻は、有力な家の出身で、宮仕えの同僚である女房である。若く美しく、万人の嘲笑《ちょうしょう》や両妻の嫉妬《しっと》も関係なく、彼女といる時は公務や神仏への祈りも忘れてしまうほどであり、どんな不老長寿の薬や処方も、この若い女房にはかなわない、と記している。

藤原明衡は妻の職能を、実家の権勢・家事能力・美貌の三要素に分け、三人の妻を用いて書き分けたものと考えられるが、なかでも第二の妻に高い評価を与えていることは間違いあるまい。そして、その妻の職能が、現在の私たちがすぐに思い浮かべがちな「裁縫・紡績、朝夕の厨膳、夏冬の装束」に関する能力だけでなく、「馬鞍・弓・胡籙・従者・眷族」など武具・従者などの管理・調整までをも含んでいたことは注目しなければならない。まさに家政全般に及んでいたのである。

このような妻の職能に対する評価は藤原明衡だけではなかった。紫式部《むらさきしきぶ》の『源氏物語』にも同様な評価がみられる（新日本古典文学大系）。それは「帚木《ははきぎ》」の巻の冒頭の、いわゆる「雨の夜の品定め」の部分の女性観である。雨のある夜、物忌《ものいみ》で宿直《とのい》している光源氏の部屋に、義兄（源氏の妻葵上《あおいのうえ》の兄）の頭中将《とうのちゅうじょう》と左馬守《さまのかみ》・藤式部丞《とうのしきぶのじょう》がやってきて、女性の品定めをする場面である。この場合、単なる女性についてではなく、男を後見《こうけん》する妻の資格についての議論である点に『新猿楽記』との関連がある。三人の議論は多岐にわたっているが、

中の品になん、人の心〳〵、をのがじしの立てたるおもむき（趣）も見えて、分かるべき事かた〴〵多かるべき、

という頭中将の発言によく現れている。「中流の女性は、めいめいの思うところや、各自が決めてい

る好みも見分けられ、区別できることも多い」と評価しているように、彼らの行き着いた結論は「中流の女性」であった。そして、左馬守は「いまはたゞ品にも寄らじ。かたち《容貌》をばさらにもいわじ。（略）たゞひとへにものまめやかに、静かなる心のおもむき《趣》ならむよるべきをぞ、つゐ《終》の頼み所には思ひを《お》くべかりける」とも述べている。品＝身分や容貌は大きな問題ではなく、ただ誠実に真面目に仕事ができる女性が良いのであって、そのような女性こそ「つい」＝最後の信頼をおくべきである、というのである。『新猿楽記』の第二の妻に対する評価と同じである。

家財と女性

前節の最後で、武家の女性には「女子分」として所領が分与され、それが親族のネットワークを形成するうえで重要な役割を果たしたことは指摘した。また、鎌倉時代の女性が所領だけでなく地頭職《じとうしき》をも譲渡されていたことは教科書などでも叙述されており、中世女性の地位の高かさを示す証拠として用いられている。

しかし、それだけではなかった。右衛門尉の第二の妻が裁縫や食事・衣服の準備などという狭義の家事だけではなく、武具・従者などの管理・調整までをも含んだ家政全般に対する権限をもっていたことが象徴的なように、女性および妻のイエ内部における権限や役割は、私たちが想像している以上に高かったということができよう。

その時、注目したいのが、本章第一節で「イエの自立性」を説明した際指摘した、妻と家財との関係の深さである（服藤一九九一a、飯沼一九八二・一九八三）。そこで引用した「貞永式目《じょうえいしきもく》」第四条は罪科人の財産の処分について規定しているが（九七頁）、そこでは重罪を犯した本人は守護に引き渡されるが、残った家族や田宅・雑具は没収されることはない、と規定されていた。この法意は追加法二一条・二八三条・二九〇条などでも確認できるから、鎌倉幕府法の大きな原則であったと考えられる。

この法令の本意は、たとえ夫が犯罪を犯しても、その家族・家財にまで罪は及ばず、それらは保護されなければならない、という点にあるが、しかし、前述した右衛門尉の妻の職能を合わせて考えると、妻と家財との関係の深さを読み取ることもできるのではないだろうか。

例えば、文治四年（一一八八）の「僧頼実《らいじつ》処分帳」によれば（鎌三三六号）、自分の田畠などを七人の家族に配分しているが、それを整理すると次のようになる。

埴田南　二四〇歩	長満	栗林一処	清原三子
埴田北　二四〇歩	上祐	出挙負名三人分	犬子
屋一宇、居垣内並びに内財物	後家	母牛一頭	巻主
禿前出口西脇田畠一処並びに出挙負名	行兼		

子どもと思われる長満らには田畠や栗林・母牛などが配分されているのに対して、後家《ごけ》（この場合は妻のこと）には住居と「内財物」が配分されているのが注目される。

また、鎌倉時代末期に、父蓮昇《れんしょう》の遺産をめぐって異母兄弟の兄忠国《ただくに》と妹乙王女《おつおうめ》が相論した時、忠国は次のような主張をしている（鎌二六〇三六・二六〇三七号）。

家内財宝以下の遺物らにおいては、忠国一切以て存知せず。かつ家内においては、後家乙王女母、忠国継母進退の上は、何ぞ押領《おうりよう》と申し称すべけんや。蓮昇の跡の所務は、管領の際、異論なきものなり。

この史料を分析した飯沼賢司が「この史料には、家長による所領所務の管領と後家による家内支配という分掌が明確に見えている」と述べているように（飯沼一九八二・一九八三）、「家内財宝以下」は後家の支配に属していたのであり、その処分権も後家が掌握していたというべきであろう。

妻の家内支配権は、絵巻物にみえる妻の仕草を分析した保立道久によっても確認されている。保立道久によれば、妻は寝所であり家内部の倉庫であった塗籠《ぬりごめ》の納戸《なんど》の前に描かれ、さらに箱形の脇息《きようそく》（ひじかけ）によりかかっている場面が多いという（保立一九八六、口絵４参照）。この箱形の脇息には納戸の鍵や自分の財産などが入っていたと考えられているが、その描かれた配置から判断して、それが妻の家内財産権を示していることは十分に想像が付く。

以上によって、『新猿楽記』に描かれた右衛門尉の第二の妻の職能は、実際のイエ内部においても確認することができた。もちろん、飯沼がいうように所領の所務などに妻はタッチできなかったとはいえ、子息や家財さらに従者など、イエ内部の管理権は妻がその職能として所有していたことは間違いないであろう。

図27　店棚の風景（『直幹申文絵巻』）

女性と職業

これまでイエ・家と女性との関係ばかり見てきたが、イエの外部における女性の活躍＝職業をみてみよう。

女性の職業としてまず浮かぶのは、教科書などにも出てくる、炭や薪を頭にのせて売り歩く「大原女《おはらめ》」や桂川の鮎を売っていた「桂女《かつらめ》」などの小売商業者であろう。鎌倉期に成立した絵巻物『直幹《なおもと》申文《もうしぶみ》』の店棚（図27）や『一遍聖絵』の福岡市の風景で物を売っているのも例外なく女性であったし、『今昔物語集』にも、蛇を塩づけにしたものを魚だと偽って下級役人に売っていた女性や（巻三一―三一話）、泥酔《でいすい》し嘔吐《おうと》したものを鮎鮨《あゆずし》に混ぜ込んで売ろうとした女性など（同巻―三二話）、たくましい女性の小売業者の話が採録されている。あまり組織性を持たなくとも商売ができる食物などの小売業は女性が活躍できる職業であったのであろう。

このことは一六世紀初頭に成立したといわれる『七十一番職人歌合』で明確に確認できる（新日本古典文学大系）。『七十一番職人歌合』は、左右七一組に分かれた計一四二職種の職人がそれぞれ和歌を競い合い、それに対して判者が判詞を述べるという形式を取っている。「歌合」といいながらも、まさに職人尽くしがその実態であった。そして、この歌合にはその職種の姿がすべて絵で描かれており、

表11　『七十一番職人歌合』職業一覧

1番匠・鍛冶　2壁塗・檜皮葺　3研・塗士　4紺掻・機織　5檜物し・車作　6鍋売・酒作　7あぶらうり・もちゐうり　8筆ゆひ・筵うち　9炭やき・小原女　10むまかはふ・かはかはふ　11山人・浦人　12木こり・草かり　13えぼし折・扇うり　14おびうり・しろいものうり　15蛤うり・いをうり　16弓つくり・つるうり　17ひきれうり・かはらけつくり　18まむぢう売・ほうろみそ売　19かみすき・さいすり　20よろひざいく・ろくろし　21ざうりつくり・硫黄箒売　22傘張・あしだづくり　23翠簾屋・から紙し　24一服一銭・煎じ物売　25琵琶法師・女盲　26仏師・経師　27蒔絵士・貝磨　28絵師・冠師　29鞠括・沓造　30たち君・づし君　31銀ざいく・薄うち　32針磨・念珠挽　33紅粉解・鏡磨　34医師・陰陽師　35米売・まめ売　36いたか・穢多　37豆腐うり・索麺売　38塩うり・麹うり　39玉磨・硯士　40燈心うり・葱うり　41すあひ・蔵まはり　42筏士・櫛挽　43枕売・畳刺　44瓦焼・笠縫　45鞘巻きり・鞍細工　46暮露・通事　47文者・弓取　48白拍子・曲舞々　49放下・鉢扣　50でんがく・猿がく　51ぬひ物し・組し　52すりし・畳紙うり　53葛籠造・皮籠造　54矢細工・箙細工　55蟇目くり・むかばき造　56金ほり・汞ほり　57はうちやうし・ていさい　58白布売・直垂うり　59苧売・綿うり　60薫物うり・薬うり　61山伏・地しや　62ねぎ・かんなぎ　63競馬組・相撲組　64禅宗・律家　65念仏宗・法花宗　66連歌し・早歌うたひ　67びくに・にしう　68山法師・なら法師　69華厳宗・倶舎じう　70楽人・舞人　71酢造・心太うり

〔備考〕　太字は女性の職業.

女性の職業を確認できるという利点があった（図28）。

その一四二の職種と女性の職種をゴチックで示すと表11のようになる。女性の職種は餅売から心太《ところてん》売まで三三種を数えることができる。それらを大きく区分すると、

①食料品販売＝餅売、魚売、饅頭《まんじゅう》売、米売、豆売、豆腐売、素麺《そうめん》売、心太売など、

②日常小物販売＝扇売、帯売、白物売、挽入売、硫黄箒売、紅粉解、縫物師、組師、畳紙売、白布売、綿売、薫物売など、

図28　女性商人（魚売，『七十一番職人歌合』）

③芸能者・宗教者＝女盲、立君、図子君、白拍子、曲舞々、巫、比丘尼など

の三つにまとめることができよう。そして、そのほとんどが「……売」と記されているように、組織性や高度な技術を必要としない小売業が中心であった。小売業が中心とはいえ、日常の生活に密着したさまざまな商品が女性の手によって扱われていたことは間違いない。彼女らの活躍なしに都市の生活は成り立たなかったであろう。もちろん、中には紺掻《こんかき》、機織《はたおり》、縫物師、組師など高度な技術を必要とする職業を担っていた女性もいるが、番匠《ばんしょう》や鍛冶《かじ》、桧物師《ひものし》や車作などのいわゆる手工業はほとんど男性の職業であった。

このような男女間の分業が成立した要因について、永原慶二は、女性に対する差別や当時の商業観という角度からも考えることができるが、むしろ小売商業の性格から考えることができる、として、次のように説明している（永原一九八二）。

この頃の専業化した手工業者や商人は同業組合である座《ざ》を結成して一定の独占体制をとっていることが多く、その場合は、それらの職種は〝家職〟としての性格が強かったため、男性を中心に編成されたので、女性が進出することが難しかった。それに対して、『七十一番職人歌合』に出てきた小売業のような職種は、非専業、非家職的性格のものであり、たぶんに農間《のうかん》副業的な営業形態をとること

が多かったので、女性の進出も可能であったのではないか、と。そしてさらに、このように考えると、小売業を中心とする女性商人は、既成の男性を中心とする商人・手工業者の閉鎖的・独占的な営業の枠外に新たに進出してきた人々であったといえるだろう、とその積極性を評価している。

公的な支配体制と女性

しかし、実際的な経済活動の分野ではこれほどさまざまな職業で活躍していた女性であったが、公的な社会的な編成の場ではその確かな地位を与えられていなかった。

脇田晴子は、『七十一番職人歌合』にも女性の職業として記されていた酒作りの場合、一五世紀の京都の酒屋三四七軒を書き上げた名簿が残っているが、そのうち女性と思われるのは三人しかいないし、日吉《ひえ》神社の神人《じにん》が行っていた酒屋の場合も二二名中女性は二名であったと述べている。このような例は織物関係の「織手《おりて》」でも確認できるし、紺掻（藍《あい》を用いて布を染める職人）の場合も、実際の労働は女性が行っていたにも拘わらず、「座中法度《ざちゆうはつと》」（座衆間の法律）に署判したり、上級の役所などに上申にする「座衆言上状《ざしゆうごんじようじよう》」に署名しているのは女性ではなく、その夫であったという（脇田一九八二）。公的な支配体制の局面では依然男性優位の社会であったのである。

実は、このことは荘園制の場でも確認できる。その典型は、河音能平《よしやす》が明らかにした、荘園制の根幹に位置する検注帳などの土地台帳類に女性名が現れない、という事実である。鎌倉末・南北朝期になると状況はかわるが、荘園制確立期の平安末期・鎌倉前期において、土地台帳に名を連ねるのは男性ばかりである（河音一九八二）。

また、同じような事例であるが、一一世紀中頃から現れる荘民らの上申文書である「住人等解《じゅうにんとうげ》」、そしてそれが発展し一二世紀末に現れる「百姓等申状《ひゃくしょうとうもうしじょう》」の連署にも女性名は確認できず、すべて男性の署名であった。

収取の基本台帳である検注帳や、荘園領主へ百姓身分として要求を突きつける解状や申状という、荘園制の公的な支配体系に関わる側面では、先の手工業者の組織と同様に、男系的な論理が優先していたのである。

しかし、服藤早苗が的確に批判したように、公的・制度的な側面ではそうであっても、実際には女性が荘園の経営などに参画していたことは間違いない（服藤一九九一b）。よく引かれる事例であるが、平安末期、大和国小東荘《こひがしのしょう》の私領主山村吉則《よしのり》の場合を検討してみよう。

吉則は、約八町五段の東大寺大仏供免田《だいぶつくめんでん》（大仏供養のために白米を負担する田地）を、九人の子どもたちに分配して負担させていた。それを規定した文書（平一五三二号）をもとに、その単位である「名《みょう》」の名前と面積をあげると次のようになる。

一男則房名	一町二段	僧鎮契名	一町二段
二男僧行源名	一町二段	飯土名	一町一段
吉房名	七段	窪田名	一町一段
末房名	七段	末則名	二四〇歩

僧幸範名　　一町三段

まず、末則名だけ極端に少ないので除外する。次いで、吉房名と末房名は二つを合わせて考えると一町四段となり、八つの名は一町四段〜一町一段の間におさまり、ほぼ均分されていたことがわかる。次に、九名のうち七名は、僧俗の違いはあるものの、人名を冠した名であるが、飯土名《いいどみよう》と窪田名《くぼたみよう》の二名は地名らしき名が付けられている。これはどうしてであろうか。そこでこの文書の末尾に記された連署の該当部分を見てみると、

山村姉子在判・飯土

山村中子在判・窪田

と記されていた。すなわち、飯土名と窪田名の二名は山村姉子《あねこ》・中子《なかこ》という姉妹が所有する（白米を負担する）田地であったのである。

これらの事実からわかることは、第一に、大仏供免田の実際の分担者＝免田の所有者として女性が存在し得たことであり、第二に、その負担面積も男性の兄弟とほとんど差がなかったことである。しかし、第三に、先述のとおり、土地台帳に女性名を使用することができず、姉子・中子らの名には地名を用いなければならなかった。すなわち、これらからわかることは、実際の負担・所有の側面では男女の差異はなかったにもかかわらず、土地台帳という公的な取収システムの上では女性名を使用できなかったことである。イエ内部における女性の地位と公的な支配体系上などでの女性の地位の違い

を読みとれよう。

このように、荘園の土地台帳や支配体系に関わるような公的な世界においては依然男系優先の論理が働いていたことは事実としても、服藤はこれ以外にも、女性が「山口得丸《とくまる》」や「金恒《かねつね》」など男性名の「仮名《けみょう》」(仮りの名前)を用いて所領の所有を実現していたことも発見している(平一二二一一号、一九九九号)。この事実は、荘園制下の女性の位置を考える時の重要な論点を提起しているといえよう。

五　都市と分業

1―都市の成立

平安京の変容

延暦《えんりやく》十三年（七九四）、桓武《かんむ》天皇は、謀殺された早良《さわら》親王の祟《たた》りなどから逃れることを理由に、一〇年前に遷都した長岡京《ながおかきょう》（京都府長岡京市）からさらに平安京に遷都した。平安京はそれまでの帝都と同様に、城門と城壁に囲まれ、その内部は条《じょう》と坊《ぼう》とで整然と区画された都城制《とじょうせい》の都として建造されるはずであった。しかし、エミシ侵略と平安京造営という二つの巨大事業が国家財政を大きく圧迫し、民衆の窮乏が激しくなったため、延暦二十四年（八〇五）のいわゆる「徳政論争《とくせいろんそう》」を経て両事業は中止された。そのためもあって、実際に建造された城門は、平安京の正面玄関でシンボルでもあった羅城門《らじょうもん》だけで、城壁もその左右に少々建設されただけという、非常に開放的な宮都であった（口絵2参照）。

また、平安京は東を鴨川《かもがわ》、西を桂川《かつらがわ》に挟まれた土地に造営されたから、両河川の影響を強く受けた。とくに地形が東高西低であったため、左京は鴨川の氾濫《はんらん》による被害が絶えなかった。そのため、防鴨《ぼう》河使《かし》と呼ばれる令外《りようげ》の官（律令に規定された以外の役所）をおいて、堤防の管理と修理を担当させるほどであった。一方、右京は桂川が形成した低湿地の上に造られたため、造宮は思うように進まなかった。一〇世紀後半に著述された『池亭記《ちていき》』の作者慶滋保胤《よししげのやすたね》は、その冒頭で右京の衰退ぶりを次のように記している（『本朝文粋』、新日本古典文学大系）。

予、二十余年以来、東西二京を歴見《れきけん》するに、西京（右京）は人家漸《ようや》く稀《まれ》にして、ほとほと幽墟《ゆうきよ》に幾《ちか》し、人は去ること有りて来ることなし、屋は壊るること有りて造ることなし、

右京は人家も少なく、転出する人は多いが転入してくる人は少ない状況が描かれている。このような状況であったから、官衙《かんが》＝役所や人々の住居は徐々に左京の方に多くなっていった。とくに内裏に近い四条より北側に集中する様子を、同じく『池亭記』は、

東京（左京）の四条以北、乾艮《いぬいうしとら》の二方は、人人貴賤となく、多く群聚する所なり。高家は門を比べ堂を連ね、小屋は壁を隔《へだ》て簷《のき》を接《まじ》ふ。

と記す。左京の四条より北に、身分の高い人々の邸宅が建ち並び、一方、民衆の細々とした家屋が壁を接するように建てられている様子が活写されている。

「洛中」の成立

このように、左京に官衙や住宅が集中するようになったことが、後に、京都へ上ることを「上洛」というような、京都を指して「洛」という呼ぶ考え方が生まれたと考えられている。

確実な証拠はないのだが、桓武天皇の二代後の嵯峨《さが》天皇のとき、唐風文化を好んだ天皇は、中国の帝都の名にちなみ、左京を「洛陽城《らくようじょう》」、右京を「長安城《ちょうあんじょう》」と名づけたという。しかし、前にも書いたように、右京が徐々に衰退し、平安京の中心的な官衙や居住空間が左京に片寄っていき、さも左京が平安京そのものであるような認識を生み出すようになった。そのため、左京の別称であった「洛陽城」が平安京を指すようになり、京＝洛という考えができあがった、というのである。

実際、そのような認識が鎌倉時代初期にできていたことが、鴨長明《かものちょうめい》の随筆『方丈記《ほうじょうき》』の記述から知ることができる。第二章第二節でも書いたように、鴨長明は、養和《ようわ》の飢饉（一一八一年）のときに、仁和寺の僧が死者の額《ひたい》に梵字《ぼんじ》を書いて供養し、そのうえで死者の数を調べたという話を記しているが、そこには

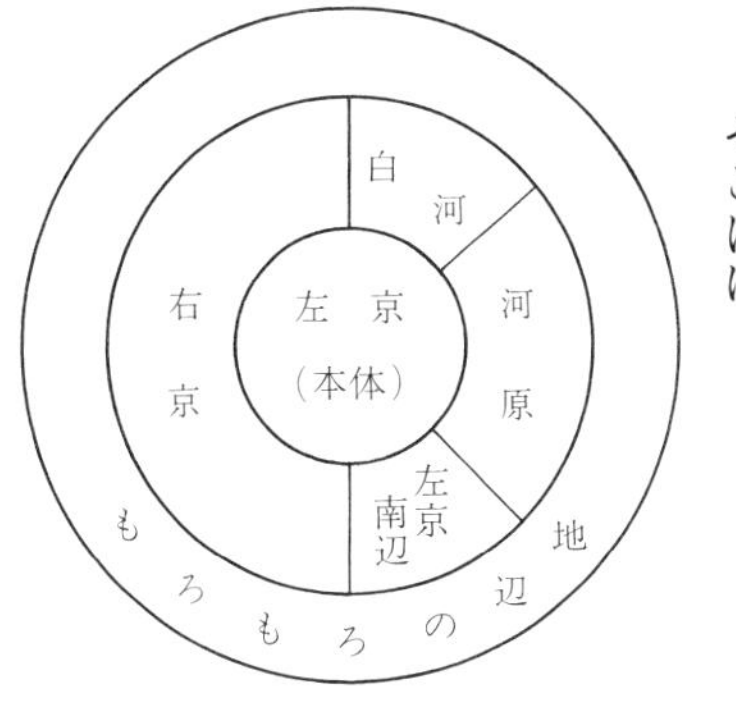

図29　都市京都の構造

> 京のうち、一条よりは南、九条より北、京極《きょうごく》よりは西、朱雀《すざく》よりは東の、路のほとりなる頭《かしら》、すべて四万二千三百余なんありける、いはんや、その前後に死ぬる物多く、又、河原・白河・西の京、もろもろの辺地《へんち》などを加へて言はば、際限もあるべからず、

とあった。飢饉の悲惨な情景が目に浮かぶような描写であるが、それはともかくも、この記述に基づくならば、「京のうち」とは「一

条より南、九条より北、京極より西、朱雀よりは東」を指しており、「西の京」＝右京は「（鴨川の）河原・白河」や「もろもろの辺地」とともに京の外であった。これに基づいて都市京都の構造を復元すると、図29のようになる。京中はまさの左京そのものであった（棚橋一九八八）。このような変化の中に、平安京が中世都市京都へと変化・成長したことを読みとることができよう。

中心と周縁

平安京がいかに変貌しようとも、変化しないものもあった。それは、平安京の中心が、太政官など中央官衙が集中する大内裏《だいだいり》であり、なかでも天皇の住まいである内裏であったことである。天皇は「スメラミコト」と呼ばれたように、「スメラ」＝清浄であることや「聖なる存在」であることが求められたから、その居住空間である平安京を清浄に保つさまざまな装置が準備されていた。

その一つが、平安京への疫神《えきしん》の侵入を防ぐ装置である。それは①「宮城四隅疫神祭《きゅうじょうしすみえきじんさい》」・②「京城《けいじょう》四隅疫神祭」・③「畿内十処《きないじゅっしょ》疫神祭」（『延喜式』臨時祭）と、一般に④「四《し》角四境祭《かくしきょうさい》」といわれている祭礼である（『朝野群載』、新訂増補国史大系）。この四つの祭礼は、疫神の侵入を防ぐために、まず畿内と外国との境である一〇ヵ所（③）で、さらに平安京のある山城国の境界四ヵ所（④）で、次に京城＝平安京の四隅（②）で、そして最後に宮城＝大内裏の四隅（①）で行って、疫神の侵入を防ぐというものである。すなわち、天皇の清浄性を守るために、内裏を中心にして同心円的に四本の防衛線（バリア）が配置されていたのである。まさに平安京の中心であった（図30）。

二つ目は、京中の汚れ対策である。なかでも人や動物の死体の処理は大問題であった。これは律令制定時からの問題であったようで、律令の「喪葬令皇都条《そうそうりょうこうとじょう》」には「皇都及び道路の側近は、並びに葬《ほうむ》り埋《う》むること得じ」と規定されている。

平安京も例外ではなく、遷都以前からその対策が出されている。延暦十一年（七九二）、同十二年には連続して山城国紀伊郡深草山西面や京下諸山への埋葬《まいそう》・葬送《そうそう》が禁止されているし（『日本紀略』・『類聚国史』）、遷都後間もない同十六年（七九七）の正月には、愛宕《おたぎ》・葛野《かどの》両郡の人々が自分の家の側に死者を葬ることが禁止されているが、その理由を「今、京師《けいし》に接近、凶穢《きょうえ》を避《さ》けるべし」と述べている（『日本後紀』）。遷都によって都の所在地になったので「凶穢」を避けなければならないから、それまでの慣習であった家屋側近への埋葬を禁止するというのである。

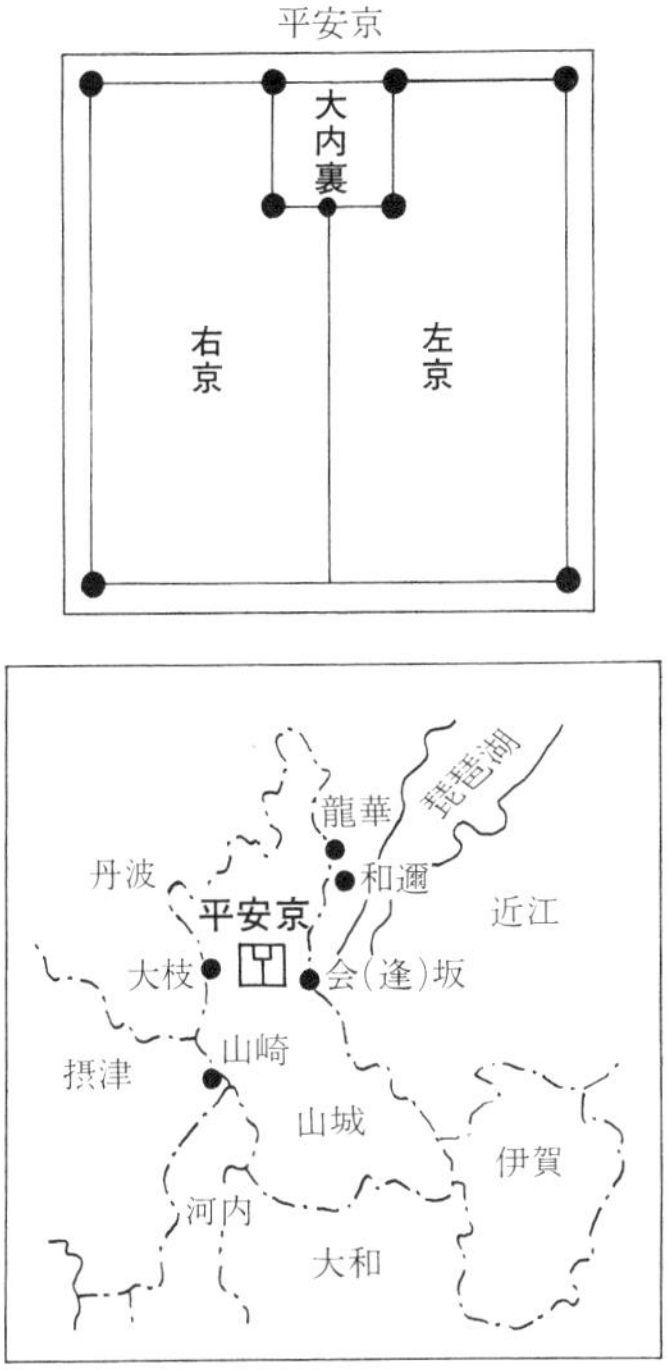

図30　四角四境祭の概念図

その結果なのか否かはわからないが、承和《じょうわ》九年（八四二）十月には二度にわたって、悲田院《ひでんいん》に収容されていた病者に鴨川や桂川の河原に放棄されていた髑髏《どくろ》を処理させている（『続日本後紀』）。その最初には「髑髏総て五千五百余頭《かしら》」と記されていた。

このことは、少なくとも平安京を取り囲むように流れていた鴨川と桂川の河原に死体が廃棄されることが常態化していたことを示している。このような常態を解消するために、貞観《じょうがん》十三年（八七一）には、葛野・紀伊両郡に葬送の地を定めるに至るが、それはともに右京の外側の桂川の河原であった（『類聚三代格』、木村二〇〇六）。

触穢観念とキヨメ

このような死体や汚れに対する過剰《かじょう》反応は、血を穢《けが》れとする観念を生み出すだけではなく、その穢れの拡散を怖れて、それを管理しようとする意識も作り出した。一〇世紀前半に編纂された『延喜式《えんぎしき》』には「穢忌《えき》」すべきこととして「人死」「人産（出産）」「六畜《りくちく》（動物）死」「六畜産」「喫宍（動物の肉を食すること）」が挙げられ、かつ、そのような事態に陥った時に忌むべき日数が規定されている。死だけでなく出産も穢れの対象であった。

このような管理はさらに拡大して、穢れの伝播《でんぱ》と消滅に関する規定も生み出す。それを「甲乙丙丁《こうおつへいてい》の穢」というが、甲で発生した穢れを本源とし、それが乙→丙→丁と伝播していくにしたがって、どのような順序で穢れが消滅していくかが詳細に規定されている（大山一九七八）。しかし、このように詳細に規定すればするほど、逆に貴族社会において触穢《しょくえ》に対する意識が肥大化したため、穢が原因で政務や儀式がたびたび中止されるほどであった。例えば、一〇世紀前半に摂政・関白になった藤原忠平の日記『貞信公記《ていしんこうき》』には、「内裏穢れによって神事を停止す」「祈年祭《きねんさい》、穢れによって延（期）なり」などいう記事が散見する（大日本古記録）。

このように、触穢観念が流布すると政務にも大きな支障が生じてくる。そのため、その穢れを処理する人々が必要になってくる。前項で指摘した悲田院《ひでんいん》の病者などがその早い例である。これ以後も彼らがそのような仕事を担わされていたか否かは確認できないが、一一世紀前半には、悲田院の病者とともに「六波羅蜜《ろくはらみつ》坂本の者」や「清水坂下《きよみずさかした》の者」が貴族たちの「施行《せぎょう》」（貧民などに米や塩を施す行為）の対象として現れていることが注目される。なぜなら、彼らこそ、一二世紀中頃に明瞭《めいりょう》な姿を現す「清水坂非人《きよみずざかひにん》」の前身と考えられるからである。非人はキヨメ＝葬送《そうそう》を基本的な職務とする差別された集団のことであり、清水坂は中世を通じて多くの非人の居住空間であった。貴族の記事のなかには「悲田院・六波羅蜜病者・乞者《こつしゃ》に米・魚類海草などを給う」（『小右記』）などと併称される記事もあるから、一一世紀前半には悲田院の病者と清水坂下の者とが施行の中心的な対象であったことがわかる。

　このようにして成立してきた死牛馬《しぎゅうば》処理＝キヨメを職能とする非人は触穢観念の肥大化とともに増え、鎌倉末期には大きな集団を形成した。後深草《ごふかくさ》院の死去に伴って行われた嘉元《かげん》二年（一三〇四）八月二十日の非人施行《ひにんせぎょう》に関する記録がある（『公衡公記』、史料纂集）。それによると、京中の非人は蓮台野《れんだいの》や清水坂など七ヵ所に居住し、全部で二〇二七人いたという（表12）。

蓮台野・清水坂は地名で、東悲田院は前述の悲田院の後の姿、獄舎《ごくしゃ》は検非《けび》

表12　『公衡公記』にみる非人

居住地	人　数
蓮台野	一七〇人
東悲田院	一五〇人
獄舎	七一人
清水坂	一〇〇〇人
大籠	一四二人
散在	三七六人
散所	一一八人
合　計	二〇二七人

違使庁《いしちょう》、大籠《だいろう》は六波羅探題《ろくはらたんだい》が管轄する囚人の収容施設である。散在・散所は特定の居住地をもたない非人のことである。

清水坂の非人が圧倒的に多いことが知れよう。ただ、一〇〇〇人という切れのよい人数が気になる。そういえば蓮台野も東悲田院も一の位が〇であった。他の場所の細かな数値と比べると、これら三ヵ所の数値は大ざっぱで概数ではないかと思える。もし、この推測があたっていれば、京中の非人の人数は二〇〇〇人をはるかに超えていたということになろう（木村二〇〇六）。

京都が中世都市として変容する過程は、死や血を忌《い》む触穢観念の流布に伴って、それらを処理する＝キヨメを職能とする非人を生み出す過程でもあった。この非人が時代の変遷のなかで、江戸時代にはエタ・非人と呼ばれて差別され、現代においても大きな社会問題となっている被差別部落を作り出す要因になったことは、中世という時代の特質を考える時、見落としてはならない事実であろう。

検非違使と保刀禰

律令の規定によれば、平城京など宮都の治安および秩序維持を担当したのは左右の京職《きょうしき》であったが、平安時代初期（弘仁年間、八一〇～八二三）に検非違使《けびいし》が設置されると、徐々にその職能は検非違使に吸収された。

検非違使は別当・佐《すけ》・尉《じょう》・志《さかん》など四等官の下に看督長《かどのおさ》・案主《あんじゅ》・下部《しもべ》などが多数配置され、民衆の生活レベルまで監督した。令外《りょうげ》の官《かん》のため明確な規定がなく、その職務を紹介することは難しいが、一〇世紀後半の儀式書『西宮記《さいきゅうき》』によれば、「検非違使に下す宣旨《せんじ》」の中身として、「闘乱殺害の事」に加えて「禁色《きんじき》、雑袍《ざつぽう》、帯剣《たいけん》」「摺衣《すりごろも》・緋鞦《ひのしりがい》を著するの事」などが挙げられているから、衣服の色や形態、さらに帯剣に関する規制まで多様な内容をもっていたことがわかる（故実叢書）。このことは、検非違使の権限が乱闘や殺人などに対する治安維持はもちろんのこと、服装や帯剣に関する規制、すなわち身分秩序を乱す行為を取り締まる分野まで及んでいたことを示している。

一二世紀に入って、僧兵の活動や武士間の対立によって京中の治安が悪化すると検非違使の職務はいっそう拡大し、武士の政治的進出の舞台となった。とくに検非違使の佐《すけ》（次官）は、別当（長官）が中下級貴族の兼帯だったこともあって、検非違使に結集した武士を統括する立場に位置したため、「廷尉《ていい》」と称されて武士たちの競望の的であった。源平の内乱の際、平氏放逐《ほうちく》に功のあった源義経が後白河法皇から廷尉に任じられ、源頼朝の反発を買った話は有名である（『吾妻鏡』）。

中世に入ると、検非違使は京都市政全般にわたる広範な権限をもつに至るが、室町幕府が平安京の室町に開設され、京内支配の権限が幕府の侍所《さむらいどころ》に集中し始めると、そこに吸収されて九世紀前半以来の職務を終えた（丹生谷一九八六）。

このような検非違使のもとで平安京の日常の治安維持を担当したのが保刀禰《ほとね》であった。保刀禰の初見は応和《おうわ》三年（九六三）のことであるが、その初見史料によれば、「諸条の保長《ほちよう》・刀禰」が検非違使によって「部内《ぶない》夜行を勤め行う」ことが命じられている。「諸条」とあるから、平安京を構成した条坊《じようぼう》制のもとで設定された共同組織である「保」ごとに刀禰が置かれていたことがわかる。彼らは保長とともに「部内夜行」＝夜の巡回警備を担当していたのであった。近年の研究によれば、この頃保長の機能は低下していたといわれるから（北村一九九五）、実際に治安維持の機能を担ったのは保刀禰であったといえよう。

保刀禰の具体的な職務を示す史料を紹介しておこう（平五六二号）。

左京三条三坊四保刀禰等解《げ》し申し請《こ》う　検非違使庁の符の事
　載せらるる壱紙　博奕《ばくち》を制止するの状
右、去年十二月十三日の庁符、今年正月十一日到来す、請《う》くること件の如し。（略）
　長元九年正月十二日　刀禰粟田延時
　上道「忠包」

これは、「博奕」（賭博）の制止を命じた検非違使庁の「符」（命令）を受け取った旨を伝えた刀禰の「解状《げじょう》」（上申文書）であるが、ここから「左京三条三坊四保」には粟田延時《あわたののぶとき》と上道忠包《かみみちのただかね》という二人の刀禰がいたこと、彼らは検非違使のもとで賭博の制止の職務を担当していたこと、などがわかる。このような検非違使—保刀禰の体制が中世前期の都市平安京の治安維持を担っていたのであった。

都市自治の成立

しかし、検非違使—保刀禰という行政的なシステムだけが平安京の治安を維持していたわけではない。平安中期になると平安京の自治を担う存在も確認されるようになる。一例を平安時代後期の仏教説話集である『今昔物語集《こんじゃくものがたりしゅう》』の一話を用いて紹介しておこう

（巻二九―第一一、「幼児、瓜を盗みて父の不孝を蒙りし話」）。

「今は昔」、ある家の主人が数個の瓜を得たので、一旦台所の戸棚に入れて外出した。ところが夕方帰宅してみるとその瓜の一つが無くなっていた。それで家中の者を集めてきつく問いただしたところ、使用人の女性が「確か昼ころあなたの息子の阿字丸《あじまる》が瓜を食べているのを見た」と白状した。これを聞いた主人は、「ともかくも言わで、その町に住みけるおとなしき人々をあまた呼び集め」て、その人たちの前で息子の阿字丸を「長く不孝（勘当《かんどう》）して、この人々の判を取」った。

その後、勘当された息子は成人して宮使えなどをしていたが、ふたたび盗みをして捕らえられてしまった。その時、犯罪の縁座《えんざ》制に則って、親が検非違使庁に呼び出された。ところが、親は以前に瓜を盗んだ時に勘当した「在地の判」を提出し、確かに勘当し親子の縁を切っているのとが認められ、盗人の親としての罪から逃れることができた。

長い紹介になったが、父が息子を勘当する時、「その町に住みけるおとなしき人々」が呼び集められ、その「判」（証明）が取られていたことに注目したい。「おとなしき人々」は別の箇所では「郷《さと》の人ども」とも言われ、彼らの「判」は「在地の判」ともいわれていた。そして、彼らの「判」は検非違使庁の裁判においても有効性を発揮したのである。

「おとなしき人々」は「乙名しき」とか「大人しき」と書いて、その地域の長老たちを指す言葉であったから、彼らが、親子関係を保障し、その証明が検非違使庁においても有効であったことなどを考え合わせると、彼らこそ京中のマチの秩序を維持していたグループであったということができよう。このような存在が徐々に社会的な力を付け、後に「町衆《ちょうしゅう》」と呼ばれる人々に成長していったのである。平安時代中期から後期にかけて、このような自治のめばえを確認することができることは注目しておいてよい。

2——さまざまな都市

都市鎌倉

京都とならぶ中世の都市といえば鎌倉である。しかし、源頼朝がそこに幕府を開く以前は、鎌倉幕府の正史『吾妻鏡《あづまかがみ》』が

所は素《もと》より辺鄙《へんぴ》にして、海人（漁師）・野叟《やそう》（いなかの老人）の外、卜居《ぼくきょ》の類これ少なし、

と記しているように、辺鄙な漁村・農村に過ぎなかった（治承四年十二月十二日条）。その片田舎の鎌倉が一一世紀後半には源氏と結びつくことになった。

現在も鎌倉の中心に位置し、その都市計画の核となっている鶴岡八幡宮《つるがおかはちまんぐう》のいい伝えによると、その創建は、康平《こうへい》六年（一〇六三）、前九年合戦で陸奥《むつ》国の豪族安倍《あべ》氏を破った源頼義《よりよし》（義家の父）が、その勝利の記念として、京都の石清水《いわしみず》八幡宮を現在の元八幡の地に勧請したことが起源であるとされる（『吾妻鏡』治承四年十月十二日条）。そして、その二〇年ほど後の永保元年（一〇八一）には義家がこれを

修理したという。義家の跡をついだのが曾孫の義朝であった。義朝は先祖以来の鎌倉の「楯《たて》」＝館を「伝得」し、ここを拠点に東国に勢力を拡大していった。

このように源氏と因縁の深かった鎌倉の地を政治の本拠地として選んだのが義朝の子頼朝であった。彼は治承《じしょう》四年（一一八〇）八月に挙兵したが、一時平氏軍に敗れ房総半島に逃れた。その過程で上総《かずさ》氏や千葉氏、さらに武蔵の秩父《ちちぶ》一族などの豪族を従えた頼朝は、十月七日に鎌倉に入り自らの本拠地として定めたのである。

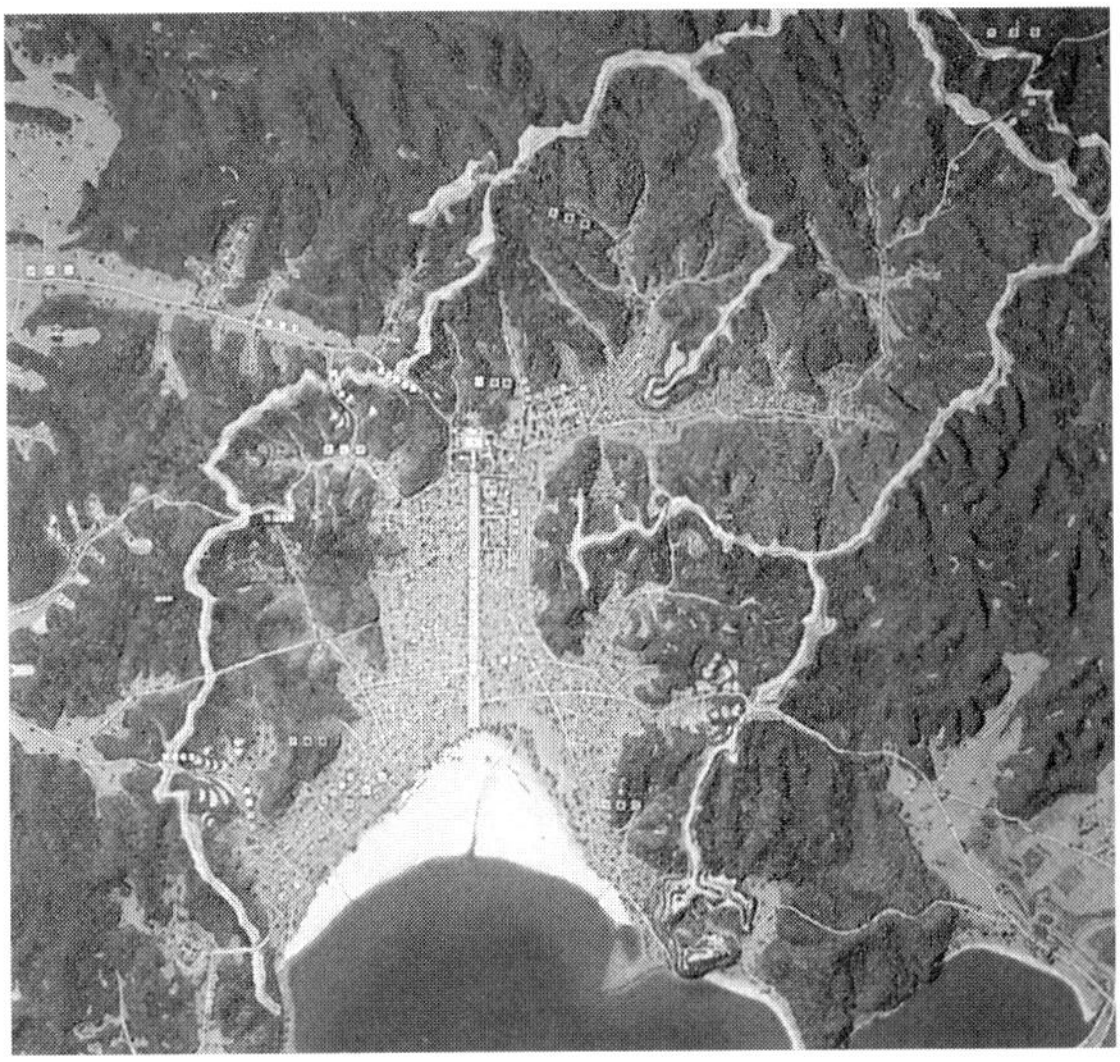

図31　都市鎌倉の構造模型

頼朝は八幡宮をいまの地（当時は「小林郷の北の山」といわれた）に移築し、大倉郷に自分の邸宅を構えることにした。そして、早くもその年の十二月には新築の大倉邸への引移りの儀式が行われ、御家人三一一人が列席した。その時の様子を『吾妻鏡』が次のように記している（治承四年十二月十二日条）。

凡そ出仕の者三百十一人と云々、又、御家人ら同じく宿館を構ふ、しかりしより以降、東国みなその道あるを見、推して鎌倉の主となす、

（中略）正にこの時に当たり、閭巷《りよこう》（村里）路を直くし、村里に号を授く、しかのみならず家屋甍《いらか》を並べ、門扉《もんぴ》軒《のき》を輾《きし》ると云々

周知のように『吾妻鏡』は一三世紀後半の編纂物なので、少々割り引いて考えなければならないとしても、鎌倉が都市的な場として整備されてきている様子を読み取ることは可能であろう。

承久《じようきゆう》三年（一二二一）に起こった承久の乱の勝利、貞永《じようえい》元年（一二三二）の「貞永式目」の発布などを通じて執権《しつけん》体制が確立するにともない、都市鎌倉も大きく発展した。すでに貞応《じようおう》二年（一二二三）に鎌倉を訪れた『海道記《かいどうき》』の著者は、鎌倉の南に広がる由比ヶ浜《ゆいがはま》には数百艘の船が停泊し、千万宇の宅が軒を連ねていると記している（岩波文庫）。誇張もあろうが、船舶の往来による海岸部の繁栄の様がうかがえる。その背景には貞永元年、勧進聖往阿弥陀仏《かんじんひじりおうあみだぶつ》によって築造された人工の港湾施設和賀江《わかえ》島《じま》が存在したことは間違いない。

また、執権北条泰時《やすとき》の時には、鎌倉と外部を結ぶ山越えの道路や切通《きりどお》しが整備された。鎌倉と山内《やまのうち》（いまの北鎌倉）とを結ぶ巨福呂《こぶくろ》坂は仁治《にんじ》元年（一二四〇）、同じく良港六浦《むつら》の津（いまの金沢区）を結ぶ六浦道は仁治二年に開通している。

行政単位としては京都にならって「保《ほ・ほう》」が置かれた。保には奉行人が置かれ、彼らは市中の取り締まりや道路の清掃を担当した。保奉行人の他にも保司や市政を担当したと思われる地《ち》奉行人が設置されたことも確認できる。

このようにして鎌倉の都市的機能は徐々に整備されていき、一四世紀前半に成立した日記文学『とはずかたり』の作者は「化粧坂《けわいざか》といふ山をこえて鎌倉のかたを見れば、（略）重々に、ふくろの中にものを入れたるやうにすまひ（住い）たる」と記すほどであった（新日本古典文学大系）。三方を山、一方を海に囲まれた「袋」のような鎌倉の街に、人々が入り混じって生活していたのである。

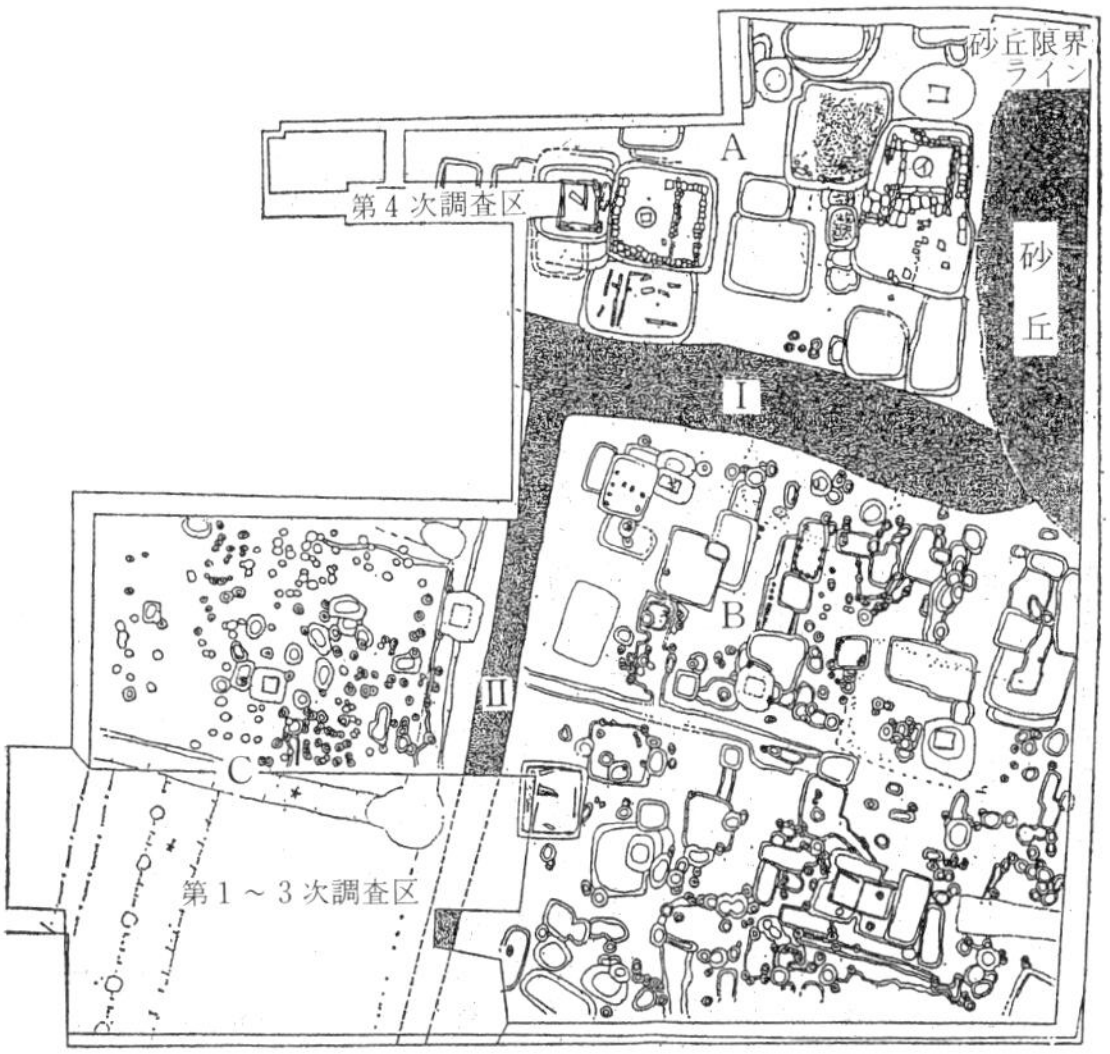

図32　今小路西遺跡第5次調査　中世1・2面

今小路西遺跡は語る

このような中世鎌倉人の居住形態を明瞭にしめす遺跡が一九八〇年代後半から九〇年代前半に発掘された。今小路《いまこうじ》西《にし》遺跡《いせき》である。これは鎌倉市内の御成《おなり》小学校の改築にともなって発見された遺構だが、この遺構でもっとも重要なのは、約三〇〇〇平方メートルの調査区域のなかで、都市住民の棲《す》み分けが確認されたことである（図32）。

T字型に走る道路（I・II）によってほぼ三区分された地域からは、それぞれ性格の異なった建物遺構が発見された。道路の北側（A地域）からは、底面と側面にブロック状の石を用いた二基の半地下式方形建物を含む建物遺構が出土した（イ・ロ）。この半地下式方形建物は商家の石蔵（倉庫）と考えられている。

また、道路の南側（B地域）からは、多数の小規模方形竪穴《たてあな》住居址が井戸とセットになって発見された。住居の規模、出土遺物などから判断して、職人や一般庶民の居住空間ではないかといわれている。この地域と道路を挟んだ向かい側（西側、C地域）からは、以前に発見された武家屋敷に接続する建物遺構が出土した。ここには道路と屋敷を連絡する小さな路地や従者の住居と推定される遺構も見つかっている。

このように、今小路西遺跡から明らかになった都市遺構は、商家・職人ないし一般庶民そして武家という複数の階層の居住形態が同一平面から出土し、それも道路を境に整然と棲み分けている当時の状況を生々しく伝えてくれる非常に貴重なものであった。とくにB地区の遺構は、『とはずかたり』の記す「重々に、ふくろの中にものを入れたるやうにすまひ（住い）たる」という情景を想像させるに十分な内容であるといえよう。残念ながら、この遺跡は新しい小学校の地下に埋まってしまったが、ここで明らかになった成果は都市鎌倉の具体的な様相をいまの私たちに伝えてくれたのである（木村一九九三）。

都市法の世界

都市鎌倉に関して出された法令はそれほど多く確認されていない。いくつかを紹介すると、延応《えんおう》二年（一二四〇）二月に執権泰時《やすとき》が保奉行人に命じているのは、盗人・

旅人・辻捕《つじとり》、悪党・町々辻々での売買などに十分注意し、担当の保を警護することであった（「追加法」一二二一〜一二二九条）。また、寛元《かんげん》三年（一二四五）には、保司《ほじ》・奉行人に、道作りを怠らぬこと、家の檐《ひさし》を路にさし出さぬこと、道路に町屋を作って路をせばめないこと、小家を溝の上に造りかけないこと、夜廻りを怠らないこと、の五ヵ条を遵守するよう命じている（「追加法」二四五〜二四九条）。道路の保全や管理など結構細かなことまで気を遣っていることが読みとれる。

これら鎌倉における都市法の集大成が弘長《こうちょう》元年（一二六一）の「関東新制条々」である（「追加法」三三七〜三九七条）。全部で六一ヵ条におよぶ長大な新制で、神社の神事を勤行すべきことや神社の修復のことなど、神仏に関する一般的な規定もあるが、後半には都市生活に関する規制も多く記されている。たとえば、僧侶や六〇歳以上の御家人以外は鎌倉中で輿《こし》に乗ってはいけない（三八二条）、武士身分以下の一般庶民は馬に乗って鎌倉中を通行してはいけない（三八三条）、遠近の御家人が鎌倉に参上する時宿屋などで群飲してはいけない（三七六条）、僧坊で酒宴をしたり魚・鳥を食べてはいけない（三七七条）、僧侶が頭や顔を布で包み隠してはいけない（三八七条）、編笠をかぶって鎌倉中を横行してはいけない（三八八条）、など具体的に禁止しているものも多い。道路や町屋などに対する行政的な規制だけでなく、身分制にかかわる禁止条項が多くなっていることも注目される。

この新制の最後に記されている条項は、この時期の都市鎌倉の具体相の一端を示していると思われるので紹介しておこう（三九七条）。

一　病者・孤児ら、死屍《しし》らを路辺に棄《す》つるを禁制すべし
病者、孤児ら、路頭に棄てしむるの時、見合に随《したが》いて殊に禁制を加うべし、もしまた儵《か》りに棄て置かしむ事有らば、保々奉行人の沙汰として、無常堂《むじょうどう》に送らしむべし、死屍并びに牛馬骨肉に至りては、取り棄てしむべし、此らの趣《おもむき》をもって保奉行人らに仰せらるべき也、

生々しい規定である。鎌倉市中の道路には病人や孤児、さらに「死屍」＝死体まで棄てられていたのであった。このような法令を出さなければならないほど、中世の都市生活には厳しい一面もあったのである。この章の初めに、平安京における死体処理の問題を取り上げたが、その実態は鎌倉においてもなんら変わりがなかった。都市は生活の可能性を秘めた空間でもあったが、その裏側にはこのような厳しい現実もあったのである（網野一九七六）。

国際都市博多

中世の都市は京都や鎌倉のような政治都市だけではない。大宰府《だざいふ》や鴻臚館《こうろかん》が置かれ、古代から外交の拠点としての役割を担ってきた博多も、一一世紀末頃から中世的な変容を始める。まず、博多湊には広大な「唐坊《とうぼう》」と呼ばれるチャイナタウンが形成され、「綱首《こうしゅ》」と呼ばれた中国人の貿易商が活躍するようになった。そして、この動向は博多の東に位置する箱崎や糸島半島側の今津《いまづ》などにも拡大し、彼らの活動は国際都市としての博多津の発展に大きな役割を果たした。

中国貿易商の活躍にともなって、彼らの財力を背景に多くの寺院が建立された。臨済宗《りんざいしゅう》の開祖栄西《えいさい》

が前記の今津を拠点に入宋し、ふたたびこの地に帰朝したこともあって、臨済宗寺院が多く建立された。その代表が博多湊の宋人百堂《そうじんひゃくどう》といわれた地に栄西が建てた聖福寺《しょうふくじ》と、博多綱首謝国明《しゃこくめい》の出資によって聖福寺の臨地に建立された承天寺《しょうてんじ》などであるが、承天寺の例が象徴するように、この時期建立さ

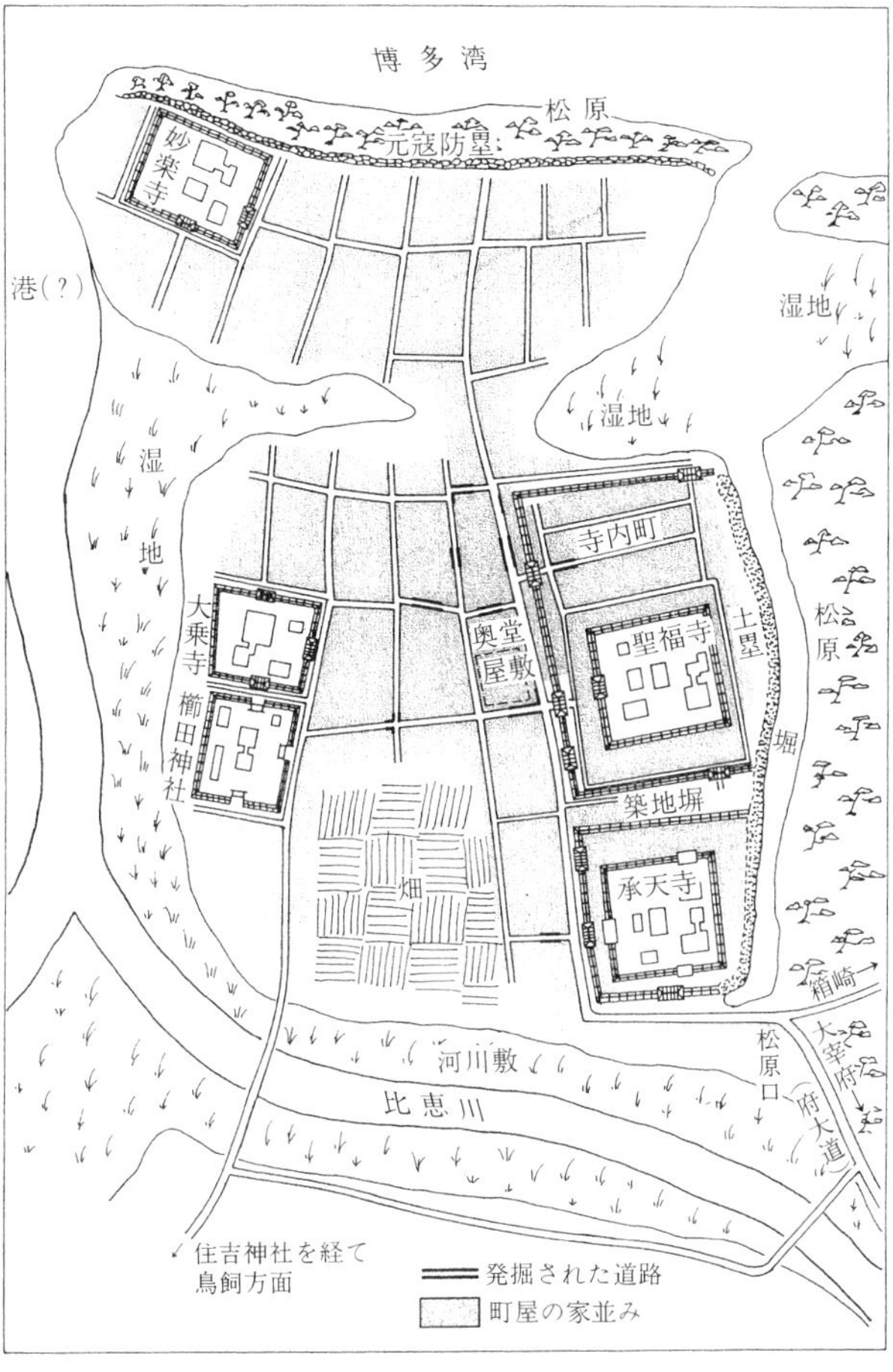

図33　中世後半期博多推定復原図

れた多くの寺院は宋商人の博多綱首らの援助によるところが大きかったという（大庭一九九五、図33）。これら博多の臨済宗の寺院が中継地となって京都・鎌倉を始め日本各地に禅文化が普及していったのである。

鎌倉幕府が滅亡し南北朝内乱が始まると、博多を中心とした北九州の沿岸は倭寇《わこう》の拠点となったが、室町時代に入り将軍足利義満《よしみつ》のもと中国明との勘合貿易《かんごうぼうえき》が開始されると、その拠点として繁栄した。勘合貿易の船舶は当初は兵庫から出航していたが、次第に博多から出ることが多くなった。博多湊を支配していたのは大内氏で、同氏は関門《かんもん》海峡を挟んだ赤間・門司両港も支配していたから、大内氏の勘合貿易に占める位置が大きくなり、堺商人と結んだ細川氏とたびたび衝突したが、最後は大内氏が勝利し、博多が遣明船派遣の拠点となった。その繁栄振りは、朝鮮王朝の最高の知識人申叔舟《しんしゅくしゅう》によって一五世紀後半に書かれた『海東諸国紀《かいとうしょこくき》』に「民戸万余戸」と記されているほどである（岩波文庫）。

戦国時代の博多の様子は、キリシタン宣教師の書簡《しょかん》などによってうかがい知ることができる。例えば、ルイス・フロイスは「九州全域において、博多の町以上に高級かつ裕福なところはどこにもない。というのは市民はすべて商人から構成される制度になっていたからである」と伝えている（『日本史』）。商人の手による「自治都市」としての様相を知ることができる。

自治に関する史料は少ないが、戦国時代末期の博多は東西に分かれ、市政は「東西ノ年寄」によって運営されていた。慶長二年（一五九七）の史料には「十六人之年寄衆」とある。また「月役」といわれる役職があったようだが、年寄との関係はわかっていない。

城下町一乗谷

中世後期になって大名領国制の展開にともなって城下町という新しい都市も成立した。越前朝倉氏一乗谷《いちじょうだに》、周防《すおう》毛利氏の山口などでは、早くも一五世紀後半から家臣

図34　一　乗　谷

団の城下町集住が開始されたという。なかでも、一五世紀後半に朝倉孝景《あさくらたかかげ》が残した「朝倉孝景十七箇条」は、戦国大名最初の家訓《かくん》としてだけではなく、家臣団の城下町集住政策を示した最初の家訓として有名である（『中世法制史料集』第三巻）。

一、当家塁館《るいかん》の外、必ず国中に城郭《じょうかく》を構えさせらる間敷《まじく》候、総て大身《たいしん》の輩をば、悉《ことごと》く一乗の谷へ引越しめて、その郷その村には、ただ代官・下司のみ居《い》置《おか》せらるべき事、

ここでは大身＝重臣の一乗谷集住を命じているが、一六世紀前半にはすべての家臣が対象になった。一乗谷は、天正《てんしょう》元年（一五七三）に織田信長に攻められて焼亡したが、近年計画的な発掘が進められた結果、当時の城下町の様子が復元できるようになった（図34）。それによると、山城とその山麓の谷のほぼ中央に位置する朝倉氏館を中心に大小の道路が走り、その道路に沿って規則的に配置された家臣の屋敷群と町屋群、そして町の出入り口を防御し内と外とを画する城戸《きど》と門、という整然とした構造をとっていた。

とくに注目されるのが、城下町の内に設定された町屋である。これは、約一万と推定される家臣団の日常生活品や軍事物資を供給するために設定されたと考えられるが、城下の内にあるということは、彼らは大名の統制のもと、周辺の市場だけでなく領国内の流通機構とも深く関係し、領国経済の一端をになったものと思われる。

大名領国の経済構造を支えたのはこのような特権商人だけではない。城下町の発展にともない城下の外側に新市・新町・新宿などと呼ばれる新しい市町《いちまち》が各地にできた。後北条氏の城下小田原《おだわら》の外にできた新宿、近江六角《ろっかく》氏城下石寺《いしでら》の外側にできた石寺新町などがその例である。また以前から城下の外にあった古い市町も活発になった。織田信長が天正五年（一五七七）に、初めて楽市令《らくいちれい》を出した市として有名な岐阜の加納市《かのういち》も、実は城下の外に位置した市町であった。このように、城下町とその外側の市町という二重構造によって、戦国時代の領国経済は支えられていたのである。

楽市令の狙い

さて、戦国時代の領国経済を考える時、避けて通れないのが楽市令《らくいちれい》の評価であろう。楽市令は信長が前述の岐阜加納市に出したものが有名で、その第二条には、

一、楽市楽座の上、諸商売すべき事

と記されていた。これは、旧来の市座《いちざ》の権利を否定し、だれもが自由に市場の交易に参加できるようにしたものであり、大名が城下町建設にあたり上から市町に特権を与え、統制下に置こうとしたものであると評価されてきたが、最近の研究はそのような一方的な側面だけではなかったことを明らかにしている。

それは、市町を以前から支配してきた在地領主の求めに応じて出された楽市令も存在するからである。例えば、永禄《えいろく》九年（一五六六）、駿河の戦国大名今川氏真《うじまさ》は、領国内の富士大宮の六歳市《ろくさいいち》の楽市を

命じているが、実はこの背景には、富士浅間《せんげん》神社大宮司《だいぐうじ》の富士氏が当市場での「押売《おしうり》・狼藉《ろうぜき》・非分《ひぶん》等」に困って、その秩序維持を今川氏に依存して実現しようとした、ということがあったのである。したがって、この楽市令は、富士氏の要求に応じて富士氏のために出されたものであって、富士氏の勢力を抑え、市町を今川氏の統制下に置くことを意図したものではなかったのである。

楽市令を理解する時もう一つ重要なことは、諸役停止＝免除の特権と楽市が富士大宮の六歳市という「場」に認められていることである。というのは、従来の諸役免除などの特権は大名と主従関係を結んだ特定の商人＝「人」に認められることが多かったからである。しかし、一六世紀中頃から商人の集団である「座」の特権が否定される一方で、市町や新市など「場」に特権が付与されるようになっていく。すなわち、楽市令は商人の論理から場＝市町の論理へという転換を引き起こしたのである。その結果、市町という場＝「都市」の住人たちが特権商人の論理を排除し、都市の論理を確立することによって、市町が都市として自立していく大きな要件を形成することになったのである（池上一九九二）。

3―細工と芸能民

一一の所能同じからず

前節で、平安京の都市生活における秩序維持が検非違使《けびいし》—保刀禰《ほとね》によって行われ、その下には「おとなしき人々」や「在地」と称される階層が形成され、より日常的な秩序維持=自治を担っていたことを指摘した。もちろん、平安京に生活していた人々は彼らだけではなかった。「細工《さいく》」と呼ばれた手工業者や多くの芸能民も生活していた。

その様相を具体的に示すのが、これまでもたびたび用いてきた『新猿楽記《しんさるがくき》』である。ここには、猿楽を見に来た「右衛門尉《うえもんのじょう》」という一家=妻三人・娘一六人・男九人に託して、さまざまな職種の職業尽くしが展開されているのだが（七四頁・表9参照）、その紹介が始まる際、『新猿楽記』には

各《おのおの》善悪相頒《あいわか》れて、一一《いちいち》の所能同じからずと云云、

と記されていた。表9にあるような職業には、当時の文人貴族である作者の藤原明衡《あきひら》から見れば「善悪」はあるのだが、それぞれの「所能」は同じではない。すなわち、それぞれ所能=技能・技量は独特のものがあり、この側面では優劣をつけることができない、というのである。

実際、「大君」=長女の夫の「博打《ばくち》」から始まって、武者・田堵《たと》、覡女《かんなぎ》（巫女）、さらに遊女へと続く職業は、当時の社会通念をもってすればすべて社会的に「善」であるとはいえない。しかし、明衡はその伝統的な価値基準ではなく、彼らの職能に応じた評価をしようとしているのである。ここに新しい価値観を見出すことは可能であろう。

『新猿楽記』の職人たち

明衡が注目した職業をもう少し詳しく見るために、いくつかの職能に分類してみよう（表9参照）。

①上級貴族：これは一二番目の娘の懸想人《けそうびと》に現れるだけ。

②中下級貴族：主人公の右衛門尉を筆頭に、右馬寮《めりょう》の史生《ししょう》、紀伝《きでん》・明法道《みょうほうどう》らの学生《がくしょう》、右近衛の医師、陰陽道《おんみょうどう》の先生、受領《ずりょう》の郎等など。

③農業技術者：三女の大名の田堵だけ。

④手工業者：鍛冶《かじ》・鋳物師《いもじ》・金銀の細工《さいく》、飛騨の大工、炭売り、木の道の長者、絵師、大仏師など。

⑤交通・流通業者：馬借・車借、商人の首領など。

⑥宗教者：覡女、大験者・真言師、天台の学生、大名僧など。

⑦広義の芸能者：博打、武者、相撲人、医師、陰陽師、一宮の先生《せんじょう》、遊女・好色、能書など。

このように分類してみると、藤原明衡がどのような職業に注目していたのかがよくわかる。①上級貴族や③農業技術者に対しては関心が薄い。しかし、逆に文人貴族が田堵に着目し、なかでも大規模経営を行っていた「大名」の田堵に注目しているのは、荘園制社会が形成され始めた平安中期という時代をよく反映していると評価すべきであろう。

それに対して、②中下級貴族や④手工業者、⑤交通・流通業者、⑦広義の芸能者が詳しく紹介されているのが注目される。④・⑤・⑦に列挙された人々はまさに「所能」＝技術・技芸を頼りに生活していた都市の職業人であり、彼らの活動が都市平安京の生産・流通を支えていたのである。教科書などでは室町時代ころに習う馬借・車借がすでに職業として成立していたことは興味深い。

その意味では②中下級官人が多いのも納得できる。これらの職業人は明衡と同じ階層に属する人々であり、彼らがさまざまな職能を生かして宮仕えしている様が読みとれる。実はこれらの職種は、紀《き》伝《でん》の菅原・大江氏、明法《みょうぼう》の坂上・中原氏、医師の丹波氏、陰陽師《おんみょうじ》の安倍氏などというように、摂関時代以降、実務官人の家の「家業」として定着していく職種であった。文人貴族の家に生まれた明衡にしてみれば、その家業によって家を維持し、貴族社会の中を生き抜いていくことは、彼らもまた立派な職業人であったのであろう。

図 35　馬借（『石山寺縁起』）

これら手工業者の人々は、単に生産や流通に関わっていただけではない。例えば四女の夫は金集百成《かなずめのももなり》といい、「鍛冶・鋳物師幷に銀金の細工」を職業としていたが、その一方では「右馬寮《めりょう》の史生、七条以南の保長《ほうのおさ》」でもあったのである。右馬寮の下級官人になっていたのは、馬の蹄鉄《ていてつ》生産との関係があるかもしれないが、平安京の行政組織の末端である「保の長」になっていたのは彼の社会的位置を示すものであろう。彼は鍛冶・鋳物師らとしての職能を発揮しつつも、その社会的実力によって行政組織の末端を担うような存在でもあったのである。この一つをみても、彼ら手工業者の社会的地位の高さを読み取ることができる。

「細工」と「職人」

いま金集百成の職業が「鍛冶・鋳物師幷に銀金の細工」といわれ、三郎＝三男が「細工幷に木の道《みち》の長者なり」といわれたように、当時、手工業者は「細工」と呼ばれた。細工とは本来、手先を使って細かい小道具や調度を作ること、ないしその職人を指すことばであったが、三郎が「木の道の長者」ともいわれていたように、それぞれの「道」＝技術に優れていることも条件であった。そのため、多種な手工業者のことを総称して「道々《みちみち》の細工」ともいわれた。『源氏物語』（宿木《やどりぎ》）に、沈《ちん》、紫檀《したん》、銀、金などの「道々の細工ども」などと見えるのが早い例である。中世の武士の戦闘技術を「兵の道」というが、これもここから出ているのであり、それは後世、茶道・華道などという言葉を生み出す原型になったのである。

ところで、細工に似た言葉として「職人」がある。職人は「しきにん」と読み、本来、荘園の文書を扱った公文《くもん》や田地の管理を担当した田所《たどころ》など、事務的・技術的な職能をもった現地の荘官層を指す言葉であったが、南北朝期を境に手工業者を意味する言葉になってくる（網野一九八〇）。それを象徴的に示すのが『職人歌合《しょくにんうたあわせ》』の出現である。『職人歌合』とは、さまざまな職種の職人が左右に分かれ、自分の職種に応じた内容の歌を詠み、それを判者《はんじゃ》が判定を下すという、歌合の形式を採った絵巻で、一種の職人尽くしになっている。

その初見は、鎌倉時代後期につくられた『東北院職人歌合』で、以下のような一二種の職人が出てくる。

1医師・陰陽師　2仏師・経師　3鍛冶・番匠　4刀磨・鋳物師　5巫女・盲目
6深草・壁塗　7紺搔・筵打　8塗師・桧物師　9博打・船人　10針磨・数珠引
11桂女・大原女　12商人・海人
（『東北院職人歌合』一二番本、『群書類従』第二八輯より）

これ以後、戦国時代までに『鶴岡放生会《つるがおかほうじょうえ》職人歌合』『三十二番職人歌合』『七十一番職人歌合』などがつくられ、そのたびに新しい多くの職種が登場してくることに特徴がある。文学作品なので割り引いて考えなければならない点があるかもしれないが、中世社会の展開のなかで、手工業が発展したことの反映と評価してもよいであろう。

ところで、今まで『東北院職人歌合』を素材に考えてきたが、次の『鶴岡放生会職人歌合』以後には、手工業者というよりは芸能人といった方がふさわしい職種が登場してくる。たとえば、『鶴岡』では「1楽人・舞人」「10猿楽・田楽」がそうだし、『三十二番』では、「1千秋万歳法師・絵解」「2獅子舞・猿牽」「8鉦敲・胸叩」などいわゆる雑芸人に近い人々も登場してくる（岩崎一九八七）。

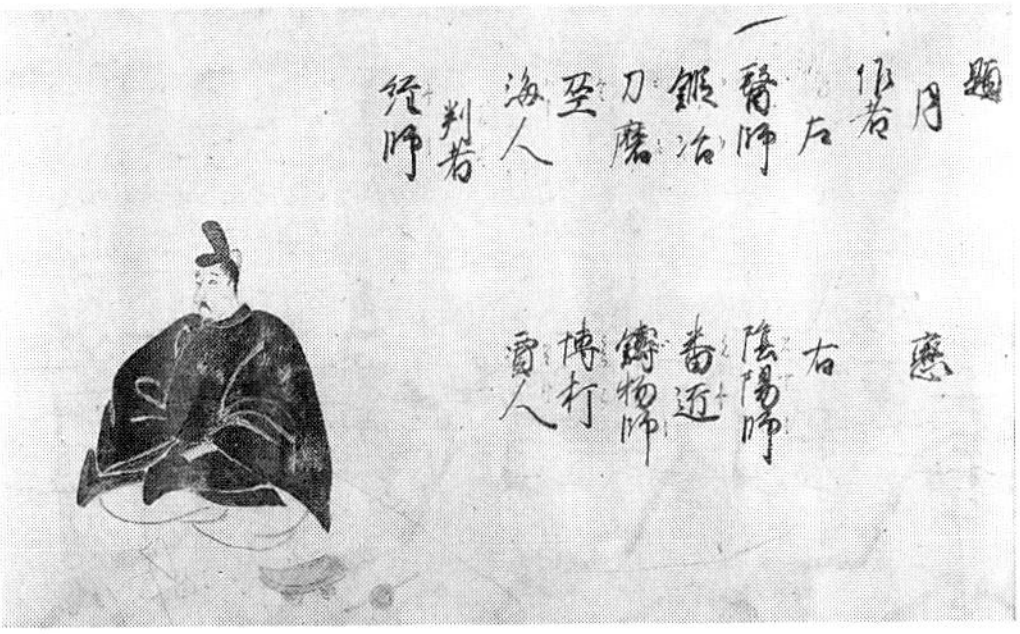
図36　『東北院職人歌合』

このようにみてくると、中世社会においては手工業者と芸能人（雑芸人も含めて）との差はそれほど広くないことが知られる。それは彼らが一括して「職人」と呼ばれていることによっても明らかである。彼らさまざまな職人の活動の中から「能・狂言」などの優れた芸能が創り出されてきたのである。

中世の市は、三斎市《さんさいいち》さらに六斎市《ろくさいいち》と称されるように、月に三回、後には六回開かれるのが普通で、常設の市は存在しなかった。

遍歴する職人たち

それは時宗《じしゅう》の創始者一遍《いっぺん》の布教の様子を描いた『一遍聖絵』の二つの市場の風景からも明らかになる。一つは教科書などでも有名は備前《びぜん》国の福岡の市で、吉井川西岸に立てられたこの市では、米・布・魚・鳥・履物《はきもの》や特産の備前焼の瓶などが売買され、それを買う人で賑わっている様が描かれているが、もう一つの信濃国伴野《ともの》の市の風景は、市が立っておらず、店舗であった筵葺《むしろぶ》きの小屋は乞食の仮住まいとなり、人が集まっていたであろう市の広場では犬が遊び回っている、というまったく正反対の情景が描かれている（図37）。どちらも中世の市場の風景であった。

したがって、商人や手工業者は自分たちの製品を売買するために、それらの市を遍歴《へんれき》しなければならなかった。田植え歌を収録した『田植草子《たうえぞうし》』に、

おもしろいのは　京下りの商人
千駄櫃《せんだびつ》にのふて　つれは三人なり
千駄櫃には　多くの宝が候よ

図37　伴野の市（『一遍聖絵』）

宝負《たからお》ひては　今日こそ殿が下りた
みやこ下りに　思ひもよらぬ手土産《てみやげ》

と詠まれているように、京から下ってきた商人は千駄櫃を担ぎ、その中には多くの「宝」や「手土産」が入っていたのである（日本古典文学大系）。田舎人にとっては商人が京から運んでくる商品は「宝」であったのである。この商人のイメージに、奥州産の金を資源に京と奥州とを行き来し、牛若丸（後の義経）を奥州平泉の藤原秀衡《ひでひら》に導いたとされる金売吉次《かねうりきちじ》の姿を重ね合わせることは可能であろう（『義経記』、日本古典文学大系）。

　商人以外では、鋳物師《いもじ》の遍歴の様子が明らかにされている。天皇家の経済を担当しさまざまな職人を統括していた蔵人《くろうど》所《どころ》が、建暦《けんりやく》三年（一二一三）に管轄の鋳物師に出した文書には、鋳物師たちの活動が次のように記されている（鎌二〇六三号）。

　諸道の細工人らがいろいろな私物を売買交易するのは常例である。したがって、鋳物師も「五畿七道諸国」を往《おう》反《はん》し「鍋釜《なべかま》以下打鉄鋤鍬《うちてつすきくわ》」を売買している。しかし、木曾義仲の乱以後は、それに加えて「布絹類・米穀以下大豆・小豆」も売買している。これに対して守護・地頭や荘官たちが「新儀」であるとして、「諸市・津・関・渡《わたし》」などで「率分《りつぶん》」＝税を賦課しているが、そのような行為は停止しなさい。

この蔵人所の命令は、最後の守護・地頭らの「新儀」の課税を停止するところに真意があるのだが、一方で鋳物師集団の活動の展開もみごとに表現している。彼らは「五畿七道」を股《また》に掛け、職能である「鍋釜以下打鉄鋤鍬」を売買するだけでなく、それ以外の「布絹類・米穀以下大豆・小豆」をも商品としていたのである。そして彼らは蔵人所の権威を背景に、それら「新儀」の商品に対する課税も排除しようとしていたのである。

これほど詳しくはわからないが、荏胡麻《えごま》油の販売を独占していたことで有名な石清水《いわしみず》八幡宮の大山《おおやま》崎神人《ざきじにん》も同様な特権を一五世紀中頃に得ている。室町幕府の管領《かんれい》畠山持国《もちくに》の下知状《げちじょう》によれば、大山崎神人の「諸国荏胡麻油売買」について、「早く度々の御判《ごはん》の旨に任せ、諸関・渡その煩《わずら》い有るべからず」、「次いで諸役の事、堅《かた》く停止せしむべし」ということが命ぜられている（『大山崎町史』史料編）。彼らが諸国往反の特権と課税免除の特権を与えられていたことは間違いないであろう。まさに諸国を遍歴する職人であったのである。

六　荘園と村落

1――荘園制の確立と耕地の構成

中世荘園の諸類型

中世社会は「荘園制社会」であったともいわれるように、荘園・荘園制は中世社会の根幹を形づくっているシステムであった。しかし、一口に荘園といっても、奈良時代に成立した初期荘園から、平安時代後半期に明確な姿を現す領域型荘園まで、さらに大和国や山城国に見られるような小規模な荘園から東北・九州地域に見られる郡規模の荘園まで、時間的にも幅がありその形態も多様であるから、それらをまとめて説明することは至難の技である。

したがって、本章では、二つの代表的な荘園を用いて、荘園と村落の具体的な様相を見ることにしたい。一つは、その景観と内部構成がよくわかる京都神護寺《しんごじ》領の荘園であった遠江国《とおとうみ》（静岡県西部）池田荘、もう一つは、高等学校用日本史の教科書に絵図が掲載されて、なじみのある紀伊国（和歌山県）の、これも神護寺領の荘園であった桛田《かせだ》荘である。池田荘は古文書を用いて、桛田荘は荘園絵図の読解を通じて荘園の様相に迫ってみたいと思う。

ところで、いま、荘園はその存在の時間幅も長く、その形態も多様であると述べたが、そのことを承知の上で、おおまかに時期と類型によって区分すると次のように整理できる（小山一九九八）。

A　初期荘園　八世紀前半の三世一身法《さんぜいっしんのほう》（七二三年）、墾田永年私財法《こんでんえいねんしざいほう》（七四三年）を契機に成立した荘園である。その特徴として、①初期荘園を代表する東大寺領荘園の多くが、大仏造営と東大寺の経営を維持をするために、国家の一機関である「造東大寺司《ぞうとうだいじし》」によって設定・推進されていること、②領有が認められたのは不輸《ふゆ》の権利のない「輸租田」（租を納める田地）だけで、専属の荘民もいなかったこと、③初期荘園のほとんどが九世紀末～一〇世紀初頭までに荒廃・没落してしまい、中世の荘園へ連続しないこと、などが指摘できる。したがって、初期荘園を中世荘園の原型として評価することはできない。

B　免田《めんでん》・寄人型《よりゅうど》荘園　あまり聞き慣れない荘園であるが、一〇世紀～一一世紀中頃、すなわち摂関政治期の荘園を示している。一〇世紀初頭の国政改革によって権限が強化された国司の支配のもと、田地一枚ごとに不輸の権利を認められた免田と、同じように特定の公民に限って荘園の経営にあたることが認められた寄人とによって構成されている荘園のことである。このような状態であったから、荘園といっても免田の集合体に過ぎず、免田と免田の間には他の領主の免田や国衙《こくが》の支配する公田も存在していたので、寄人も免田だけを耕作するのではなく、他の領主の免田や公田を耕作するような状況であった。

C　領域型荘園　一一世紀中頃に出現し、一二世紀に前半に確立した荘園で、その名のとおり、Bのように免田の集合体ではなく、一定の領域をもち、その中に耕地だけでなく村落や山野河海を含み込んだ荘園のことである。領域型荘園ができる要因としては当該期における開発の進展がある。農業技術の進歩によって、それまで開発できなかった荒地や低湿地《ていしっち》さらに氾濫原《はんらんげん》などを対象に大規模な開発が行われた。そのような大規模な所領ができると、それまでのB型のような荘園も影響を受けて、領域をもった荘園に変貌していった。このようにして成立した領域型荘園がもとになって、中世荘園が形成されていったのである。

荘園制の確立期

では、このような領域型荘園が一二世紀前半に確立することはどうしてわかるのだろうか。そのきっかけになったのが鎌倉時代に作成された一国規模の土地台帳である「大田文《おおたぶみ》」の分析であった。「序章」の「荘園公領制」の叙述と重複するが、本章の内容の前提でもあるので、再度説明することを許されたい（石井一九七〇）。

表13は、能登国《のとのくに》（石川県北部）の大田文に記載されている荘園の立券《りっけん》（正式認可）の年代を整理したものである。これをみると、一一世紀中頃以前のA「往古荘園」は少なく、それ以後に増加していることが読みとれよう。そして、より詳しくみると、荘園の数では変わりがないが、面積ではC（一一三六〜五〇年）が圧倒的に多いことがわかる。すなわち、能登国においては一二世紀前半の鳥羽《とば》院政期に荘園が飛躍的に拡大し、その確立期を迎えていると評価できるのである。

表13　能登国における荘園の成立

立荘の年代別	荘園数	面積	
		町.反.歩.	%
A（「往古荘園」）	1	30. 0. 0.	2
B（1051年）	1	85. 6. 7.	6
C（1136～50年）	8	1067. 9. 5.	74
D（1184～97年）	9	197. 9. 9.	14
E（1204～75年）	9	56. 0. 2.	4
合　　計	28	1437. 6. 3.	100

出典）石井進1970

表14　若狭国における荘園の成立

区分（成立年代）	荘保数	面積	
		町.反.　歩.	%
a「本荘」(11世紀後半以前)	5	184. 1. 175.	16
b「新荘」(後白河院政期)	11	474. 7. 48.	43
c「便補保」(11世紀末から12世紀)	6	153. 4. 266.	14
d「山門・寺門沙汰」(12世紀以降)	14	299. 1. 152.	27
合　　計	36	1111. 4. 281.	100

出典）網野善彦1991

表14は、若狭《わかさ》国（福井県西部）の大田文に記載されている郷・保や荘園を一つ一つその成立時期や初見の時期を確認して整理したものである。ここにおいても、一一世紀後半以前のa「本荘」は少なく、bやc・d、すなわち一一世紀末以降から後白河院政期にかけての時期に荘園が増加していることがわかる。能登国のように明確にはわからないものの、ほぼ同様に一二世紀前半にそのピークを求める

ことができるのではないだろうか。

そしてこの二つの表は、鎌倉時代の大田文に記載された、すなわち鎌倉時代まで存続した荘園で院政期以前（摂関期）や鎌倉時代に入ってから立券された荘園が意外に少なかったことも示している。このように、中世社会を形づくった荘園制は一二世紀前半ころに確立期を迎えたのであった。

さらに、この大田文を用いた分析で注目すべきは、一国規模の耕地（主に水田）面積に占める荘園の割合である。表15は、現存している各国の大田文から、荘園と公領《こうりょう》（国衙領《こくがりょう》）の面積を抜き出し比較したものである。その国によって比率に差はあるが、意外に公領が残存していることがわかる。大田文の性格や作成年代の違いもあるので、精緻《せいち》な比率を出すことはできないが、おおまかにみると荘園は五〇～六〇パーセント、

表15　大田文からみた荘園，公領の面積

国　名	年　次	荘　園	面積比（%）		公領（ ）内は半不輸
常　陸	嘉元4（1306）	3042	44	56	4961
能　登	承久3（1221）	1438	70	30	613
若　狭	文永2（1265）	604	26	74	1739
淡　路	貞応2（1223）	1051	72	28	403
但　馬	弘安8（1285）	3981	73	27	1498
石　見	貞応2（1223）	638	43	57	838
筑　前（鞍手郡）	建久年中	1193	75	25	391
豊　前	〃	12614	88	11	1636（160）
豊　後	弘安8（1285）	5069	74	26	1804（680）
肥　前	正応5（1292）	11391	76	24	3549
薩　摩	建久8（1197）	1290	33	67	2654（2442）
大　隈	〃	1260	42	58	1759（1510）
日　向	〃	6024	75	25	1962（1937）

注）単位は町．
出所）『週刊朝日百科日本の歴史2』1986年より．

公領は四〇～五〇パーセントほどであろうか。一二世紀前半に荘園制が確立したといっても、一国規模の耕地面積からいえば六〇パーセントほどに過ぎず、それ以外は国衙―中世国家が支配する公領であったのである。

実は、最近の日本史の教科書に「荘園公領制」という用語が使用されることが多くなったのは、以上のような理由からであった。すなわち、中世社会＝荘園制社会という理解でも間違いではないのだが、前述のように、鎌倉時代の大田文にも依然それなりの割合で公領が存在するのならば、やはり荘園だけに中世社会を代表させるのではなく、公領を加えて中世は「荘園公領制」の社会であるといった方が正確ではないか、という理由である。この立場にたてば、一二世紀前半は荘園公領制の確立期であった、というべきかもしれない。

領域型荘園の形態と耕地

では、中世荘園を代表する領域型荘園とは具体的にどのような形態で、その内部はどのような地種によって構成されていたのであろうか。平安時代末期に立券された遠江国の池田荘を例に確認しておこう（平三五六九号）。

池田荘は嘉応《かおう》三年（一一七一）に立券されたが、その時の古文書には以下のように記されていた（古文書の形態は若干変更している）。

立券　言上す　松尾社御領遠江国池田荘壱処の事
管豊田郡内に在り

四至　東は天竜河を限る　南は塩海幷びに宮崎を限る
　　　西は長田長上両郡の境を限る　北は字江墓楊田を限る

牓示　壱所艮富田郷拾柒坪勾坂境古河

（以下、三ヵ所略）

脇牓示　壱本東天竜川渡中須

（以下、五本略）

長い引用で恐縮だが、まず池田荘が遠江国豊田郡にあったことがわかる。次の「四至《しいし》」とは東西南北の境を現している。すなわち、池田荘の東の境は天竜川であるという意味である。次の「牓示《ぼうじ》」は四隅《しすみ》（東北＝艮《うしとら》・東南＝巽《たつみ》・西南＝坤《ひつじさる》・西北＝乾《いぬい》）の境を示している。艮＝東北の境の牓示は「富田郷拾柒（七）坪…」にあったというのである。最後の「脇《わき》牓示」は、隣接する荘園などと境相論《さかいそうろん》などがあった時、その境界の地に便宜的に設置されるもので、本来的には設置されない。

やや煩雑になったが、池田荘は四至（東西南北）で表記された四地点と牓示で示された四隅＝四地点の計八地点で荘園の領域が表現されていた。これは池田荘独自の形態ではなく、領域型荘園はすべてこのような形態で表現されるのが原則であったのである。そして、境相論など隣接する

表16　遠江国池田荘の構成

田	385町4段1丈	51.6
見作	261町2段3丈	(67.8)
年荒	60町　2丈	(15.6)
田代	64町1段1丈	(16.6)
畠	164町3段2丈	22.0
常荒	49町1段3丈	6.6
野	58町1段3丈	7.8
河	30余町	4.0
浜	20余町	2.7
河原	40余町	5.4
在家	50宇	

(　) 内の%は田地の構成比率.

荘園といざこざが起こった時、その解決の手段として膀示が設置されたのである。したがって、膀示の数は紛争の内容に左右されるから本数は決まっていない。

以上、領域型荘園の形態を概観したが、次に内部の構成をみてみよう。表16は、嘉応三年の立券の際作成された前記の古文書から地種に関する部分を抜き出したものである。池田荘が水田以外に畠・常荒《じょうこう》・野・河・浜・河原など多様な地種によって構成されていたことがわかる。他の荘園では、池・桑畠《くわはた》・栗林・岡・山などが書き上げられている例もあるから、領域内にある生産にとって有用性あるものはすべて支配の対象にするというのが領域型荘園の本質であった。

もう少し詳しくみると、水田は「見作《げんさく》」（実際に耕作している水田）が圧倒的に多いが、「年荒《ねんこう》」（その年は荒地であった水田）さらに「田代《たしろ》」（水田可能耕地）も意外に多い。これは当該期における水田の不安定性を物語っている。畠地も多い。池田荘が天竜川の河口に近い沖積《ちゅうせき》平野に立地していることも考慮しなければならないとしても、畠地の耕作率は不明なのでこのまま計算すると、水田の見作と畠の比率は三対二となる。耕地というとすぐ水田だけを想定しがちであるが、この比率は当時の耕地を水田だけで理解することが大きな間違いであることを示している。畠地も重要な生産の場であったのである（木村一九九六）。

次に「野」に注目してみよう。野は町《ちょう》・段《たん》・丈《じょう》の単位までしっかりと計測されている。その後の「河」「浜」「河原」が「三十余町」などと大ざっぱにしか計測されていないことと比べると明らかに異なっている。野の当時の利用法についてはまだ十分解明されていないが、河や浜に比べると有用性が高かったからこそ、丈の単位までしっかりと計測したのであろう。大ざっぱにしても河・河原・浜が支配の対象になっているのも興味深い。河と並んで河原があるのは、河が単に用水のためのものでなく、河原を利用した生業＝漁労などが行われていたのかもしれない。浜もまた同じで、漁業や製塩などが行われていたと推測することもあながち間違いとはいえないように思う。

2―― 桛田荘絵図を読む

四至と牓示

次に桛田《かせだ》荘絵図の読解から荘園の具体相に迫ってみることにしよう（木村二〇〇〇a、口絵5参照）。まず、絵図をみて目に映るのは、三層に描かれた山並みの美しさであろう。実際に現地に立ってみると、この山並みは実際の山並みをかなり忠実に描写していることがわかる。絵師は現地に立ってこの絵図を描いたのであろう。

次に目に映るのが周囲にある五つの黒点である。桛田荘を四角く囲んだ道路のような記載の四隅に四つと、「紀伊川」の対岸に一つ記されている。これはなんであろうか。実はこれが「牓示《ぼうじ》」であった。先に牓示は四点であると記したが、ここに五点あるのは、対岸の牓示は隣接する志富田《しぶた》荘＝渋田荘と境相論の結果設置された「脇牓示」であったからである。そのためこの黒点にだけわざわざ「牓

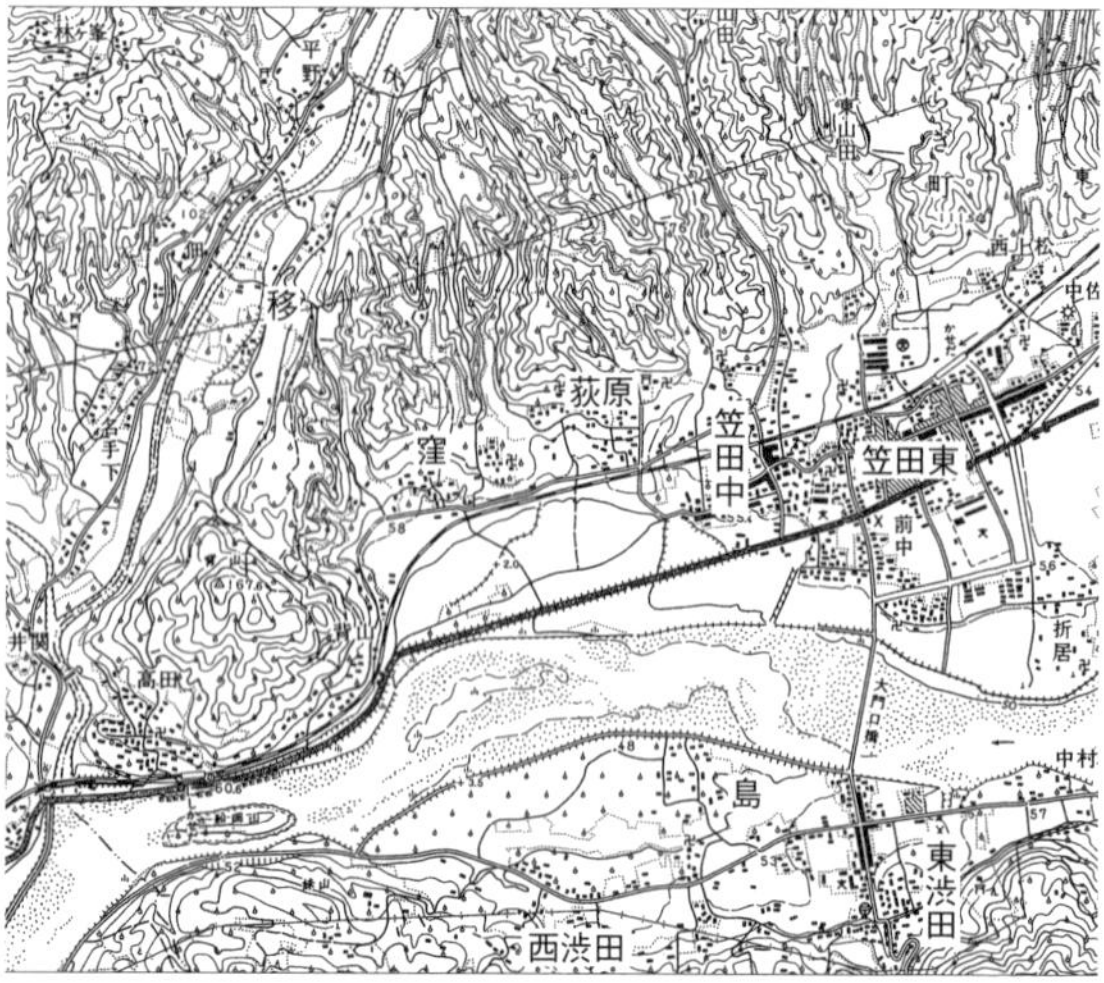

図38　紀伊国桛田荘の故地

示」という注記がされていた。絵図なので四至の具体的な場所は明記されていないが、他の史料から類推して「東」や「西」と記された地点はそれぞれにふさわしい場所ともいえる。池田荘でみた、領域型荘園を示す四至と牓示は絵図上ではこのように記されたのである。

桛田荘の景観

次にだれもが注目するのは、東側山麓の八幡宮・堂と「大豆畑《だいずはたけ》中山」の山裾《やますそ》などに散在する四つの集落であろう。四つの集落はそれぞれ六軒・五軒・七軒、そして「大道」沿いに五軒の家並みが描かれている。実際の軒数《けんすう》か否か確定はできないが、前述の池田荘においても在家の軒数が一番多かった郷が七字であったから、平安時代末期頃の一まとまりの集落の軒数は五、六軒であった可能性が高い。

絵図は、桛田荘の西側を大きく描き東側を狭く描いているので、現在の地形図とは一致しないが、これらの集落は西側からそれぞれ現在の移《うつり》地域、背山《せやま》ないし窪《くぼ》地域、そして萩原《はぎはら》地域に比定することができる。「大道」沿いの集落は、やや位置がずれているが、笠田地域に想定することができよう（図

38）。そして、東側の山麓に大きく描かれている「八幡宮」と「堂」は、現在の宝来山《ほうらいさん》神社と神願寺《しんがんじ》に相当する。この神社と寺との組み合わせは、いわゆる神仏習合《しんぶつしゅうごう》の形態を表現しており、中世初期の荘園鎮守社《ちんじゅしゃ》の典型的な景観を示している。荘園鎮守は四つの集落の宗教的・精神的な拠りどころであり、かつ宮座《みやざ》など荘民の自治的な寄り合いや祭礼の場であったと考えられている。また、そのように重要な場所であったから、荘園領主にとってみれば荘園支配の拠点でもあった。

ムラの堂

もう少し注意深く絵図をみると、四つの集落のうち西側の山裾《やますそ》の二集落には、その中央に「堂」＝神願寺と同じような描かれ方をした建物を確認することができる。文治《ぶんち》元年（一一八五）の桛田荘の耕地を書き上げた「坪付帳《つぼつけちょう》」によれば（『かつらぎ町史』古代・中世史料編）、現在の移地域に該当する部分に「極楽寺敷地《ごくらくじしきち》」という記載があり、かつ江戸時代末期（一八〇六～三九）に編纂された『紀伊続風土記《ぞくふどき》』にも、移村に極楽寺があったことが記されている。とすると、一番西側の集落の「縁《えん》」つきの大きな建物は「堂」と同じような寺（極楽寺）であった、と考えることができよう。その東側の山裾の背山ないし窪地域に相当する坪付帳の箇所には、寺や堂の存在を示す記載を発見することができないが、『紀伊続風土記』によれば、背山村には百余年前に廃絶した「念《ねん》仏寺《ぶつじ》」という古寺があり、窪村には天正《てんしょう》（一五七三～九二）の兵乱で廃絶《はいぜつ》したがまもなく再興された「観音寺」という寺があったというから、この集落の「縁」つきの建物も寺ないし堂であった可能性が高いといえよう。また、絵図には描かれていないが、坪付帳には「一、无量寿院《むりょうじゅいん》　作半　寺敷地」

という記載があり、『紀伊続風土記』では笠田中村に「無量寺」という寺が存在したことが確認される。「无量寿院」という寺があったのは、笠田地域であったと推定できる。

以上、一二世紀末の絵図と坪付帳と江戸時代末期の編纂物との比較なのでやや心許ない点もあるが、一二世紀末の桛田荘の三つの集落にはそれぞれ寺＝「ムラの堂」が存在した可能性が高い。萩原地域にはすでに八幡宮と堂が存在したから、それ以外の寺は存在しなかったであろう。これらムラの堂と鎮守の「八幡宮」「堂」との関係はわからないものの、当時の桛田荘においては、神仏を媒介とした荘民の精神的な結合は鎮守社とムラの堂の二重構造になっていたと考えられる。集落を単位としたムラの堂は村人の日常的かつ恒常的な精神の拠りどころとして役割を果たしており、鎮守はそれらの集落を超えた桛田荘全体の荘民の精神的・政治的な拠りどころであったと評価することができよう。

開発と用水

桛田荘を構成していた四つの集落がムラの堂を中心に共通する性格をもっていたことがわかったが、生産にとって重要な耕地の状況はどうであろうか。桛田荘絵図では十の字をつらねたような格子状《こうしじょう》の模様によって耕地＝水田が表現されているが、それに注目すると、桛田荘の耕地は四つの地域から構成されていたことになる。

①は「大豆畑中山」と「大道」によって挟まれた一番広く描かれた地域、
②は「大豆畑中山」と「静川」に挟まれた地域、
③は八幡宮の東から南にかけての地域、

④は「紀伊河」を越えた南側の地域。

なかでも①が桛田荘の耕地の中核的な部分であったことは、絵図から容易に推測できる。絵図に基づいた区分のうち、文治元年の「坪付帳」で耕地の状況がわかりやすい、①荻原・笠田地域と②移地域を例に、耕地と開発の関係について検討してみよう。

まず、①萩原・笠田地域の該当する部分を坪付帳の小字《こあざ》から拾ってみると、「平池尻《ひらいけじり》」「宮谷尻《みやたにじり》」「友国池尻《ともくにいけじり》」などのように、池や谷という地名を含んだ小字が多い（表17）。全部で五十余の小字のうち「江《え》」や「迫《さこ》」という水に関係する類似の小字を含めると一六ヵ所にもなる。これは、この地域の水田が「大豆畑中山」の山裾に分布し、その耕作が池や谷水、湧水《ゆうすい》によって行われていたことを示している。

表17　萩原・笠田地域の小字名

平池尻	小池上迫	新藤助坪
小田垣内	一橋	近光坪
垣内	野手池尻	荒符
前野	寺山	三角田
宮谷尻	同前	簾竹坪
宮谷	池田	郡司坪
湯屋前	西迫	末吉坪
同東北	佐野迫尻	中乃
友国池尻	中乃	九段田
尻江田	恒松門	武成坪
堂前迫	垣内	紺介坪
小江門	母行力垣内	尾古坪
岸下	次西	八段田
同倉垣内	次南	紺介東
垣内	即門	垣副
恒久北	稲古谷東	池尻
二王池内	淵本	北四段田
无量寿院	大人跡	国覔氏乃
大地尻	岸門	
国覔氏谷	武久坪	

それは水田の等級によっても確認できる。この地域の上田・中田は合計五一筆あるが、そのうち三三筆がこれら池や谷を含む小字に分布していたのである。このことからも、萩原・笠田地域の主要な用水源が池水や谷水そしてヤトの湧水にあったと

表18　移地域の小字名

江那下分	前畑
下分	大松垣
中嶋	村松東
塚	ケチ遅
牓示本	和田
江川合	川辺
簗(築カ)北正	湯屋谷口
井開（関カ）	秋吉
西牓示本	中川原

評価することができよう。

　また、この地域で注目したいもう一つの点は、「武久坪《たけひさつぼ》」「近光坪《ちかみつつぼ》」など人名を付した坪がほぼ同じ地域に集中していることである（表17、下線のついた小字名）。そして、それらのほとんどが一町規模であり、かつ等級も低く「損《そん》」（耕作できなかった水田）の割合も共通して高い。これらの坪の中には「郡司坪《ぐんじつぼ》」も含まれているから、これら人名を付した一町規模の坪の地域は、在地有力者による紀ノ川に近い低湿地＝氾濫原の開発の様相を示していると考えられる。

　一方、移地域はどうか。同じように坪付帳から小字を調べてみると、「池」地名がまったくなく、「谷」地名も一ヵ所しかない（表18）。それに対して、「川辺《かわべ》」「中川原《なかがわら》」など「川」を含む小字が多く、かつ「川成《かわなり》」が一三筆も存在しており、そのうち八筆は静川《しずかわ》上流に集中している。このことは、移地域の主要な用水源が池水や谷水などではなく、静川からの直接的な取水であったことを示しているとともに、八筆が集中する「大松垣《おおまつがき》」「村松」付近にその取水口《しゅすいぐち》があったことを推測させる。

　萩原・笠田地域と同様に水田の等級に注目すると、水田六〇筆中、上田・中田がなんと五〇筆にも及んでいる。とくに上田が四二筆で、水田の七〇パーセントを占めていることは驚きである。また、この地域には一町規模の坪も存在しないし、「新」という新たな開発を示す記載も六ヵ所で確認できるだけである。これらから判断すると、移地域は一二世紀末までに開発が一定程度完了していたと考えることができよう。

以上、一つの荘園のなかの二つの地域を見てきたが、集落の立地やムラの堂などの存在形態は似ていても、耕地や用水、すなわち開発の問題を入れてみると、違った様相が浮かび上がってきた。では、萩原・笠田地域と移地域とでは、どちらが平安時代末期の耕地景観、荘園の課題を反映した景観であったであろうか。それはすでに述べたように、領域型荘園は「開発」を含み込んで成立してきた点に特色があったから、低湿地への開発の様相を伝える萩原・笠田地域こそこの時代の課題を反映した耕地景観であったということができる。

荘園村落の景観

この萩原・笠田地域の耕地景観に集落の存在形態を含めて、もう少し一般的な村落景観を描いたらどのようになるであろうか。

A　集落　後ろに山野、まえに水田を配した山裾に存在し、ほぼ五、六軒の家数をひとまとまりとして小集落を形成する。その中心にはムラの堂をもち、それを直接的な精神的な拠りところとして集落はまとまっていた。一荘園内には、このような小集落が数個存在するのが一般的なあり方であったろう。そして、これら小集落のムラの堂を包摂《ほうせつ》するように、荘園の鎮守が設定されたと思われる。荘園の鎮守が荘園支配と荘民側の抵抗との結節点《けっせつてん》であったのは、このような事情による。また、他の荘園の例から考えて、集落の周囲には菜園《さいえん》や畠地、さらに栗林や桑畠が存在したはずである。これらは

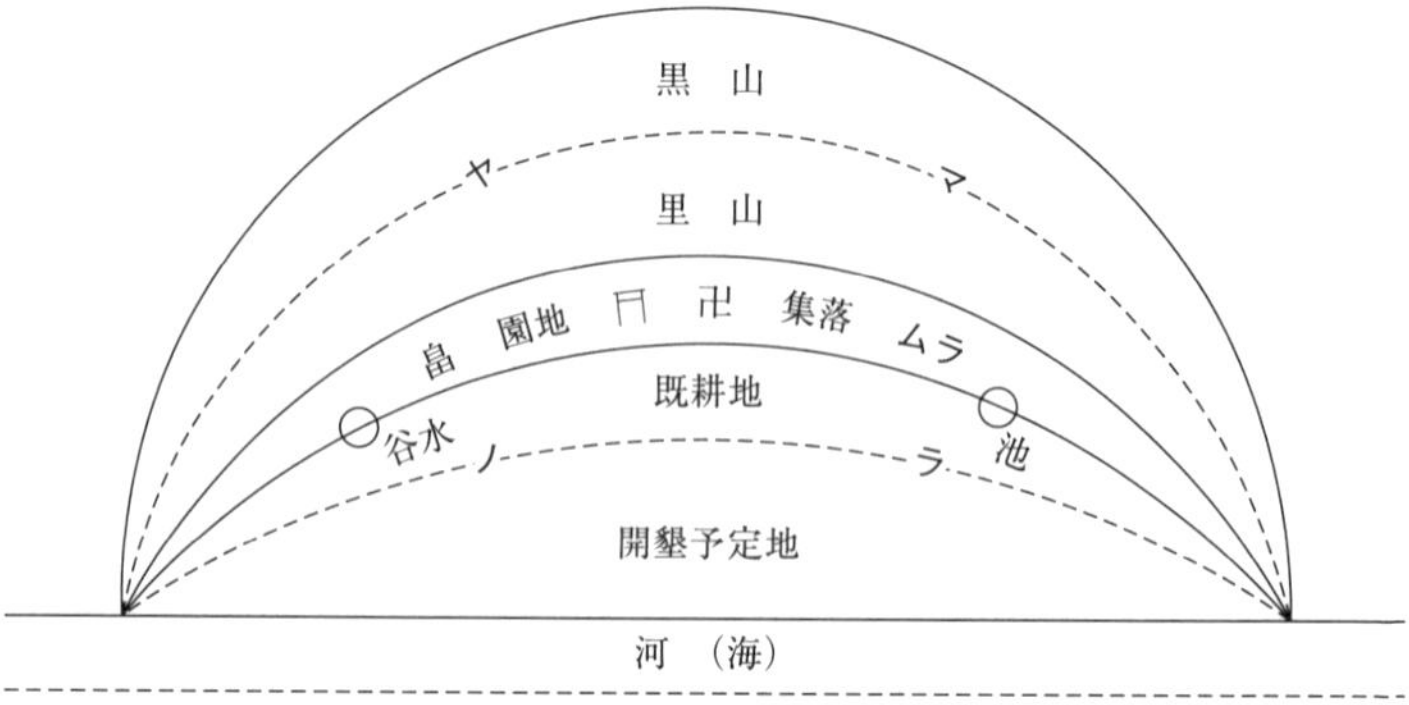

図39　荘園村落のモデル

荘民自身の生活のための耕地であり、かつ開発の基盤であった。

B　山野　集落の後ろに広がる山野は、狩りや薪《たきぎ》・肥料などを採集する場であっただけでなく、桛田荘の場合は「大豆畑中山」とあったように、焼畑《やきはた》を中心とした畠地としても利用された。そして、他の多くの荘園の場合、この山野は「黒山《くろやま》」と呼ばれる深山につながっていた。里山と黒山は区別されなければならない。

C　耕地　耕地の中心である水田は、集落や菜園などが立地する場所よりも一段低い沖積地《ちゆうせきち》から河川の後背湿地《こうはいしつち》にかけて広がっていた。全体的に不安定耕地が多い中で、相対的に安定性の高い水田は湧水《ゆうすい》や谷水《たにみず》、そしてそれらを溜めた池の水を利用できるヤトに近い所に分布し、河川に近くなるにつれて不安定性を増したと考えられる。したがって、この時期の水田経営の課題は、谷水や溜池《ためいけ》などの自然水を安定的に確保して、ヤト地域の水田耕作を維持するとともに、河川に近い沖積地の開発を進めることにあった。前述にように、萩原・笠田地域はこのような景観をみごとに示している。

畠地は集落周辺だけではなく、水がかりの悪い沖積地のなかの微《び》高地《こうち》などにも存在した。生産性の面では水田より劣るが耕地としての安定性は高く、平安時代後半には冬作・夏作の二毛作も実現しており、荘民の生活基盤として重要な役割を果たした。

D 村落景観のモデル　近年、民俗学の成果を取り入れ、中世村落の構造をムラ・ノラ・ヤマの三重構造としてとらえる研究が進められているが、それにならって、A・B・Cのまとめをもとに村落景観を表現すると図39のようになる。もちろん、このモデルで表現できるのはいわゆるヤト型の村落であって、河川の自然堤防《しぜんていぼう》や平野の微高地に立地した村落は表現できないし、さらに一般的にいうと、村落景観というのはそれぞれ地域の特性に応じた個性的な景観をとるのが普通であるから、景観のモデルを図示するということ自体が非歴史的であるという誹《そし》りをまぬがれ得ない。しかし、一二世紀後半という時期の領域型荘園の確立期における村落が抱えていた開発という課題を含み込んだ時、このようなモデルも可能になるのではないだろうか。里山の利用と菜園・畠地などでの生産を基盤に、沖積地と黒山へ向かって外延的な開発を推し進める村落のイメージである。

3—中世荘園の構造

耕地の構成と負担

以上、中世荘園および村落の景観的な特徴を見てきたが、ここではその荘園の内部に分け入り、主に荘民の負担の実相について考えてみたい。

一例として、一乗院《いちじょういん》領大和《やまと》国池田荘を取り上げる。池田荘には文治《ぶんち》二年（一一八六）の検注帳（土地台帳）が残されているが（鎌二〇一号）、その最初の部分を整理すると表19のようである。当時の荘園がさまざまな種類の耕地から成り立っていたことがわかろう。若干説明を加えると、

①は荘園全体の面積、

②は荒地や道・溝になった耕地、

③はその年に限っての荒地、

④は荒地や池の面積を取り除いた実際に耕作した田畠の面積、

⑤は④のうち、寺や倉の敷地や法会の費用を捻出《ねんしゅつ》する田畠、さらに荘官などの給与のための田畠で、年貢の賦課対象にならない耕地、

⑥⑦は作付けしたが風水害などの影響で収穫できなかった田畠、

⑧は、以上の年貢負担から外されたさまざまな耕地を除いた実際に年貢が賦課される田畠で、複数の名田に分割されていた耕地、

となる。

では、⑧定得田畠に賦課された年貢の内容はどのようなものであったのであろうか。その部分を摘記すると、次のように記されていた。

田十七町二段二百七十歩　分米五十一石八斗二升五合　段別三斗

表19　池田荘の耕地の種類

合　田畠　荒熟	36町　180歩	……①
常荒・道・溝	7段　80歩	……②
年荒	60歩	……③
細井池	4町8段	
見在の田畠	35町5段　40歩	……④
除	12町7段130歩	……⑤
堂の敷地（面積略，以下同），常楽会仏供免 御倉の敷地，御佃，房官田，預所給，人給， 番小童給，上番法師給，田堵屋敷		
損田	4町3段250歩	……⑥
損畠	1段　60歩	……⑦
定得田畠	17町7段270歩	……⑧
田	17町2段270歩	
畠	5段	

表20　文治2年の池田荘の名構成

名田畠／名	名田				名畠			合　計
	得　田	損　田	荒	名田計	得畠	損畠	屋　敷	
	丁 反　歩							
末貞名	2.1.300	5.180	.　60	2.7.120	.300	.　60	1.000	2.9.120
重遠名	1.6.180	4.　60	1.180	2.0.240			1.000	2.1.240
有友名助貞重遠	1.5.330	4.　10		1.9.340	.150	.　30	1.000	2.1.160
国末名	1.5.240	4.000	.120	1.9.240			1.000	2.0.240
則行名	1.5.210	3.300	1.000	1.9.180			1.000	2.0.180
則元名	1.5.120	3.300	.　60	1.9.　60			1.000	2.0.　60
助方名	1.5.　60	3.300	.　60	1.9.000			1.000	2.0.000
安近名	1.5.000	3.300	.　60	1.8.300			1.000	1.9.300
重方名	1.5.000	3.300	.　60	1.8.300	.300	.　60	1.000	2.0.300
国則名	1.3.300	3.180	.180	1.7.120	.300	.　90	1.000	1.9.180
貞垣名	1.2.330	3.　90	1.280	1.6.　60	2.000	.180	1.000	1.9.240
合　　計		4.3.250	5.340		5.000	1.　60	1.1.000	

注：渡辺澄夫『畿内庄園の基礎構造』より．

田率絹三十疋一丈一尺、町別二疋、紅花四十五両一分、町別三両
但、下司名を除くの定
畠五段分地子七斗五升段別一斗五升、代油五升、一斗五升別一升

年貢の負担形態

炭・薪・続松	榑・材・木	紅　花	鯛	その他	年貢未定荘園	不　明
1			1	2	1	
					1	
				2		
2	1			1		
	1			1		1
1	1	1				
					1	
4	3	1	1	6	3	1
炭　籠 176 薪　束 4,100 続松 把 1,000	榑　寸 13,000 78寸木 200支 枝木物 2,000	両 1,000	喉 月 90			

これによると、田地には段別三斗の分米《ぶんまい》と町別二疋の絹、町別三両の紅花《べにばな》が賦課されたこと、また畠には段別一斗五升の地子が賦課されたが、「代《だい》油《ゆ》」とあるからそれは油で代納されていたことがわかる。基本的には年貢としての米と雑公事《ざつくじ》としての絹・紅花、そして畠地子とに区分できるであろう。

では、これらの年貢や公事を負担したのはだれか。それは池田荘を耕作している名主《みょうしゅ》たちであった。実は、先に引用した部分に続いて、「有友名」「貞垣名」など全部で一一の「名」が書き

表21　長講堂領荘園の

	全荘の分布	米	絹・糸・綿・布	油	紙	香	莚
五畿内	14	4	1	2		1	1
東海道	13	2	8	1	1		
東山道	14	1	13				
北陸道	12	5	4			1	
山陽道	14	7		1	1	1	
山陰道	16	5	4	1	2		1
南海道	7	2		2			
西海道	5	5					
不明	1						
荘園数計	96	31	30	7	4	3	2
収納額計		石 6,141	絹 疋 1,462 糸 両 5,676 綿 両 19,256 布 反 2,820	石 斗 20.5	帖 12,500 枚 429 両 50	石 斗 8	枚 300

上げられていた。彼らは、自分が耕作する名田の面積に応じて、段別三斗の米と町別二疋の絹、町別三両の紅花、そして畠の地子として油を納入しなければならなかったのである（表20）。このようなシステムによって、中世の荘園は経営されていたのであった。

年貢は米か

荘園の年貢が米であったことは常識に属しているが、実際はそれほど単純ではない。後白河《ごしらかわ》法皇が平安時代末期に集積した厖大な荘園群の一つとして彼の持仏《じぶつ》堂《どう》である長講堂《ちょうこうどう》領荘園があるが、その年貢を整理すると表21のようになる。すべてで九六ヵ荘のうち、米を年貢としている荘園はわずか三一ヵ荘で、全体の三分の一に満たない。それに対して、絹・糸・綿・布を年貢とする荘園が三〇ヵ荘もあり、油や紅花を年貢としているものを加えると三八ヵ荘にもなり、米を年貢とする荘園数を超えてしまう。年貢＝米という常識がそれほど「常識」でないことは明らかであろう（永原一九九八）。

極端な例を紹介すると、鎌倉時代中期の安芸《あき》国三角野《みすみの》村の検注帳には、「応輸田《おうゆでん》」（年貢を負担する田地）を書き上げた後に、「二斗代五町　分鉄《ぶんてつ》百斤《きん》」と記されていた（鎌補一三四八号）。これは先の池田荘の例から考えるならば、年貢として段別に米二斗を納入しなければならない田地が五町歩あったが、それらは「鉄百斤」で代納された、と理解すべきであろう。この三角野村の年貢は「鉄」で納入されていたのであった。年貢として鉄が納入されていた例は、備中《びっちゅう》国新見荘《にいみのしょう》吉野村でも確認できる（鎌一〇八五七号）。また、東寺領の伊予《いよ》国弓削島《ゆげしま》荘は年貢として「塩」を納入していたことは有名な事実である（網野一九八〇）。

やや極端に走りすぎたかもしれない。ふたたび長講堂領荘園にもどって、多様な年貢とその分布についてもう少し考えてみよう。

まず米からみてみよう。米は五畿内・東海道・東山道の比率が低いのに対して、山陽道・西海道の比率が高い。一四ヵ荘のうち一ヵ荘の東山道と、五ヵ荘すべてが米という西海道の違いは象徴的である。米年貢は西国から運ばれることが多く、東国からはあまり収取されなかったといえよう。それに比して絹・糸・綿・布はどうか。これらは米とまったく逆で、東海道・東山道に多く、山陽道・南海道・西海道ではこれらを出す荘園がまったくない。ここでも、一四ヵ荘のうち一三ヵ荘が出している東山道と、五ヵ荘でまったくないという西海道の違いは象徴的である。

このような東国と西国との年貢品目の相違は長講堂領だけではない。すでに東国—美濃《みの》（岐阜県）・尾張（愛知県）以東の国々では、米年貢の方が例外的で、ほとんどが絹・糸・綿・布などの繊維製品が年貢になっていることが指摘されている。実際、美濃国の場合、確認できる一八ヵ所の荘園・国衙領の年貢がすべて「八丈絹《はちじょうきぬ》」であって、米年貢を出している荘園はないこと、尾張国でも、三〇ヵ所のうち二七ヵ所で、多少他の品目も含むものの、絹・糸を年貢として出していることが明らかにされている（網野一九八〇）。

長講堂領荘園群で確認できた年貢品目の傾向は、中世社会一般の傾向であったのである。

季節ごとの公事

先の大和国池田荘で確認したように、中世の荘園においては、荘民たちは年貢とともに公事《くじ》といわれる雑税を負担しなければならなかった。公事には、荘園領主が行う年中行事、節供《せっく》や盆など定期的に行われる行事の費用として使用されるものや、荘官や地頭など現地の荘園管理人の耕地を耕作するための労働力提供、さらに領主の使者が現地に下ってきた時の供応《きょうおう》など、多様な形態があった。

例えば、鎌倉時代中期の東寺領丹波《たんば》国大山荘では年貢として米・麦以外に、苧《からむし》・移花紙・布・麨《むぎこがし》・菓子・搗栗《つきぐり》・麨麦《いりむぎ》・節料米《せちりょうまい》・漆《うるし》・盆供米《ぼんくまい》などが賦課されていた。そしてそれ以外に「済物《さいもつ》」と

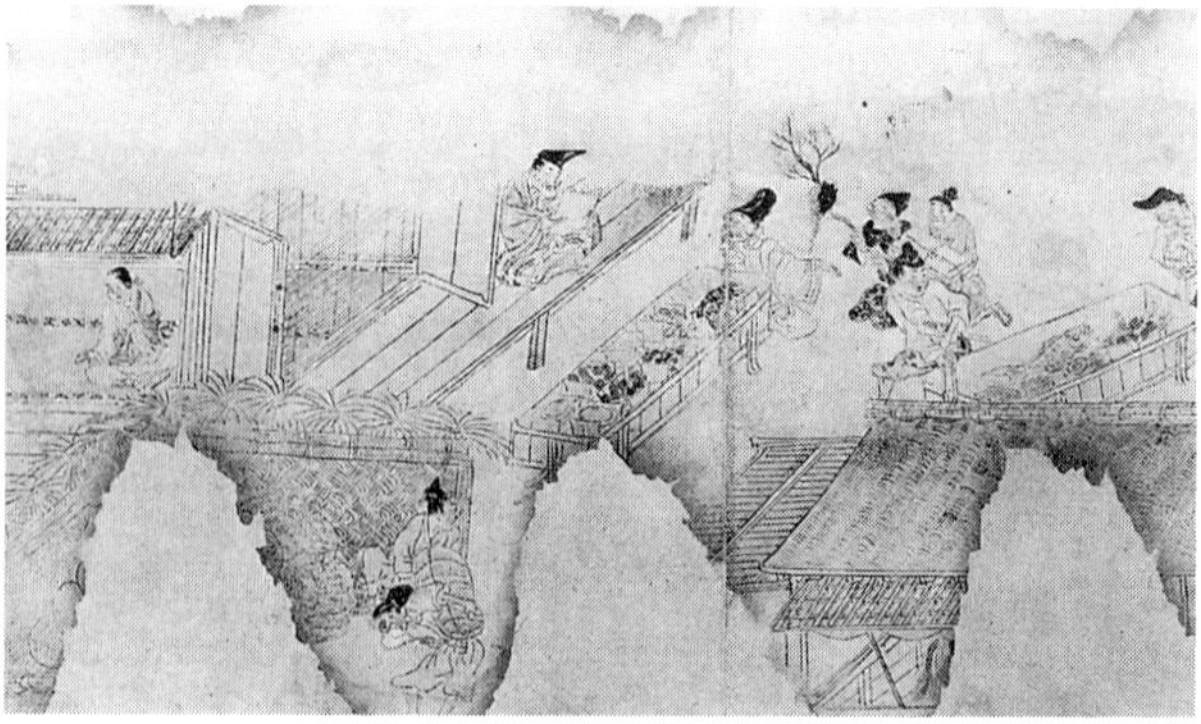

図40　公事収納の場景（『粉河寺縁起』）

して、

餅二〇〇枚、栃《とち》八合、甘栗四升、生栗五斗、串柿一〇連、薯《しょ》蕷《よ（いも）》一〇〇本、野老《やろう（いも）》一〇合、牛蒡《ごぼう》五〇把、蒟若《こんにゃく》三〇丸、土筆《つくし》一斗、干蕨《わらび》一二連、胡桃《くるみ》一斗、零暑子《むかご》三升、胡麻《ごま》三升、平茸二折、梨子五合、桶《おけ》二柄、足桶一口、杓《しゃく》二枝、呂子二覆、餅櫃一合、折敷三〇〇枚、薦《こも》六〇枚、続松一〇〇把、差糸六〇〇筋、汲一口

などを負担しなければならなかった（鎌五八七五号）。いかに雑多な品目が公事として収取されていたかはこれを見ただけで明らかであろう。

大山荘の場合、これらがいつ、どのように用いられたかは記されていないが、その用途を明記した史料もある。次の史料は一二世紀前半の「淀相模窪《よどさがみくぼ》領在家《ざいけ》所課《しょか》注文」といい、山城国の淀相模窪領に賦課された公事の品目を書き上げた史料であるが、その品目と用途がわかる初期の史料である（平二二三〇〇号）。

地子　藁《わら》八百余束許

五月　菖蒲《しょうぶ》
七月　盆供瓜《ぼんくのうり》・茄子《なす》二十六籠　宇別一籠
歳末節料　薪《たきぎ》二百六十束　宇別十束
臨時の鮮物等、毎度の召しに随う
昇居の屋形船等上下、川尻幷に木津・鳥羽殿辺、連日召しに随う
淀相模窪の住人たちは、まず地子（地税）として藁を納入し、さらに五月五日の節供料として菖蒲を、七月十五日の盂蘭盆《うらぼん》料として瓜と茄子を、歳末節料として薪を納入しなければならなかった。その上、臨時の鮮物（野菜や魚）は「召し」＝要求があるたびに負担しなければならず、屋形船の上下運送のための夫役（舟引き）も連日召しがあるごとに提供しなければならなかったのである。季節ごとの公事と夫役がセットになったわかりやすい史料といえる。
この場合は、五月五日の端午《たんご》の節供とお盆さらに年末節料しかないが、他の史料からは、正月七日の七草粥《ななくさかゆ》、三月三日の桃の節供、さらに七月七日の七夕《たなばた》や秋の鎮守社の祭礼などに合わせて、さまざまな品物が公事として賦課されていたことがわかる。
以上のように、中世の荘民たちは、年貢として米を中心に絹や布・糸などの繊維製品を、さらに公事として季節に合わせたさまざまな生産物や領主の意向にそったさまざまな労働力提供を担っていたのである。

4―宮座と農事暦

宮座の成立

「2　桛田荘絵図を読む」で述べたように、荘園村落の運営の拠点となったのは八幡宮＝神社と堂＝寺院であった。そしてその神社と寺院において村落の運営を担った組織が、村落の上層農民（座衆）で構成された宮座《みやざ》であった（黒田一九五九）。宮座の成立時期を明確に示すことはできないが、寛治《かんじ》六年（一〇九二）京都北部の八瀬《やせ》郷の刀禰《とね》（荘官の一種）乙犬丸《おといぬまる》が「子童《こわらわ》太郎丸」について、「子童太郎丸はかの里の交衆として、座役を勤仕し、酒肴《しゅこう》を主《つか》さどる事、六度なり」といっているのが早い例と思われる（平四六五五号）。太郎丸は（八瀬の）里の「交衆」として「座役」を勤めていた、というのであるから、「座」は里の座＝宮座であったと考えられよう。

また、一二世紀中頃の摂津国粟生《あおう》村に関する史料には次のような文言があった（平二七一五）。

みたうすり《御堂修理》のときは、むら《村》の人々さ《座》につくは《ば》かりの人人、せんれい《先例》のこ《ご》とくすり《修理》すへ《べ》し、もしけたい《懈怠》せむ人は、さいち《在地》にあらすまし《じ》、

この文言によれば、粟生村においては御堂の修理は村の人々で座に入っている人々が行うのが原則で、それを「懈怠」（怠ること）した人は「在地」＝村から追放されるという慣行があったことがわかる。ここにみられる「座」も村の座＝宮座であったということができよう。ここに「座につくばかり

の人人」とあるが、先の八瀬郷の史料にもその末尾に、太郎丸を「座に著《つ》ける」という表現もあったから、この二つの事例はほぼ同様の事態を示していると考えられる。したがって、村落の運営に携わる宮座は一一世紀の末から一二世紀にかけてその姿が明確になると評価できよう。

では、その宮座が形成される場としての鎮守社はいつごろから確認できるであろうか。これもそれほど明確に示すことはできないのだが、一一世紀初頭の大和国春日荘の菟足社《うたり》が早い例であろうか（平四六八号）。そこには「加えて以て件の社（菟足社）は昔より寺家鎮守として荘内に坐《いま》す」とあった。寺家鎮守であった菟足社が荘内にも勧請《かんじょう》されて春日荘の鎮守として機能していたのである。また、一一世紀中頃の紀伊国高津郷では「村々神祭料」として稲一束が計上されていたから、このころには村ごとの鎮守社が成立していた可能性もある（平八九三・八九四号）。

鎮守社の成立

この後、鎮守社はしばらく確認できないが、一二世紀後半になると頻繁《ひんぱん》に現れる。播磨国野口牧では「御牧鎮守八大明神」とあるし（平三三二四号）、肥前国長嶋荘では、武雄《たけお》社を「当社これ御荘（長嶋荘）の第一の鎮守なり」といっている（平三七四九号）。また、同時期の武蔵国稲毛《いなげ》荘では荘園の鎮守と思われる春日新宮とは別に、「稲毛郷鎮守両所」「井田郷鎮守」「田中郷鎮守」が存在した（平三五九〇号）。稲毛郷・井田郷・田中郷は稲毛荘内部に存在する郷であったから、ここ稲毛荘では荘園より下位の郷＝村落においても鎮守が成立していたのであった。

このような鎮守社と農民たちとの関係は、承安《しょうあん》五年（一一七五）の「安倍利宗起請文《きしょうもん》」によく現れ

ている（平三六八九号）。そこには、もし利宗が誓約《せいやく》に違反した時は、

> 当御荘（黒田荘）の鎮守大宅子の大明神を始め奉り、惣六十余州の大小明神の罰を八万四千の毛孔（穴）ごとに蒙るべし、

と記されていた。黒田荘の荘民安倍利宗にとって鎮守大宅子大明神は起請文＝誓約の対象であり、それに背いた時は自分の身に「罰」を与える恐怖の存在であったのである。

このような存在であったからこそ、農民たちは鎮守を中心に宮座を形成し、そこで村落の運営に関わる重要な事項を相談し決定したのである。その意味では宮座は、鎮守社のもつ誓約と罰という緊張した関係の中で成立していたということができよう（木村二〇〇三）。

以上のように、宮座と鎮守社は同時に成立したとはいえないが、一一世紀頃からその姿を現し始めた荘園の鎮守社は一二世紀中頃には「郷の鎮守」を生み出すまでに至った。そしてこのようにして姿を現してきた鎮守社のもとで一一世紀末には宮座の存在も確認できるようになり、一二世紀後半には村落成員の精神世界まで捉えるようになったのである。

惣掟の制定

宮座によって村落運営のために自主的に制定された規範《きはん》が「村の掟《おきて》」（後の惣掟《そうおきて》）であった。その早い例は前述した粟生村の場合である。そこには、御堂の修理を怠った村人は村から追放されるという村の規範＝掟が成立していた。

しかし、現在残されている史料による限り、そのような規範が「掟」として確認できるのは一三世

紀中頃を待たなければならない。それは、近江国奥嶋《おくしま》荘の百姓らによって弘長《こうちょう》二年（一二六二）に作成された「荘隠規文」である（鎌八八八一号）。「荘の隠《かく》し規文《きぶみ》」と読む説と「荘の隠規文《おきぶみ》」と読む説があるが、どちらにしても「隠」という字を用いていることから考えるならば、村内部で秘かに作成した「規文」＝掟であったことはまちがいないであろう。

ここでは他人に対する「悪口《あっこう》」を禁止することが規定されていた。悪口をいった者は荘内を追放され、妻や子女がいった場合は小屋を「払い焼く」という罰則が規定されていた。悪口が原因で争いになることが多かったので、このような厳しい罰則が決められたと考えられる。ちなみに鎌倉幕府の基本法である「貞永式目《じょうえいしきもく》」でも「悪口の咎《とが》」が規定されており（第一二条）、その罪が重い場合は流罪に処せられることになっていたほどである。

この後、近江国・紀伊国など惣村が発達した畿内近国を中心に惣掟が残されている。ちなみに、教科書などで有名な「犬かう（飼）へ（べ）からす（ず）事」などを規定した「近江国今堀地下掟《いまぼりじげ》」が作成されたのは延徳《えんとく》元年（一四八九）のことであった（『中世政治社会思想　下』日本思想大系）。

しかし、一三世紀前半にも荘園内部で契約が成立し始めていた。その一つは播磨国吉河上荘の場合で、建仁《けんにん》三年（一二〇三）、荘園内の山野や田畠に旱魃《かんばつ》などの異常が生じた時は、荘官と寺僧が「同心」して領主へ訴え出る、という契約が成立しているし（鎌一三七三号）、建長《けんちょう》四年（一二五二）には、和泉国唐国《からくに》村で刀禰《とね》と百姓の間で雑公事に関して一一ヵ条の取り決めが行われていた（鎌七四三九号）。

このように、一二世紀後半以降、荘官と寺僧、刀禰と百姓といった荘園内部の異なった階層の間で契約が成立する状況が形成されていたことが前提となって、一三世紀中頃に「惣掟」が成立したと考えられよう。

農耕儀礼と農事暦

鎮守社および宮座は村落運営の中核であっただけでなく、農作業を円滑に進めるための機能も担っていた。それは、農事《のうじ》暦《れき》に則って、鎮守社で一年を通じて行われた農耕儀礼によく現れている。いくつかの特徴ある儀礼を紹介しておこう（木村二〇〇〇b）。

まず、正月には「修正会《しゅしょうえ》」が行われた。これは第二章で触れたように、朝廷で行われた修正会に倣《なら》って荘園や村の鎮守でも行われた行事で、歳の始めに国家《こっか》安穏《あんのん》と五穀豊穣《ごこくほうじょう》を願うためであった。

また、正月十五日前後は「田遊び」という行事が行われた。これは予祝《よしゅく》の農耕神事といわれているように、鎮守社の前で一年間のさまざまな農作業を真似して笛・太鼓などのリズムに合わせて演じ、予《あらかじ》め豊作を祝う行事である（図41）。その演目は地域によって異なるが、田起こしから田植え、草取り、そして稲刈りまで三〇番ほどを行う地域もある。修正会が国家的な色彩の濃い行事であったのに対して、「田遊び」は村落生活に根ざした行事といえよう。現在でも愛知県設楽《したら》郡の地域では旧正月（旧暦の正月）の行事として挙行されている。

二月には「田の神」を祀る行事があった。「右兵衛督《うひょうえのかみ》たゞきみ月令屏風《げつれいびょうぶ》」には、

仲春たかえす（田返）所あり、柳のもとに人々あまた（数多）いてみる、たのかみまつる（田の神）（祀）

図41　田遊び（東京都板橋区徳丸）

とあって、「仲春」＝二月に田を返す（起こす）ところがあり、その近くの柳の木の下では多くの村人が「田の神」を祀っている様子が描かれていたことがわかる（『西本願寺本能宣集』）。また、他の和歌集では二月の和歌として

谷水を　せく《（堰）》水口に　いぐしたて《（斎串立）》　五百代小田《いおしろ》に　たねまき《（種蒔）》てけり

と詠まれており、谷水を水田に取り込む水口に神を祀る斎串を立て、苗代に種を蒔いている情景が目に浮かぶようである。

四月には「家の神」や「氏神」を祀る行事が行われた。『忠見集』或所屏風」には次のようにある。

・四月いへの神まつる

・まつる時　さきもあふかな　卯花《うのはな》は　なほ氏神の　花にぞありける

同じ四月に祀る神が「いへの神」とも「氏神」ともいわれていたことがわかろう。四月といえば田植えの時期にあたるので、田植えが無事行われたことを祈り、秋の豊作を祈願するために祖先の霊を祀ったのであろう。

夏の季節の農業に関する神事や儀礼はわかっていない。この後、明確にわかるのは十一月の神祭である。これは各地の鎮守社では「霜月卯祭《しもつきうのまつり》」とか「十一月初卯御祭」といわれているから、十一月の初卯の日に宮中で行われる新嘗祭《にいなめさい》に倣って、収穫を祝うために行われた祭礼であろう。しかし、これは鎮守社だけで行われたわけではなかったようで、

・十一月神まつる家の前に馬にのりて人ゆく所（『上代倭絵年表』一二三四番）

・十一月神まつりする家（同上一五七九番）

などの風景が屏風に描かれていたように、「家」でも行われた祭礼であった。「家の神」を祀るという点に着目するならば、四月の祭りと同様の行事であったといえよう。四月が田植えという農作業の本格的な開始の時期であったことと対比して考えるならば、十一月は収穫も終わって、農作業の最終的終了を意味する祭礼であったと推測することも可能ではなかろうか。

以上、簡単ではあるが農作業と農耕儀礼の関係をみてきた。農作業の節目節目に鎮守社や家において神を祀る行事が行われていたことが理解できよう。その中心に位置したのが鎮守社でありそれを運営したのが宮座であったのである。中世の村落生活における鎮守社と宮座の重要性は強調しても強調しすぎることはない。

七　一揆の作法

1——一揆とは

一揆の初見

「一揆《いっき》」は中世の農民闘争の基本的な形態であるといわれてきた。自分たちの生活を維持するための要求を掲げ、集団で荘園領主に対して実力行使をおこない、その要求を実現するために戦った。その代表として、徳政令《とくせいれい》の発布を要求して立ち上がった徳政一揆がある、などと説明されてきた。

しかし、上記のような説明は一揆のある側面に過ぎない。一揆とは語源的にいうと、「揆（はかりごと）を一《いっ》にする」という意味であり、特定の問題の解決や目的達成のために結成された人々の結合とその行動を意味するのである。したがって、人々のそのような結合は、問題や目的の内容によって多様な形態をとっており、徳政一揆などのような実力行動だけをもって理解するのは正しい理解とはいえない。

以下、このような視点から、中世社会において一揆をめぐって起こったさまざまな様相をわかりや

図42　大衆僉議（『天狗草紙』）

すく叙述することを目指したい。

最初は、「一揆」という語の初見についてである。「一揆」という語句を最初に使用したのは寺院内部でであった。嘉禎《かてい》元年（一二三五）の比叡山延暦寺《ひえいざんえんりゃくじ》における僧侶集団の行動を「衆徒一揆」と称しているが（『百錬抄』）、古代から続いてきた有力寺院の内部では、戒律《かいりつ》に基づき、寺僧集団全体の合議によって運営されることを原則としたから、僧侶の集団的な合議やそれに基づいた行動を「一揆」と呼んだのは相当以前に遡《さかのぼ》ることは間違いない。院政期、僧兵たちが神輿《しんよ》や神木《しんぼく》を動かして強訴《ごうそ》する際に、「大衆僉《だいしゅせん》議《ぎ》」（僧侶たちの集団討議）を行ってその当否を決定したといわれるが、これこそ「一揆」にふさわしい行為であった（図42）。

次に確認できるのは、源頼朝挙兵時の『吾妻鏡《あずまかがみ》』の記事である。頼朝は治承《じしょう》四年（一一八〇）八月に挙兵したものの石橋山の合戦で敗れ、一時房総半島へ逃れた。房総半島を経由する過程で千葉氏や上総《かずさ》氏などの豪族を味方にし、さらには武蔵国秩父《ちちぶ》氏一族や上野国《こうずけ》新田《にった》氏を味方にしようと計画して新田義重に手紙を送ったが、義重自身も源義家の嫡孫であることを理由に返事を寄こさなかった。その時の頼朝の政治的位置を『吾妻鏡』は「東国未《いま》だ一揆ならざるの時」と記している（九月三十日条）。また、元暦《げんりやく》二年（一一八五）正月の平氏追討に赴いた源範頼《のりより》軍に関する記事では「兵粮《ひようろう》欠乏の間、軍士等一揆せず、各《おのおの》本国を恋し、過半は逃げ帰らんと欲す」とも記されている（正月六日条）。ここにおいても、「一揆」は、頼朝ないしその代官であった範頼と「目的を一致させて結集する」という意味に用いられていたことは明らかであろう（三木一九七九）。

『吾妻鏡』の成立が一三世紀後半であることを考えると、この語句をそのまま一二世紀末期の事態とすることには躊躇《ちゆうちよ》を覚えるが、後にのべる荘民や百姓の一揆ではなく、武士間の関係の説明として「一揆」を用いていることは、この時期にこのような使用のされ方があったとしてもよいであろう。

以上に見たように、「一揆」という語句の使用は意外に早いことを、まず確認しておきたい。

住人等解から百姓等申状へ

実は、このような集団で「揆を一にして結集し」行動をおこす、という行為は一一世紀中頃の荘園内部にも見られた。それは荘民たちが「○○荘住人等」と名乗って、集団で自分たちの要求を荘園領主に訴え出るという行為である。すでに第三章「中世百姓の成立」の第一節「住人から百姓へ」で紹介したように、その際、住人らが律令に規定された上申文書（下位の役所が上位の役所に差し出す文書）である「解《げ》」を用い、かつ彼らが連署していることから「住人等解《じゆうにんらげ》」闘争と呼ばれている。

「住人等解」は現在のところ、天喜《てんぎ》元年（一〇五三）から一一七〇年代まで約七〇通残存している。地域も畿内近国を中心としながらも、筑前《ちくぜん》国や伊予《いよ》国、越後《えちご》・三河《みかわ》国までに及んでいるから、平安時代後半期に特有の闘争形態であったということができよう。その要求は多岐にわたるが、国司の乱暴や用水の確保、さらに国家的賦課の免除要求など、荘園を維持し、荘民の生活を守る内容がほとんどであった（島田一九八六）。

「住人等解」は、先述のように一二世紀後半まで確認できるが、その以後は徐々に「百姓等申状《もうしじょう》」に取って代わられる。基本的な性格は「住人等解」と同じだが、「住人」に代わって「百姓」という国家的な身分を名乗っていること、「解」という律令に規定された文書ではなく「申状」という新たな上申文書を用いて、自分たちの要求を実現しようとしている、などの特徴点を指摘することができる。中世農民の自立性の高まりを見出すことができよう。このような「百姓等申状」を用いる段階の闘争を「百姓等申状」闘争と呼んでいる。

その初見は養和《ようわ》二年（一一八二）の「紀伊国荒川荘《あらかわのしょう》百姓等申状」であるが（鎌八八号）、この以前に「住人等解」と「百姓等申状」の過渡的な形態である「百姓等解《ひゃくしょうとうげ》」が一二世紀中頃から現れるから、一二世紀後半を通じて「百姓等申状」への移行が進んだといえよう。

この「百姓等申状」を提出して自分たちの要求を実現しようとする闘争は、中世社会において一貫して確認できるから、中世の農民闘争の基本的な形態として評価することが可能である（島田一九八六）。詳細は後の「荘家《しょうけ》の一揆」の項で述べる。

「一味」から惣村へ

もちろん、平安時代末期〜鎌倉時代前期の「百姓等申状」には「一揆」という文言は使用されていないが、それと密接に関連する「一味」という文言はすでに一二世紀後半に使用されている。それは、嘉応《かおう》元年（一一六九）の伊賀国黒田荘の事例である。荘民の後家《ごけ》である安倍三子《あべさんのこ》は、下司《げし》大江貞成《さだなり》によって先祖相伝の私領田一段を取り上げられたことを東大寺に訴えた。その時三子が提出した解状には、三子の主張が正しいことを証明するため荘民二五名が連署を加えていた（平三五〇九号）。この解状に基づいて、荘官らによって両者の尋問が行われたところ、大江貞成は

荘民一味して訴え申せしむれば、その力に及ばざることとなり、

と嘆いて、三子らの訴えを容《い》れざるを得なかったという（平三五一一号）。下司貞成は三子の解状にある二五名の連署をもって「荘民一味」と理解していたことは間違いない。

さらに黒田荘では、元久《げんきゅう》元年（一二〇四）、百姓らは荘官の非法を五ヵ条にまとめ、「百姓等申状」を提出しているが、その申状のなかで、百姓らは自分たちが「一味起請《きしょう》」「一荘一味起請」をしたことを繰り返し、自らを「一荘一味先日の連判衆《れんぱんしゅう》」とまでいっている（鎌一四七七号）。すなわち、彼らはこの申状を出すに至る過程で、「一荘一味」して連署を加え「起請」（自分たちの主張に虚偽《きょぎ》がないことを神仏に誓うこと）を行って団結を固めていたのであった。ここに「一揆」という語句はないが、まさ

に「揆を一にして結集」した結果がこの申状であったのである。

このような「一味」と起請文との関係は、鎌倉時代中期になるとより鮮明に現れてくる。寛元《かんげん》元年（一二四三）、若狭国太良《たら》荘の百姓勧心《かんしん》らが地頭代定西《じょうせい》と六波羅探題《ろくはらたんだい》の法廷で対決した時、勧心らは百姓らの結束の強さを称して「百姓の習い、一味なり」と主張した。さらに彼らは、「一味起請文」を書き、皆が「同心」していたともいっている。起請文を媒介に一味・同心するのが鎌倉期の百姓の「習い」＝習俗だ、と主張する背景に、彼らが団結して自分たちの要求を主張するという状況が相当広範に形成されていたと評価することが可能であろう（入間田一九八六b、木村二〇〇七a）。

実は、このような動向の中から惣村が生まれてくるのである。弘長《こうちょう》二年（一二六二）、近江国奥嶋《おくしま》荘の百姓一五人は連署して「荘の隠《かく》し規文《きぶみ》」を作成した（鎌八八八一号）。いわゆる「惣掟」の初見史料である。そこには、根拠のない「悪口」をいった者は荘内を追放すること、などが規定されていた。さらに奥嶋荘では、文永《ぶんえい》七年（一二七〇）にも百姓らが「一味同心」して、「若し、此の旨そむ《（背）》き、かへりちうお《（返り忠を）》もせん者ニ於テハ、在地ヲ追うべき者なり」という契約状を作成した（鎌一〇七三八号）。「返り忠」＝味方を裏切り敵の利益となることをした時は「在地」＝村落を追放されるというのである。厳しい共同体規制が発動されていたというべきであろう。これは、「一味」という百姓間の団結が強化されるにしたがい、次の段階として、「一味」からの裏切りを許さない、という共同体の内部規制を作り出したと評価できる。百姓らの団結・連帯がこのように厳しい状況のなかで成立していたことも注意しておく必要があろう。

荘家の一揆

この「百姓等申状」による闘争は、中世荘園制支配下の農民闘争の基本形態と評価され、鎌倉末期から一五世紀まで続いた「荘家《しょうけ》の一揆」の前提を形成した。「荘家の一揆」とは、名主《みょうしゅ》や百姓らが荘園領主に年貢・夫役の減免《げんめん》や非法の代官の交替や解任を要求した一揆であるが、それは「百姓等申状」に要求を書き連ね、訴訟を提起することから開始されたのである。

一例を東寺領若狭国太良荘《たら》にとってみよう。

元弘《げんこう》三年（一三三三）、鎌倉幕府が崩壊し建武《けんむ》新政が開始された。東寺は北条氏が掌握していた地頭職を建武政権から寄進してもらうことに成功し、太良荘は東寺の一円支配となり安定化するかにみえた。がしかし、荘園支配の再編をめざして東寺が派遣した代官らが厳しい支配を行ったため、今度は百姓らと対立してしまった。百姓らは、建武元年（一三三四）五月百姓等申状を提出し、「明王聖主《めいおうせいしゅ》」＝建武の新政になって「天下の土民百姓ら」はよい時代になるだろうと期待したが、東寺の支配は以前の北条氏の支配と変わらず、そればかりか寺の修理用途や畠地子などが「新増」されたり、農作業の合間に使役されたりして、百姓等の嘆きは絶えることがない、と訴えた（「東寺百合文書」ヱ一―九）。

問題はすぐには解決しなかったため、百姓らは六月・七月と相次いで申状を送り、とりわけ代官が非法にも賦課してくる夫役《ぶやく》や諸公事《しょくじ》などの停止を要求した。そして、ついに秋の収穫も直前に迫っていた八月下旬になって、百姓らの不満は一挙に爆発した。同月二十一日、「一荘百姓土民等」は一味《いちみ》

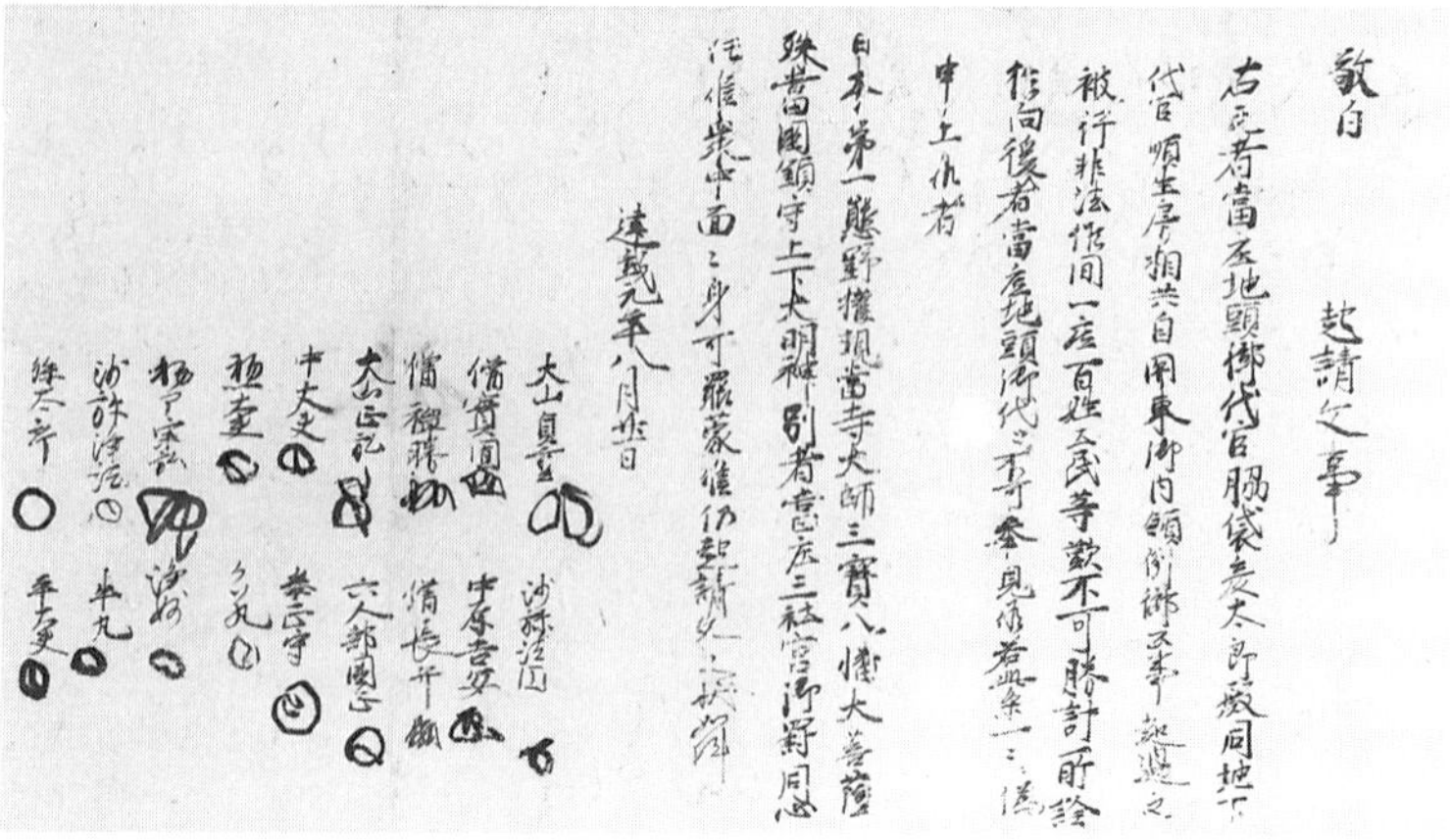

等連署起請文

神水《じんすい》して、代官の非法を一三ヵ条に書き連ねた申状を作成し、さらに五九名の連署のある起請文《きしょうもん》を副えて、非法代官の排斥《はいせき》と「正直」な使者による年貢収納の実施を要求した（「同前」は一―一二〇、図43）。

鎌倉時代末期までに出された太良荘の百姓等申状に付された連署は五、六人程度であったから、五九人という百姓らの連署は異常に多い。その上、五九名の連署の様式をみると、しっかりとした花押を捺《お》したもの十余人とそれ以外の拙《つたな》い略押のものという二重構成になっていた。これから、連署は有力な十数名の名主層とそれ以外の弱小の小百姓《こびゃくしょう》層から成り立っていたことがわかる。また、他の史料から、これら連署の中には手工業者が含まれていたことも判明している。したがって、人数の多さといい、連署に名主と小百姓、さらに手工業者までを含んでいたことを考えてみると、これが太良荘の全百姓＝惣百姓《そうびゃくしょう》であったと想定できる。

五月以来、数度にわたる百姓等申状による要求闘争はつい

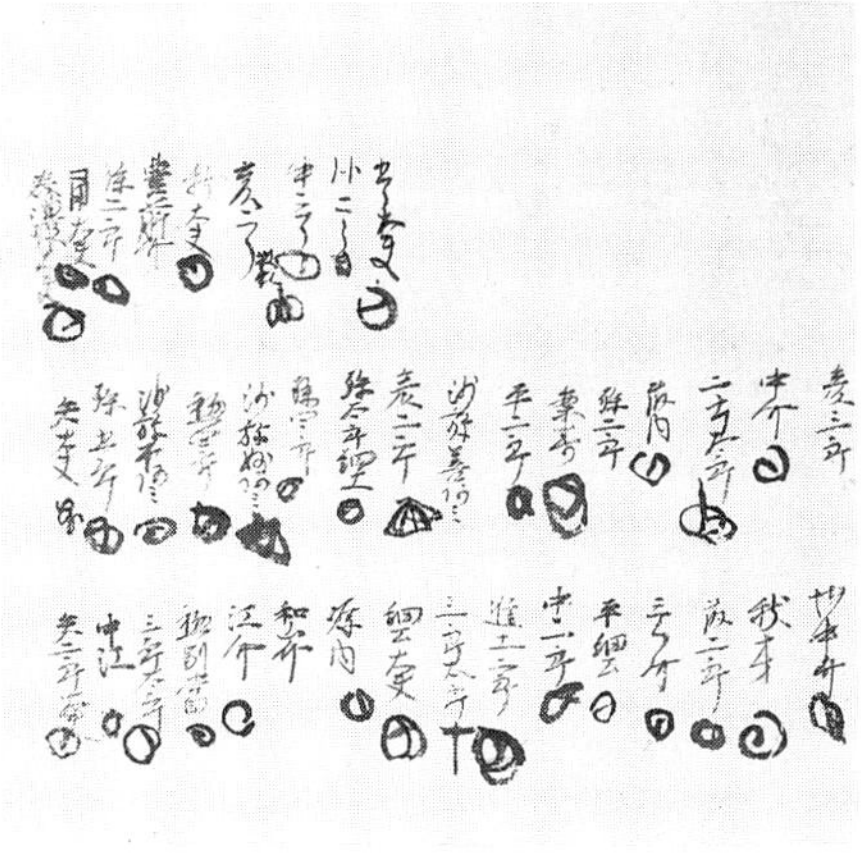
図43　太良荘百姓

に惣百姓が参加する一揆にまで発展したのである。そして、この結果、代官は罷免《ひめん》され、おそらく不当な雑公事も停止されたと思われるから、太良荘の農民は惣百姓による一揆によって、大きな成果を勝ち取ることができたのである。この惣百姓参加の一揆こそ荘家の一揆のもっとも発展した形態ということができよう（佐々木一九八一）。

同様なことは同じく東寺領である播磨国矢野荘でも確認できる（佐藤和彦一九七九）。矢野荘では一四世紀中ころから風水害・旱害《かんがい》・虫害《ちゅうがい》などを理由とした損免《そんめん》（災害による年貢減免）要求が連続して起こっていた。貞和《じょうわ》五年（一三四九）には、損免要求をするとともに、二八名の百姓が損亡《そんぼう》の坪を列記した起請文を出していた（「同前」よ一一―一五）。そして貞治《じょうじ》六年（一三六七）には、損亡の申状を出すとともに、四六名の百姓が連署して起請文を提出し、実際に耕地を調査してほしいと要求した（「同前」京二八―三七）。百姓の連署が二八名から四六名に増えたことは東寺にとっては衝撃であったようで、「矢野荘の損亡の事、一荘悉《ことごと》く一揆せしむ」と記録するほどであった。

さらに永和《えいわ》三年（一三七七）には、代官の非法を訴えて一荘ことごとく一味神水し、訴状と連署の起請文を使者に託して、逃散《ちょうさん》するという事態に発展した（「同前」ム、「評定引付」）。この逃散は守護勢力の介入などという事態を経ながらも一年間継続し、ついには年貢の名主百姓らによる直納《じきのう》を認めさせ、さらに代官の罷免を実現させることに成功した。この過程で、逃散の指導者の一人であった実長は、

「惣荘」五十余名の名主数十人が一味同心し、連署して訴訟に及ぶ時、どうして自分一人だけが異議をさしはさむことができましょう。もしも「惣荘一揆」に背いたならば、たちまち自分は討たれてしまうでしょう、

と述べているように（「同前」よ一―四）、まさにこの闘争は「惣荘一揆」であったのである。損免の申状を出す段階から二八名、さらに四六名の連署へと展開した荘家の一揆は、ついに「惣荘一揆」へと展開していった様がみごとに描かれている。

また、この永和三年の逃散を知った東寺側は、

百姓らに嘆《なげ》くことがあれば、寺家へ上申すべきである。それをしないで逃散したことは「下剋上《げこくじょう》の至極《しごく》」である。

と記している。このことは、すでに次の時代、下剋上の時代＝戦国時代の到来を予告しているようにも思える。荘家の一揆の広がりと展開は、これほどの政治的緊張を作り上げていたのであった。

2—逃散の作法

弓削島荘の逃散

荘家一揆の最終の形態が「逃散《ちょうさん》」である。「逃散」は読んで字の如く、農民らの意志によって村落や荘園を離れ他所に逃げることであるが、それが好き勝手に行われたわけではなかった。逃散という実力行使に至るためには、いくつかの手順を踏まなければならず、その手順を間違えれば「非法《ひほう》」として、領主の弾圧の対象になったのである。したがって、逆にいえば、手順に従った逃散に対して領主は弾圧を加えることはできなかった。結論が先になってしまったが、逃散には「作法」があったのであり、その作法に則っている限り、逃散は合法闘争として認められるのが原則であった。逃散は中世農民の基本的な権利の一つであったのである。

では、その作法とはなにか。具体例を鎌倉末期の東寺領伊予《いよ》国弓削島《ゆげしま》荘でみてみよう（入間田一九八六a）。

正和《しょうわ》二年（一三一六）六月、弓削島荘の百姓らは代官承誉《しょうよ》の非法を八ヵ条にまとめた申状（百姓等申状）を領主の東寺へ提出し、彼の罷免《ひめん》を要求した。そして、もし百姓らの申状に偽りの疑いがあるときは、「御免《ごめん》を蒙り、起請文を勒《ろく》し、進上せしむべきものか」と申し添えた（鎌二四九一〇号）。これを受けた東寺はさっそく評定を行い（七月十二日）、

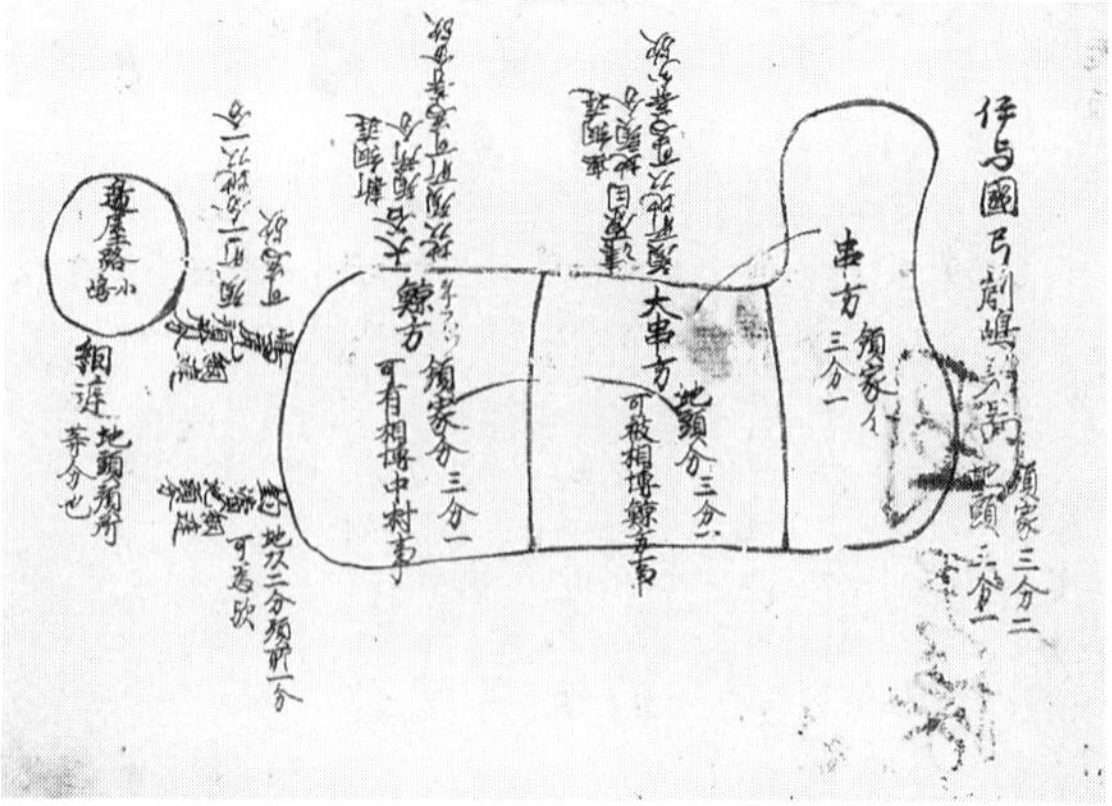

図44　伊予国弓削島荘和与指図

百姓ら訴状の事、面々署判《しょはん》なくの上は御信用に足らざるもの也、速《すみ》やかに署判を加え、進上すべし、その時御沙《さ》汰《た》あるべし、

という決定を行い、百姓側に伝えた（鎌二四九二三号）。百姓一人一人の「署判」＝連署のない百姓等申状は信用できない、というのである。

弓削島荘の百姓らはその決定に応えて改めて連署を加え、さらに起請の詞《ことば》を副えて申状を提出した。申状を受け取った東寺はふたたび評定を行い（七月二十二日）、

而して連署の起請文を備え進せしむるの上は、論人に下さるの条、子細あるべからず、

と決めた（鎌二四九三一号）。形式が整ったので申状を正式に受理し、それを「論人」（訴えられた代官承誉）に渡すことが決まった。しかし、状況は一向に進展せず、ついに東寺は両者に和解を勧め、それによって事態の収拾を図ろうとした。

一方、代官の非法が収まらなかったこともあって、百姓らは翌正和四年九月二十一日、ついに「重代相伝」の名主職と住宅などをうち捨てて荘外へ出た（＝逃散）。そして、二四人の百姓らは連署して

代官罷免を要求するとともに、「当御代官を改易《かいえき》なくんば、百姓ら還住《げんじゅう》すべからざる旨」「一同」したことを記した申状を東寺に提出した。さらにそこには、当代官を改易し「正直の御代官」を下されれば、「百姓ら本宅に還補《げんぽ》」し「御年貢以下万雑公事《まんぞうくじ》らを全《まっと》う」すると書き添えられていた（鎌一五二三八号）。

一味神水と起請文

百姓等申状の提出から逃散に至る過程で、さまざまなやり取りが東寺と百姓らとの間で行われていたことが知れよう。その中でも、正和三年七月十二日の評定にあったように、百姓等申状だけではだめで、それには「面々の署判」＝連署が必要であったのである。翌年九月の逃散に際しての申状にも二四名の連署があったことがそれをよく示している。

次に注目したいのは、逃散に際して「一同」していたことである。これは前項で指摘した「一味」と同じ行為である。黒田荘の荘民が「一荘一味」といい、太良荘の百姓が「百姓の習、一味なり」といったことはすでに紹介した。それがここでは逃散の前提として主張されていることに意味がある。すなわち、百姓等申状の連署と「一味」「一同」という行為は逃散する際に不可欠の要素であったのである。「作法」というべきであろう。

では、もう少し突っ込んで「一味」とはなんだろうか。それは「一味神水《いちみじんすい》」のことであった。紀伊国阿氏河荘《あてがわ》では、建治《けんじ》元年（一二七五）百姓らが地頭湯浅《ゆあさ》氏の非法を訴えて有名な「仮名書言上状《かながきごんじょうじょう》（申状）」を出しているが（鎌一二〇七六号、図45）、彼らが地頭を訴えた背景には、地頭と対立する荘園領主

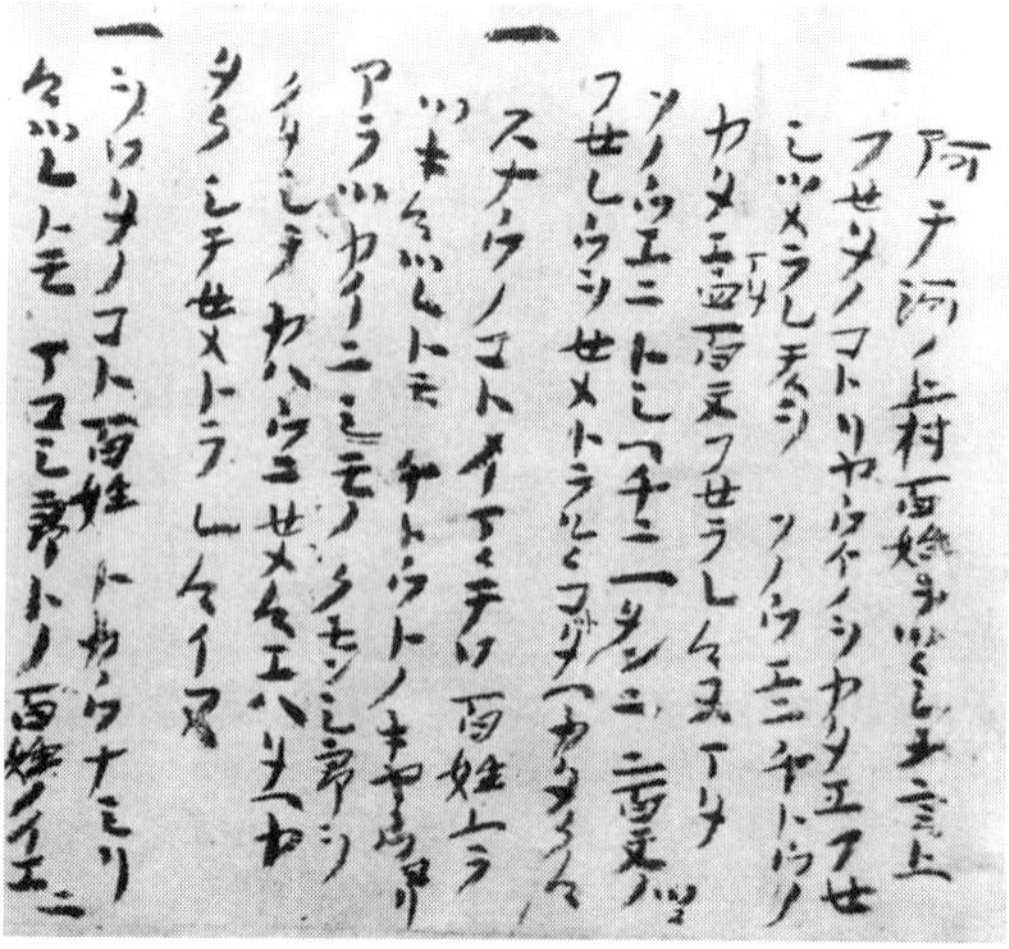

図45　阿弖河荘百姓等申状（仮名書言上状）の一部

側が百姓らと語らって「一味をなし、神水を飲」んで地頭の課役を拒否しようとする目論見《もくろみ》があったという。また、前述の弓削島荘においても、元亨《げんこう》四年（一三二四）ころ、非法の代官のやり方に反対して「すべて還住すべからざるの由」「一味神水」を飲んだ、と記されている（鎌二八七一二号）。

さらに、延文《えんぶん》二年（一三五七）、若狭国太良荘の百姓らは荘官二人の非法を領主の東寺に訴え、「各々起請の神水を呑み、連署状を捧」げるという行為に及んでいる（「東寺百合文書」レ一二一―一三）。ここに至って、「一味神水」の「神水」が「起請の神水」のことであったことがわかる。これら一連の過程と意義を、佐藤進一は名著『新版　古文書学入門』の中で次のように説明している（一九九七）。

起請の神水を飲むというのは、荘民もしくは百姓等一同が一致して行動する旨の起請文を記し、参加者全員が署判した後、その起請文を焼いた灰を水に混じ、その水、つまり神水を一同が分かち飲んだということである。これは多数者が共同の意志を制約する方法であって、神水を飲むことによって、団結を強調するのである。一致共同して行動するところから、一味神水を飲む、というのである。

非常にわかりやすい説明であろう。一味神水という行為は、なによりも参加者全員が神前《しんぜん》で起請文を書き（＝一揆）それぞれが署判することを前提にして成り立っていたのであった。そしてその連署された起請文を焼いて神仏と盟約《めいやく》を結び、残った灰を水に溶かし一同で飲むことによって、参加者の強固な意志を確認しあって団結を固めたのである。

灯明《とうみょう》の光しかない薄暗い堂社内で、秘かに「揆（はかりごと）を一」にし、それを遂行する意志を込めて起請文に連署する。そして、それを神仏の前で焼いて一揆に背かないことを神仏に誓い、その灰を水に溶かして一同で飲んで改めて意志と団結を確認する、という一連の行為は、一揆し逃散に至るまでの過程が中世農民にとってそれほど容易なことではなく、非常な決意を必要とする事柄であったことを示している。これら一連の行為は、一揆がまさに彼らの日常的世界を超えた次元＝非日常の世界において成立していたことを示している。

逃散という行為に至るまでの過程に、さまざまな作法があったことは理解し得たのではないだろうか。

逃散の作法

ところで、近年の研究によって、逃散の初発形態である百姓等申状にも二種類あることが指摘されている。一つは漢文で書かれた申状で、前節で指摘した「解状《げじょう》」の形式に則っていて、いわゆる「訴状」形式のものである。もう一つは仮名《かな》混じり文で書かれる例が多く、書状形式の申状といわれるものである。いままで利用してきた百姓等申状はすべて訴状形式のものである。それに対して書状形式の申状は、それに至る過程で領主とのやりとりに用いられる場合が多い。すなわち、これまで紹介してきた代官の非法停止や非法代官の罷免を要求する訴状形式の申状が出される以前に、書状形式の申状がなんどか出され、領主とのかけひきが行われたのである。このやりとりで決着が付かなくなったとき、訴状形式の申状が出され、いよいよ闘争が開始されたのであった（蔵持一九九六、山本一九九四、木村二〇〇七a）。

とすると、これまで指摘されている逃散に至るまでの、「一味神水→連署申状・連署起請文→逃散」という中世農民の行動様式は、逃散の直接的契機という意味では承認されるとしても、一味神水以前の農民の行動を加味するとやや修正されなければならないであろう。

一項で紹介した弓削島荘の事例や佐藤進一の評価、さらに二種類の百姓等申状の存在という指摘を、一応、私なりにまとめると次のように整理することができる。

書状形式の申状→訴状形式の申状→連署の申状→連署の起請文・一味神水→逃散

このように整理し得るとしても、やはりポイントは「連署の申状→連署の起請文・一味神水」にあることは間違いないから、百姓の連署こそ中世の農民闘争の特徴であり基盤であったのであった。その意味では、繰り返しになるが、太良荘の百姓が「百姓の習い、一味なり」といい放ったのは、中世の農民の特質をみごとにいい当てていたということができよう。

しかし、申状などの連署ということ自体は、すでに指摘したように、平安時代後期の「住人等解」の段階においても確認できるし、鎌倉時代前期の「百姓等申状」にもそのような形式を採るものが多かった。しかし、この段階の百姓等申状が「一味神水」という行為を伴っていたことは確認できない。これら連署という形態に「一味神水」という行為が伴うのは、やはり鎌倉時代中期を過ぎなければならないように思う。

3――一揆の時代

さまざまな一揆

「一揆」というと、「一天下の土民《どみん》蜂起《ほうき》す、(略)凡《およ》そ亡国の基《もとい》、ここに過ぐべからず、日本開闢《かいびゃく》以来、土民の蜂起、これ初めなり」(『大乗院日記目録』、続史料大成)と、大和国の一僧侶に評された正長《しょうちょう》元年(一四二八)の正長の土一揆を想起する読者にとってみれば、これまでの叙述は読み慣れない内容ばかりだったに違いない。

しかし、1・2で詳しく述べたように、一揆は室町・戦国時代だけに特有なものではなかった。「住人等」や「百姓等」が連署して自らの要求を荘園領主に訴えることは平安時代中期から存在したし、荘家の一揆といわれた闘争は鎌倉時代後半には確認でき、南北朝期にいっそう発展して惣荘《そうしょう》一揆といわれる闘争形態をも生み出したのである。そして、この中世初期以来の一揆の伝統がその後にさまざまな形態の一揆を作り出したのである。したがって、一揆は中世社会を貫通する重要な特質であったのであり、中世を「一揆の時代」というのはこのためである。

これら中世後期の一揆は「土一揆」と総称されることが多いが、もう少し形態や要求に応じて分類すると、次のような一揆を見出すことができる。

①在地の土豪や国人が守護の排除などを目的に結んだ国人《こくじん》一揆

②広域的な連帯を基盤に、徳政令《とくせいれい》の発布を要求して立ち上がった徳政一揆

③国人が一国規模で一揆を結び、それに農民も加わって守護の支配を排除しようとした国一揆《くにいっき》

④ある宗派の信者である国人が中心になって起こした国一揆としての宗教一揆

このような分類がすべてではなく、各々の類型にもそれぞれ特色をもった一揆が存在したが、本節ではこれらの一揆について概観し、中世が一揆の時代であったことを確認するに留めたい（青木他編一九八一）。詳細は、それぞれの一揆を扱っている本シリーズの該当巻を参照されたい。

国人一揆

国人《こくじん》とは中世後期の在地領主を指す呼称であるが、とくに南北朝内乱期以後、それ以前の地頭などのように荘園制的な支配秩序を背景とした支配ができなくなり、実力で所領や村落を支配せざるを得なくなった段階の在地領主層を指している。

当時は、権力の所在が南朝と北朝に二分されているだけでなく、室町幕府内も足利尊氏《たかうじ》と弟直義《ただよし》さ

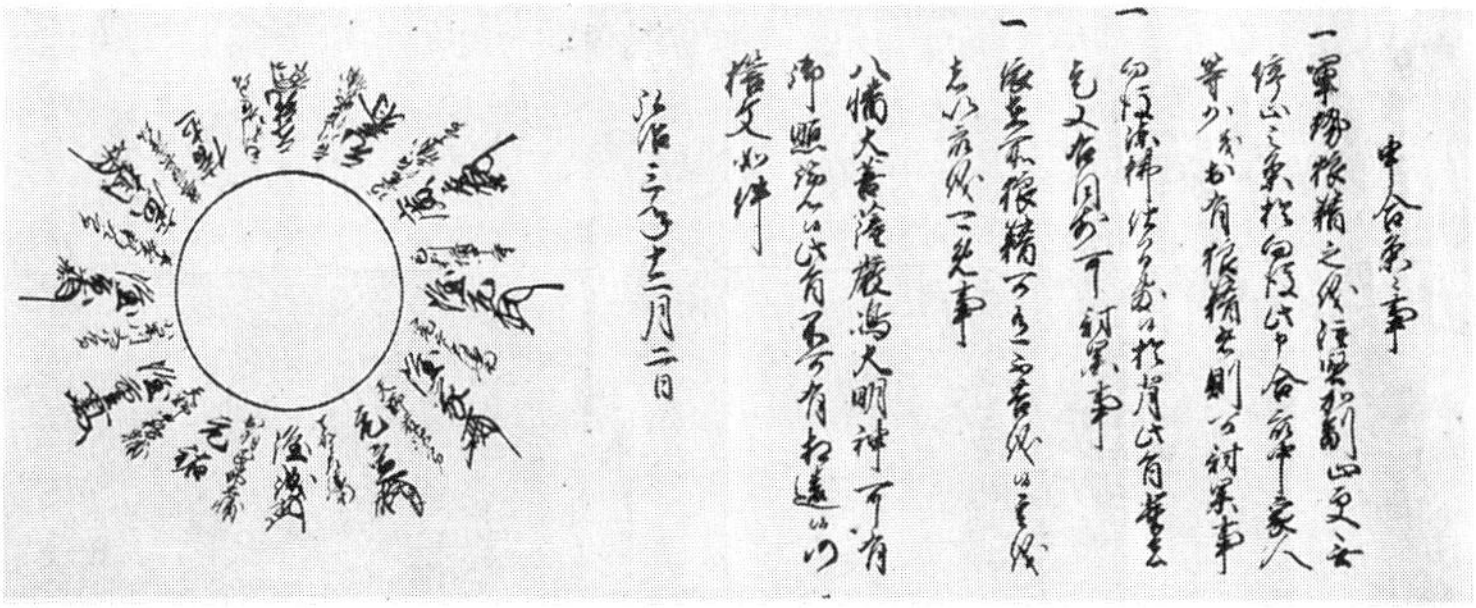

図46　安芸国人たちの一揆契状

らに執事の高師直《こうのもろなお》らが入り乱れて対立するなど、政治的な不安定が続いたため、国人たちは自らの支配を維持するために、さまざまな手段を取らざるを得なかった。その一つの形態が国人同士で一揆を結ぶことであった。国人一揆の多くが、一四世紀中頃の尊氏と直義兄弟の分裂・対立（観応《かんのう》の擾乱《じょうらん》）の過程で成立していることがそれをよく示している。観応元年（一三五〇）の三河国額田《ぬかた》郡一揆（前田家蔵書閲覧筆記）、観応二年の備後国地毗《じび》荘の山内一族一揆（山内首藤家文書）などがその例に相当する。

国人一揆は、国人同士が「揆を一つにする」、すなわち契約内容とそれに違反しないことを神仏に誓う神文《しんもん》を記した一揆契状《いっきけいじょう》に署判することによって成立するが、契約内容に関する相互平等を原則にしていることは、百姓らの一揆が「一味」「一同」観念を前提に成立していたことと同じである（図46参照）。

一揆契状の内容は、大きく①上部権力へ積極的ないし否定的対応、②相互協力や権益をめぐる相論などの紛争への対応、の二つに区分することができる。

①の場合、積極的というのは、将軍やその代官（鎌倉公方《かまくらくぼう》・守護など）が国人層を一郡規模で掌握し、軍事的政治的基盤とした場合で、政治的な対抗関係のなかでどちらか一方に与《くみ》するという内容をもつことが多い。一方、否定的対応による一揆は意外に多く、新任の守護がその国に入部する際、その支配権を排除することを目的に国人一揆が成立した。応永《おうえい》六年（一三九九）に信濃国の新守護小笠原長秀《おがさわらながひで》の入部に反抗して成立した大文字《だいもんじ》一揆（市川文書）、同十一年に守護山名満氏《やまなみつうじ》の入部を牽制《けんせい》して、安芸国高田郡を中心とした国人三三人が一揆契状を作成したこと（毛利家文書）、などをその例として挙げることができる。

②の場合は一族一揆という形態をとることが多く、①で述べた否定的対応の一揆を含むこともある。その主要な内容としては、a国人相互の間の喧嘩《けんか》の調停、b所領争いの調停、c百姓や下人の逃亡に関する規定、などである。とくにcは「人返《ひとがえ》し」規定と呼ばれ、労働力の確保という観点から徐々に強化されていった。

たとえば、肥前国松浦《まつら》から五島列島にかけての国人によって結ばれた松浦党の一揆契状《いっきけいじょう》によれば、一揆構成員に隷属していた下人が他の構成員のところへ逃げ込んできたとき、その下人の主人が下人を返すよう要求したら、それが事実である場合は、下人を返さなければならない、と規定している（青方文書）。このような国人同士の間で生じた問題は個別領主だけでは解決できなかったから、ある一定地域の国人たちが相互に協力して問題の解決に当たることが必要とされたのである。このような領主間協定を結んで（＝一揆契状）、領主間の紛争を避けつつ、共同による支配を強化していったのである。

徳政一揆

土一揆のうち徳政令の発布を要求して蜂起したものを徳政一揆という。前述した正長の徳政一揆（一四二八年）が初見とされる。このとき、近江国の馬借《ばしゃく》の徳政令要求から始まった一揆は、山城・大和・伊賀・伊勢・紀伊・和泉・河内ら広範囲の国々で起こったことが確認できる。ここに見られる広域性こそ徳政一揆の大きな特徴であった。

正長の徳政一揆の際、唯一その内容がわかる大和で「里別ニ得（徳）政ヲカルナリ」といわれているように、郷や村ごとに徳政令が発布されたことが注目される。実際、奈良県柳生《やぎゅう》の「ほうそう地蔵」が彫られた岩面に刻まれた有名な徳政碑文《ひぶん》に、

正長元年ヨリサキ者（八）、カンへ（神戸）四カンコウ（箇郷）ニ、ヲヰメ（負目）アルヘ（ベ）カラス（ズ）、

とあったように、正長元年（に徳政令が里別に実施されたので）これより先は柳生地域の四か郷には「負目《おいめ》」＝借金がない、というのである。

正長の徳政令が郷ごとに実施されたのに対して、嘉吉《かきつ》元年（一四四一）に起こった徳政一揆は趣きを異にする。同年の六月に起きた嘉吉の乱で六代将軍義教《よしのり》が赤松満祐《あかまつみつすけ》に暗殺されたため、将軍の代替《だいが》わりが必至という政情不安を背景に、八月以降京都を中心に幕府に徳政令（「代替わり徳政」）を要求する一揆が起こった。

この一揆は、「土民数万」といわれるほど大規模なもので、「鳥羽・吉祥院《きつしょういん》以下中道ヨリ東一揆」は東寺に籠もり、「丹波口《たんばぐち》一揆」は今西宮に籠もる、と記されたように、いくつかの地域的なまとまりをもった一揆勢が京都七口（京都へ入る七つの入り口）を封鎖するとともに、周辺の堂社などに立て籠もってお互いに連携をとりながら一揆を継続した点に特徴がある（「東寺執行日記」など）。彼らはこれらの堂社を拠点に京中の酒屋や土倉などの高利貸しを襲い、借金の破棄や質物の取り返しという実力行使を繰り返しながら、幕府に徳政令の発布を要求したのである。幕府は一揆勢の巧みな闘いに屈服し、九月に一国平均の徳政令を出したが、それに承伏しない一揆勢に押されて閏《うるう》九月には、ついに天下一同の徳政令を出さざる得なかった。これが室町幕府最初の徳政令発布であった。

このように、正長の一揆と比べると、嘉吉の一揆は、地域的なまとまりをもった複数の一揆が、嘉吉の乱による幕府将軍の代替わりという政治的危機を狙って、政治の中枢である京都を包囲するという、広域的な連携と高度な政治的判断とをともなった、非常に発達した徳政一揆であったということができよう。

もちろん、以後の徳政一揆がすべてこのような政治的に優れていたわけではないが、一揆勢の要求によって幕府が徳政令を発布するという一つの形式ができあがったことは、これ以後、徳政一揆が頻発する大きな要因となった。

国一揆

室町時代末期から戦国時代に守護勢力と対決し、国持《くにもち》体制を目指した国人層と有力百姓層とが連合した一揆を国一揆という。その代表的な事例が、文明《ぶんめい》十七年（一四八五）十二月に起こった山城国一揆である。

山城国一揆は、「今日、山城国人集会す。（略）同じく一国中の土民等群集す」と記されたように（『大乗院寺社雑事記』）、国人だけでなく土民までも参加して、南山城を中心に抗争を繰り返していた守護畠山政長《はたけやままさなが》と同義就《よしなり》両軍の退陣を要求して蜂起したものであった。その結果、一揆勢は両畠山氏を南山城から撤退させることに成功し、以後八年間にわたって、守護の権限を代行した三六人の月行事《げつぎょうじ》によって自治的な政治が実行されたのである（国持体制）。

この事件を伝える史料の中に「畠山両家勢、国一揆のために相退くべし」にあったことから、このように守護勢力を排除し、一揆勢によって自治的な政治を実現した一揆を国一揆と呼ぶようになった。前述した国人一揆も国一揆に含めて理解しようという考え方もあるが、一揆の構成や守護に代わって政治を遂行するという特徴を重視するならば、両者は別個の一揆であると評価すべきであろう。その方が国一揆の歴史的性格も鮮明になると思う。

山城国一揆をかわきりに、明応《めいおう》七年（一四九八）に山城国乙訓《おとくにぐん》郡で起きた国一揆、天文《てんぶん》三年（一五三四）に成立した紀伊惣国《そうこく》一揆、さらに大和国宇陀《うだ》郡の郡内一揆、伊賀国甲賀《こうが》郡の郡中惣《ぐんちゅうそう》や伊賀惣国一揆（山中文書）などが起こったことが知られている。また、次に述べる加賀国の一向《いっこう》一揆もその国持体制に着目して国一揆としての性格を指摘する見解もある。この点は次項で検討するとして、以上の事例から山城国一揆が孤立した特別のものではなく、一五世紀末から一六世紀中頃にかけて、畿内近国という地域的な限定はあるものの、相当広範囲にわたって国一揆が成立していたと評価することができよう。

また、これら国一揆は前記のように「惣国」と呼ばれることがあった。惣国とは、国を自治的に運営する組織を意味し、このもとに独自の法や裁判機能を持ち、さらに惣国を支えるための財政機能をもつものもあったように、地域権力として自立した存在であった。

宗教一揆

宗教一揆の代表は、長享《ちょうきょう》二年（一四八八）に起こった加賀の一向一揆である。

一向一揆とは、親鸞《しんらん》が開いた浄土真宗《じょうどしんしゅう》（一向宗）の信者（門徒《もんと》）が中心となって起こした一揆のことであるが、一向宗は一五世紀に蓮如《れんにょ》の活躍によって飛躍的な発展を遂げた。しかし、蓮如は比叡山《ひえいざん》延暦寺の反感を買ったため京都を離れ、越前吉崎に道場をつくって北陸地方への布教を展開した。その結果、越前から加賀・越中の諸国に多くの門徒を抱えることになった。門徒は各地に作られた「講《こう》」に組織され、そこには農民だけでなく国人たちも参加し、徐々に政治的な力をもつようになった。

加賀国では応仁の乱の際東軍に属した富樫政親《とがしまさちか》が、勢力を持ち始めた一向宗の門徒団を動員して、文明六年（一四七四）西軍の守護富樫幸千代《こうちよ》を追放することに成功した。しかし、長享二年（一四八八）

には、逆に一向一揆勢が政親を滅ぼし、「百姓の持ちたる国」という門徒領国を形成したのである。守護に富樫一族の者を付けたり、一揆勢の間で内紛《ないふん》などがあったりしたが、天正《てんしょう》十年（一五八二）に柴田勝家《かついえ》軍に破れるまで約一〇〇年間、一向宗門徒による領国経営が維持された。

一向一揆は北陸だけでなく近畿・東海地方にも広がりをみせ、統一権力を形成しようとする織田信長・豊臣秀吉・徳川家康らとたびたび衝突した。たとえば、天文《てんぶん》元年（一五三二）の畿内の一向一揆、永禄《えいろく》六年（一五六三）に徳川家康に抵抗した三河の一向一揆、元亀《げんき》二年（一五七一）〜天正二年（一五七四）にかけて織田信長軍と戦った伊勢長島の一向一揆、さらに元亀元年（一五七〇）から天正八年（一五八〇）まで信長に抵抗し続けた大坂の石山本願寺《いしやまほんがんじ》一揆（石山合戦）などは有名である。

織田信長から軍用金と大坂退去を要求された本願寺法主《ほっす》顕如《けんにょ》は、浅井・朝倉など反信長陣営の動きが活発になったことを機に、元亀元年諸国の門徒へ法敵《ほうてき》信長打倒の蜂起を命じた。一揆は各地で激しい戦闘を繰り返したが、天正二年に伊勢、翌年に越前の一揆が敗北したため、本願寺に籠城《ろうじょう》して抵抗をし続けた。しかし、天正八年、信長は勅命講和《ちょくめいこうわ》（天皇の命令による講和）の形をとって本願寺を屈服させ、顕如らを石山から退去させた。これによって、約一世紀に及んだ一向一揆はほぼ終息したのである。

以上、中世における「一揆」の諸相を概観した。政治権力としての一揆が出現するのは一五世紀後半の国一揆・一向一揆をまたなければならないとしても、その前提である「一味」「一同」という「ヨコ」の結合形態はすでに平安時代後期から確認することができた。その意味では、中世荘園制の形成はこれら「ヨコ」の結合の形成とパラレルの関係にあったということができる。すでに何度か述べたが、「中世は一揆の時代」であったのである。

ふたたびタテとヨコの相剋

一方で、中世は武士の時代である、とされ、主従関係を軸とした武士団の形成（タテの結合形態）とその発展として説明されることが多い。戦国大名による家臣団の統制と領国経営はその典型と評される。

しかし、上述のように、武士団の形成と農民らの「一味」という結合形態が同時に進行していたことを考えると、そのどちらかだけで中世社会を説明することができないことは明白である。中世社会はその当初から「タテとヨコの相剋」を含み込んで成立してきたのである。この点は、しっかりとおさえておく必要があろう。それは、戦国時代の戦国大名と一向一揆を含めた国一揆との一世紀にも及ぶ抗争に象徴的に現れている。

例えば、山城国一揆の蜂起を伝えた史料の最後に「但し又下極上《げこくじょう》の至り也」と記されていたが、これは国一揆もまた「下剋上」の一つであったことを物語っている。戦国時代を代表する下剋上という現象は、単に家臣が主君を打ち負かして権力を掌握することを指すだけでなく、一揆による守護権の奪取をも指していたのであった。したがって、戦国時代は下剋上の時代であった、というとき、この二種の下剋上が起こりうる可能性があったことを明記しておかなければならない。武士間の下剋上だけでは戦国時代の特質を見失うことは明らかである。中世社会における一揆はそれほどの重さをもっていたのである。

歴史学では「もしも」という仮定は禁物なのだが、「もしも山城国一揆や加賀一向一揆がその後も継続していたら、日本の近世社会はどうなっただろうか」と考えてみたくなるのも率直な感想である。

八　中世日本の北と南

1——日本の境界

中世日本の東西南北

今夜、君の御ために、めでたき御示現《じげん》（お告げ）を蒙《こうむ》りて候うなり。君は足《あし》柄山矢倉《がらやまやぐら》が嶽《だけ》に渡らせ給いければ、（略）左の御足にては、奥州《おうしゅう》の外《そと》の浜《はま》を践《ふ》み、右の御足にては、西国鬼界《きかい》が嶋《しま》を践《ふ》み、左右の御袂《たもと》には月日を宿《やど》し、小松三本を御粧《かざり》としつつ、南に向かいて歩ませ給い候うと見進《まいら》せて候いつる。

最初から長い引用で恐縮だが、これは鎌倉時代末期には完成していた『曾我物語』（真名本）「夢合せ」の一節である（東洋文庫）。伊豆に流されていた源頼朝を好きになった北条政子が父時政の反対を押し切って、頼朝とともに走湯山権現《そうとうさんごんげん》（静岡県熱海市の伊豆山神社）に駆《か》け落ちした時、頼朝の側近であった安達盛長《あだちもりなが》が頼朝のために良い夢を見た、として語った内容である。

すなわち、足柄山の矢倉岳に腰をかけた頼朝の足下をみると、左足は陸奥《むつ》の外の浜（青森県津軽半島）を、右足は鬼界が嶋（鹿児島県）をしっかりと踏まえて、小松三本を飾りにし、左右の袂には月と日（太陽）を入れて、南に向かって歩き始めようとしていた、というのである。

頼朝のこの後の人生を知っている読者ならすでに理解できたと思うが、これは伊豆にいた頼朝が陸奥の外の浜から九州の鬼界が嶋までを支配下に収め、「月・日を宿すは天皇・上皇の御後見《こうけん》となり、日本秋津島《あきつしま》の大将軍となる前兆《ぜんちょう》、小松三本は三代に至るまで天下を掌《つかさど》るべき示現《じげん》＝神仏のお告げである」と占われた、というのである。このような夢告の真偽はともかく、ここで中世日本の領域を示す場所として「奥州外が浜」と「西国鬼界が嶋」が上げられているのが注目される。

では実際、当時の人々は日本の境界をどのように認識していたのであろうか。中世の対外関係史研究に詳しい村井章介の整理を利用すると、表22になる（村井一九八八b）。

東は、陸奥・エゾが嶋そして外の浜、西は壱岐《いき》・対馬《つしま》も入っているが、鬼界島が圧倒的に多い。南と北の事例はあまり多くないが、南は土佐、北は佐渡が一般的であった。東と西の境界はかなりのゆれがあるので確定はできないものの、「東―津軽《つがる》・外の浜、西―鬼界が島、南―土佐、北―佐渡」というのが中世人が認識した日本の境界であった。現在の私たちからみれば方角のズレが気になるが、東と西の境界に対する意識が強く働いているのは、日本列島が太平洋（南）と日本海（北）に挟まれている地理的環境の影響であろう。

蝦夷《えぞ》が島（北海道）と琉球《りゅうきゅう》はこの段階では国域の外＝異域《いいき》であった。当然といえば当然だが、日本列島全体が昔から日本の領域であった、と考える人々が意外に多いだけに一言しておこう。と同時に、

表22 史料にあらわれた日本の境界

史料	東	西	南	北	年代
①延喜式 巻16陰陽寮	陸奥	遠値嘉	土佐	佐渡	九二七
②新猿楽記	俘囚之地	貴賀之嶋			一一世紀初
③保元物語 中	阿古流・津軽・俘囚が千島	鬼海・高麗			承久ころ
④慈光寺本承久記 巻上	アクロ・ツカル・夷ガ島	九国・二嶋			鎌倉中期
⑤日蓮遺文	イノ嶋	筑紫			一二六五
⑥入来文書	えそかしま	ゆはをのしま			一二七七
⑦八幡愚童訓	ソトノ浜	鬼界島			鎌倉末？
⑧妙本寺本曾我物語 巻9	アクル・津軽・ヘソか嶋	鬼界・高麗・硫黄嶋	熊野御山	佐渡嶋	鎌倉末
⑨同 巻3	外浜	鬼界嶋			同上
⑩同 巻5	安久留・津軽・外浜	壱岐・対馬	土佐波达	佐渡北山	同上
⑪融通念仏縁起	えそ	いはうか島			至徳
⑫義経記 巻5	蝦夷の千島	博多津		北山佐渡島	室町
⑬ひめゆり	ゑそか島	きかい・かうらい			同上

西の境界として本来異域、というより他国に属する高麗《こうらい》（朝鮮）が入っているのは少々気になる。後でも述べるが、九世紀後半に新羅《しらぎ》との対外関係が悪化して以降、日本の朝廷は神国思想を背景に、朝鮮半島の国々とくに高句麗《こうくり》・新羅を排斥《はいせき》・侮蔑《ぶべつ》する観念を持ち続けていたからである。西の境界に高麗が入っているのは、東に蝦夷が島が入っているのと同様に、異域に対する侮蔑観が反映していると

考えられる。

西の境＝鬼界ヶ島

もう少し詳しく境界の様相をみてみよう（石井二〇〇二）。西の境である鬼界ヶ島は、『平家物語』（長門本）に「鬼界は十二の島なれば、口五島《くちごとう》は日本に従えり、奥七島は我朝には従わず」と記されていたように、どれか特定の島というより、鹿児島県の南方に連なる島々を指したと考えられる。なかでも日本に属したという口五島は、鹿児島県三島村の竹島・硫黄《いおう》島・黒島などを中心とした島々であったと考えられている。

鬼界ヶ島は、『日本紀略』長徳《ちょうとく》四年（九九八）の記事に「貴賀嶋」とみえるのが初見であるが、『平家物語』や『源平盛衰記《げんぺいじょうすいき》』などに、平氏政権を倒そうとする陰謀《いんぼう》が露顕《ろけん》して、治承《じしょう》元年（一一七七）俊寛僧都《しゅんかんそうず》らが流刑された島として記されて有名である。また文治《ぶんち》三年（一一八七）には、源頼朝は九州にいた天野《あまの》遠景《とおかげ》に命じて、源義経に味方する者が隠れている疑いのある「貴海島」を追討させている（『吾妻鏡』同年九月二十二日）。時代はさらに下って元徳《げんとく》三年（一三三一）には、東寺長者の文観《もんかん》僧都が後醍醐天皇の討幕計画に参加した罪で硫黄島に流されている。このように、鬼界ヶ島は、日本の辺境として流罪の地や謀反《むほん》をたくらむ者が隠れる島というイメージが付与されていた。

しかし、『日本紀略』では「貴賀嶋」、『吾妻鏡』にも「貴海島」と記されていたし、一一世紀前半の『新猿楽記』にも、主人公右衛門尉《うえもんのじょう》の八男が商人の首領として「貴賀ヶ島」まで渡り、夜久貝《やくがい》や硫黄を扱って富を蓄えたと記されていた。夜久貝は漆器《しっき》に貝を貼《は》り付けた美術品として有名な螺鈿《らでん》に用いられた貝であり、硫黄は火薬などの材料として珍重された鉱物資源であったから、鬼界ヶ島の初期のイメージは、「貴」賀ヶ島の呼び名の示すごとく、貴重な物産を産出する重要な島であったのである。

しかし、日本の境界である認識が先のような流刑の地というようなイメージを作り上げてしまったと思われる。『平家物語』は俊寛僧都らが流刑されるときの記事に、鬼界ヶ島の様子を次のように記している(巻第二、新日本古典文学大系)。

ほとんど舟も通わず、人影もまれである。島人がいても日本人と似ておらず、色は黒く牛のようである。体毛が多く、言葉も聞き取れない。男は烏帽子《えぼし》も付けず、女は髪も下げていない。衣服も着ていない。食物がないので狩猟や漁労などで生活している。米類もなく絹や布もない。島の中に高い山があって常に噴火しており、硫黄が満ちている。だから、硫黄ヶ島という。雷が常に鳴り響き、山麓には雨がしきりに降っている。

このような情報が持ち込まれたルートについても関心があるが、異境《いきょう》としての描写として十分である。別本の『平家物語』では「まったく鬼のようだ」とも記す。西の境界、鬼界ヶ島のイメージはこのようにして作られていったのである。

東の境＝外が浜

次は東の境界の外が浜である。外が浜は現在の青森県陸奥《むつ》湾の西海岸一帯をさす。いい換えれば日本海側に突き出た津軽《つがる》半島の東海岸である。後述する発掘された港湾都市十三湊《とさみなと》は、外が浜の反対側、津軽半島西海岸にあった。地名の由来は諸説あるが、もともと「率土《そつど》の浜」の意味で、王土のつきる果てを意味ではないかといわれる。一二世紀の歌人僧西行《さいぎょう》の『山家集《さんけしゅう》』にも「そとの浜風」と詠われており、その後も多くの和歌に詠まれているから、一二世紀後半の京都では陸奥国のさらに奥に「外が浜」という場所があったことが知られていたと思われる。

『吾妻鏡』文治五年（一一八九）九月十七日条に引用された「中尊寺《ちゅうそんじ》々塔《とう》以下注文」によれば、奥州藤原氏の初代清衡《きよひら》は、白河関《しらかわのせき》（福島県白河市）から「外浜」までの道路一町ごとに金色の阿弥陀像を描いた卒塔婆《そとば》を建てたと見えるのが早い例である。その地理的状況から考えて、白河と外が浜は藤原氏の支配領域の南北の境を意味したのであろう。したがって、文治五年に奥州藤原氏が頼朝によって滅亡させられると、外が浜を含む地域も幕府の支配下に入り、長く北条得宗領《とくそうりょう》であったと思われる。鎌倉時代から南北朝時代にかけて、外が浜から北海道松前地方を支配した安藤（東）氏は北条氏の被官《ひかん》で、蝦夷管領《えぞかんれい》という地位にあったことがそれを示している。

外が浜の性格はこれだけではない。同じく『吾妻鏡』には、淡路国で見つかった前足五本、後足四本の「異馬」が幕府に届けられたが、それは「陸奥国外浜」に棄てられた、と記されているし（建久四年七月二十四日）、『曾我物語』（巻二）には、鬼王安日《あび》が国家に仇をなす悪鬼《あつき》として、神武《じんむ》天皇によって外が浜に追放された、という神話が載せられている。外が浜は得体の知れないものや悪鬼を追放する場所＝境域であったのである。

もう一つ。室町時代の謡曲「善知鳥《うとう》」の舞台も外が浜であった（伊藤一九九二）。諸国を遍歴している僧が外が浜の猟師の亡霊に呼びかけられた。外が浜でウトウという鳥を無数に獲ったため地獄に堕《お》ちたと語り、僧侶に妻子の住む外が浜の小屋を尋ねてそこにある蓑笠《みのかさ》に手を合わせてくれと頼む。僧が行って頼まれたとおりにすると、再び亡霊が現れたが、彼は小屋には近づけず、ただ鳥の化け物に目はほじくり出され、肉体は爪で引き裂かれた、という地獄の苦しみを語るだけであった、という内容である。殺生《せっしょう》を職業とし、地獄に堕《お》ちてすさまじい苦しみを味合わざるを得なかった猟師の生活の場が外が浜であった。南北朝期以降、殺生に対する蔑視観《べっしかん》が強まるといわれるが、それを描く謡曲の場所が外が浜であったのであった。外が浜の境界性がみごとに反映された話といえよう。

南と北

前述のように南の境界は土佐、北の境界は佐渡であった。日本列島の地図を思い出すと、土佐は四国の南端であり佐渡は北陸道に突き出でた島であって、二つの地域はほぼ対極に位置し、南北の境界としてふさわしいように思う。しかし、それだけではなかったのである。土佐と佐渡には別の共通点があった。それは両国とも流刑の地であったことである。

八世紀前半、流刑の制が定められた時、土佐国は「遠流《おんる》」の国となったため、その後多くの人々がこの地に流された。応天門《おうてんもん》の変（八六六年）で紀豊城《きのとよき》に連座した紀夏井《なつい》、保元《ほうげん》の乱（一一五六）で敗北した左大臣藤原頼長《よりなが》に連座した子の師長《もろなが》、平治《へいじ》の乱（一一五九）で破れた源義朝の子希義《まれよし》、承久《じょうきゅう》の乱（一二二一）で父後鳥羽上皇の討幕運動の罪を蒙《こうむ》った土御門《つちみかど》上皇、元弘《げんこう》の乱（一三三一）で幕府に捕らえられた後醍醐天皇の子尊良《たかよし》親王など、その数は多い。

一方、佐渡国も「遠流」の国であった。この地に流された人も多く、伊豆流刑中に源頼朝の挙兵を促《うなが》したり、神護寺《じんごじ》の再興などにも活躍した僧文覚《もんがく》、承久の乱で流された順徳《じゅんとく》上皇はこの地で二一年を送り「佐渡院」とも呼ばれている。また、モンゴルの来襲を機に幕府批判を展開した日蓮《にちれん》も斬首《ざんしゅ》されるところを許されて流された（一二七一年）。さらに室町時代には、三代将軍義満の庇護《ひご》のもと猿楽能《さるがくのう》を大成した世阿弥《ぜあみ》が六代将軍義教に疎《うと》まれて流されている（一四三四年）。

このように、南北の境界である土佐と佐渡が中世を代表する遠流の地であったことは、西の鬼界ヶ島、北の外が浜とも共通する性格をもっており、中世日本の境界が単なる地理的、領土的な意味での領域・国域ではなく、なんらかの精神的、宗教的な意味合いが含まれていたことを想定させる。

境界と穢れ観念

このような境界に関する観念の意味をよく示している記事が、一〇世紀前半に編纂された『延喜式《えんぎしき》』にある。それは現在の節分《せつぶん》にあたる「追儺《ついな》」の行事に関する記述である。

穢《きたな》く悪《あし》き疫鬼《えつき》の所所村村に蔵《かく》り隠《かくら》うるをば、千里の外、四方の堺、東方陸奥、西方遠値嘉《おちか》（五島列島）、南方土左（佐）、北方佐渡よりをち（遠く）の所を、なむだち（お前たち）疫鬼の住《すみ》かと定賜《さだめたま》い行賜《おこない》て……

汚く悪しき疫鬼が村々に隠れ住んでいる。それらを、四方の境（陸奥・遠値嘉島・土佐・佐渡）より遠くへ追い立てて、そこを疫鬼らの住みかと定めた、というのである。これが節分の「鬼払《おにやら》い」の原型であった。四つの境界は汚く悪い疫病の原因となる鬼、すなわち穢れたものの住みかである、というのである。これまで述べてきた東西南北の境界に関する記事の内容とみごとに一致している。

というより、順序は逆で、『延喜式』のこのような観念が一〇世紀段階にすでに成立していたからこそ、中世社会において上記のような境界観念が形成されたのであった。日本の国家領域はつねに清浄に保たれなければならず、それを維持するためには穢れたもの汚れたもの（ケガレ）は国域の外へ次々と追いやらなければならないのである（村井一九八五）。

ここで思い出して欲しいのが、第五章1の「中心と周縁」の項である（一三六頁）。そこでは、洛中への疫病神《えきびょうしん》の侵入を防ぐために同心円のバリアが複数存在したことに触れたが、この境界に関する観念も同じ考え方に基づいていることは理解できよう。とすると、この国家領域は清浄でなければならないという観念の中心にも天皇が存在したのである。

最後に西の境界の一つとして「高麗《こうらい》」があったことに触れておこう。本節の最初の項で、九世紀後半に新羅《しらぎ》との対外関係が悪化して以降、日本の朝廷は神国思想を背景に、朝鮮半島の国々とくに高句麗・新羅を排斥・侮蔑《ぶべつ》する観念を持ち続けた、と指摘したが、この観念は中世になっても維持された。その代表が院政期に成立したといわれる仏教説話集『今昔物語集』によく現れている。

『今昔物語集』の最初の前半は「本朝仏法部《ほんちょうぶっぽうぶ》」といわれ、仏教に関する説話が収録されているのだが、その仏教の伝来に関する理解を通常「三国史観《さんごくしかん》」と呼んでいる。それは釈迦《しゃか》が興《おこ》した仏教は天竺《てんじく》

（インド）から震旦《しんたん》（中国）に渡り、さらに本朝（日本）に伝来した、という考え方である。私たちは、教科書などで仏教が百済《くだら》から伝来した（五三八年または五五二年）、と習ってきたが、この考え方には百済など朝鮮半島の国々は入ってこないのである。天竺・震旦への憧憬《どうけい》は朝鮮の国々を排除し、境界の一つに位置付けてしまったのである。すなわちケガレの対象になってしまったのである。このような朝鮮の国々に対する蔑視観《べっしかん》は、神功皇后《じんぐうこうごう》が三韓《さんかん》を「征伐」したという神話（「三韓征伐」神話）が元寇《げんこう》などの対外的危機になると常に呼び返され、「神国日本」を吹聴《ふいちょう》・鼓舞《こぶ》するために利用されていることによく示されている（村井一九八八ａ）。

その意味では、九世紀ころにできあがった貴族の世界観・境界観念が、現在の私たちの対外認識にまで影をおとしていないかどうか、改めて問い直してみる価値があるように思うがいかがであろうか。

2―十三湊から上之国へ

1節では日本の北と南の境界の話をしたが、本節と次節では最近の発掘や研究の成果をもとに北と南の活況の様相を具体的に紹介しよう（石井二〇〇二、長谷川二〇〇一、大石二〇〇一など）。

「廻船式目」の語るもの

まず、北から始めよう。平安時代後期の平泉政権に代わって、中世の東北地方で注目されるのが十三湊である。十三湊は「とさみなと」と呼び、津軽半島の西海岸に位置している。前節で触れた外が浜の反対側の海岸である。津軽の名峰岩木山《いわきやま》に源を発した岩木川が北流し日本海に注ぐ直前、砂州にはばまれて大きな湖を形成したのが十三湖《じゅうさんこ》で、その十三湖を塞《ふさ》ぐように南から延びた砂州《さす》の上に形成された港湾都市が十三湊である（口絵6参照）。その十三湊が確認できる初期の文献が「廻船式目《かいせんしきもく》」である。

「廻船式目」とは、船舶を利用して旅客や貨物の運送を行う際生じるさまざまなトラブルを防ぐために、それまでの慣習や取り決めを新たに成文法として集大成したもので、三一ヵ条からなるものが多い。奥書《おくがき》には貞応《じょうおう》二年（一二二三）に策定されたとあるが、実際は室町時代中ごろの成立で、「貞永式目」（貞永元＝一二三二年成立）より一〇年も早くできたように仮託したのではないかといわれる。

その末尾に、当時の日本の代表的な港湾が「三津七湊《さんしんしちそう》」（計一〇港）として記されている。それを整理すると表23のようになる。

これは、中世後期の日本を代表する港湾ベストテンのようなものであるが、三津が伊勢湾から博多までの太平洋岸～瀬戸内海航路上の港湾であり、七湊は越前から津軽までの日本海航路上の港湾を示している。その日本海航路の最北の港が十三湊であった。旧《もと》の青森県北津軽郡市浦村十三《じゅうさん》に相当する。いまは「じゅうさん」と読むが、江戸時代後期までは「とさ」と呼ばれていた。新民謡《しんみんよう》の盆踊《ぼんおど》り唄に、

十三《とさ》の砂山ナァヤーイ

米ならよかろナ
西ィの弁財衆にァエ
ただ積みましょ
ただ積みましょ

などと唄われている。弁財衆《べんざいしゅう》とは廻船《かいせん》集団を意味するから、ここが廻船の中継地であったことを唄ったものであろう。

もっとも古い文献は、応安《おうあん》四年（一三七一）に書写された大般若経《だいはんにゃきょう》の一巻の奥書にある、「奥州津軽の末の十三湊に住む僧侶の仏子《ぶつし》快融《かいゆう》」が書写したという記録である。現在は広島県安《あ》芸《き》津《つ》町の浄福寺に所蔵されているが、もとをたどれば周防《すおう》国の常燈寺《じょうとうじ》（山口県光市）のために書写されたものだったらしい。書写した場所が十三湊だったか、周防国まで行って書写したのかは不明だが、当時すでに十三湊と瀬戸内海とを繋ぐ海上交通のルートがあったことがわかる。

表23　三津・七湊一覧

三津		
国名	津名	現在地
伊勢	阿濃津	三重県津市
和泉	堺	大阪府堺市
筑前	博多	福岡県福岡市

七湊		
国名	湊名	現在地
越前	三国	福井県三国
加賀	本吉	石川県美川町
能登	輪島	石川県輪島市
越中	岩瀬	富山県富山市
越後	今町＊	新潟県上越市
出羽	秋田	秋田県秋田市
津軽	十三湊	青森県市浦村

＊今町＝直江津

これは中世の史料ではないが、江戸時代に津軽地方で広まっていた文献に『十三往来《とさおうらい》』がある。非常に粉飾《ふんしょく》と誇張《こちょう》が多い文献なので相当割り引いて理解しなければならないが、夷船《えびすぶね》・京船《きょうぶね》が群集して舳先《へさき》を並べ、湊は大変な賑わいで、新町には数千の家が軒を並べ、商人の売買は思いのままである、などと記されている。夷船＝エゾなど北方からの船、京船＝京都に物資を運ぶ西国からの船が行き交っていた港湾都市としての繁栄が偲ばれる。

よみがえる十三湊

このような十三湊の栄華が実際に確認されることになった。以前から現在の集落の周囲にある畑から多数の土器片が発見されることから、『十三往来』に記されたような港があったに違いないと思われていたが、一九九一年、国立歴史民俗博物館によってついに本格的な発掘が行われることになった。その後の発掘の成果を含めて、その概要を示すと次のようになる（長谷川二〇〇二）。次頁の「十三湊遺跡想定復原図」（図47）を見ながら読んで欲しい。

遺跡は、日本海と十三湖との間に発達した二列の砂丘のうち、十三湖側の砂丘上に細長く存在している。都市構造は、遺跡を南北に走るように中軸街路（メインストリート）が設けられ、それに直交するかたちで東西に土塁《どるい》が築かれ、土塁を挟んで北と南に大きく都市空間が分けられている。土塁の北側と南側では、出土した陶磁器《とうじき》によって年代の違いが確認される。北側地区は一二世紀〜一三世紀にはすでに成立しており、南側地区は一三世紀〜一四世紀に入ってから形成された。

北側地区は、南北方向や東西方向に板塀《いたべい》跡や柵列《さくれつ》跡と推定される規則的な溝が掘建柱《ほったてばしら》建物跡を区画するかたちで配置されていて、武士階級の館《やかた》にともなった遺構群と考えられる。区画の外側には竪穴《たてあな》遺構も出ており、この竪穴遺構から炉《ろ》の跡なども検出されている。また、鍛冶《かじ》工房《こうぼう》などの施設も確認され、館の周辺には職人の住居も建ち並んでいたようだ。この北側地区は、おそらく館主である安藤氏の館や家臣団の館、さらには職人集団の施設も所在していたと推定される。

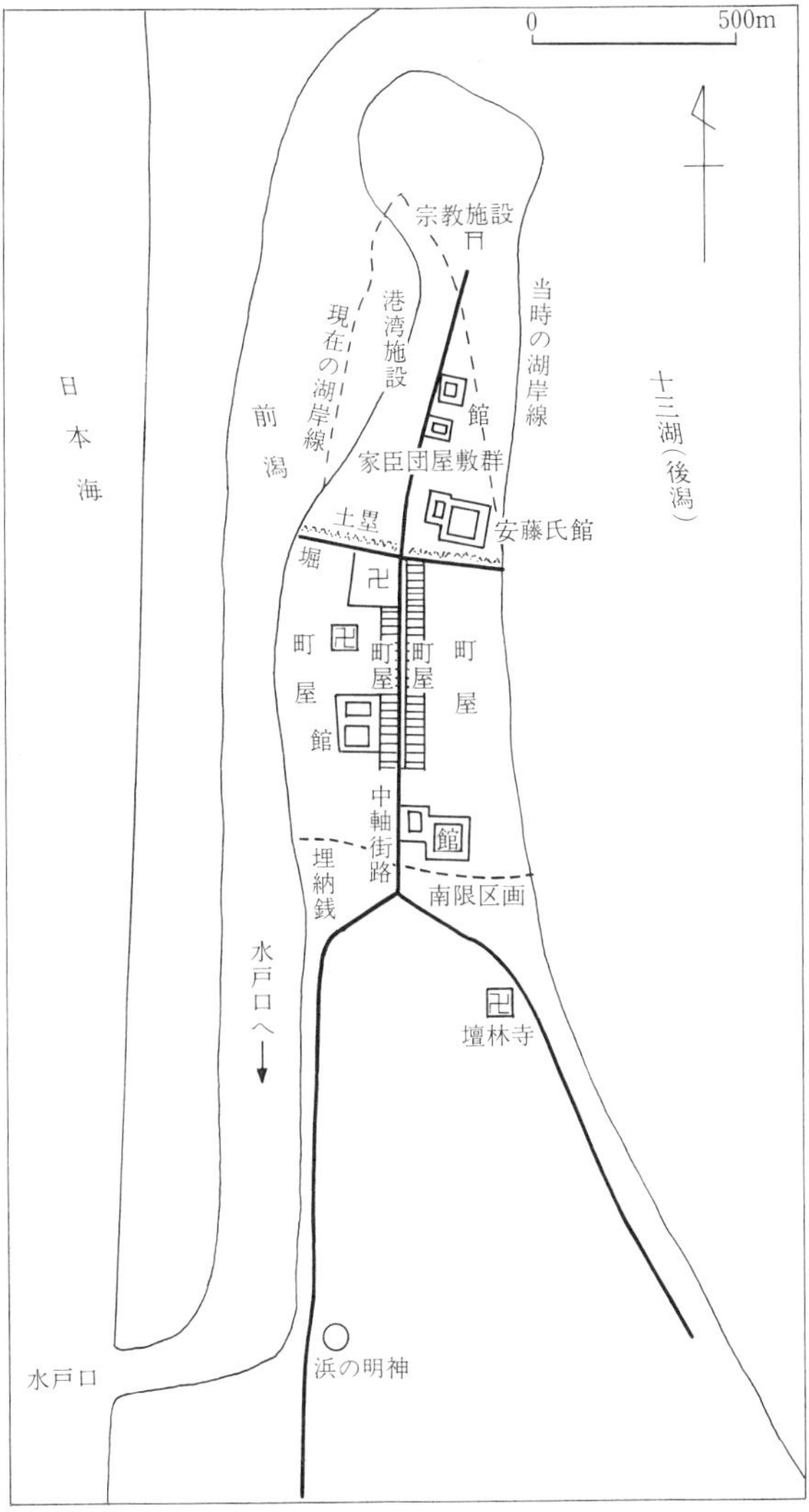

図 47　十三湊遺跡推定復原図

土塁の南側地区は、中軸街路を中心に屋敷地が短冊状に並び、町屋《まちや》が形成されていた。一つの屋敷地は中軸街路側溝を正面に、裏にも平行した溝を設け、隣の屋敷地との境を柵で区画し、その中に掘立柱建物跡と井戸を配置している。これらの屋敷地からは中国製の青磁《せいじ》や白磁《はくじ》をはじめ、日本製の瀬戸《せと》焼《やき》や美濃《みの》焼《やき》、さらに能登《のと》半島の珠洲《すず》焼《やき》などの陶磁器類が多量に出土し、町屋に居住した庶民も多くの陶磁器を使用し、交易にも広く関わっていたと推定されている。

港湾都市といいながら、港湾施設の確認はなかなかできなかった。しかし、一九九九年、「復原図」に「港湾施設」とある部分にトレンチ（試掘の溝）を入れたところ、西側の前潟《まえがた》に下がっていく斜面一帯で小石が一面に敷きつめられているのが発見された。小石と小石との間には粘土《ねんど》質《しつ》の砂が混ぜられ、そこからは多くの陶磁器の破片が見つかった。船着き場や荷揚《にあ》げ場の遺構に相違なかった。さらに、敷きつめた小石や浜地の砂が波に流されるのを防ぐ施設と思われる木杭《きぐい》の列も発見された。そして、さらに西側からは木杭に巻き付いた縄状《なわじょう》のものも見つかった。船をつなぎ止めておくための「舫《もや》い綱」であった。このようにして、港湾都市十三湊を構成していたいくつかの重要部分が確認されたのである。

この発掘を通じてわかった重要な点の一つは、中国龍泉窯《りゅうせんよう》で焼成された青磁《せいじ》を基準に、全国的な貿易陶磁器の出現率を調べると、一四世紀〜一五世紀中頃の青森県は他県を圧倒する出現率を示していたことである。とくに、中国青磁の椀《わん》は十三湊からもっとも多く出土しており、これは十三湊がこれら中国青磁の移入口であったことを物語っている。日本海ルートで運ばれた中国製陶磁器は十三湊で荷下ろしされ、岩木川を上って津軽地方内部に運ばれ、各地で消費されたのであろう。

これだけから見ても、十三湊を日本海ルートの最北端の湊、などという消極的な評価ですますことができないことは明白である。京と鎌倉を中心とする中世の交通観は大きな間違いだったのである。

ところで、この繁栄した十三湊の館主《たてぬし》の安藤氏についてなにも説明しなかったが、以後の叙述にも必要なので簡単に触れておこう。

十三湊館主安藤氏

安藤氏は安東とも書き、その実態がわかるのは鎌倉時代になってからで、北条得宗《とくそう》家の被官《ひかん》として津軽各地の北条氏所領の地頭代官をつとめるとともに、「蝦夷の沙汰」＝蝦夷管領《えぞかんれい》も任務としていた。蝦夷管領とはエゾ集団を統括し、エゾ交易の管理・統制、蝦夷島流刑《えぞがしまるけい》の執行などを担当したという。

鎌倉時代末期（一三一七〜一八年ころ）、蝦夷の反乱を契機に安藤氏の内紛（安藤氏の乱）を起こし、鎌倉幕府の追討を受けたが和談によって解決し生き延びることに成功した。南北朝内乱期には一族が室町幕府軍の「津軽合戦奉行」として活躍している。後世の記録である「十三湊新城記《とさみなとしんじょうき》」などでは、鎌倉末期ころ上国《かみつくに》と下国《しもつくに》の二家に分かれたと伝えているが、鎌倉末・南北朝期の文書に現れる安藤氏はすべて下国系統の人物なので、上国家は比較的早く滅亡したようである。

安藤氏が十三湊と関係を持つようになった時期は不明である。先の「十三湊新城記」には下国家の本拠を十三湊とするが確証はない。しかし、現福井県小浜市にある羽賀寺《はがてら》の縁起には、「奥州十三湊日《ひ》之《の》本《もと》将軍安倍《あべ》康季《やすすえ》」が永享《えいきょう》八年（一四三六）に羽賀寺の修復を行ったことが記されている。安倍氏は安藤氏の名乗りであるから、少なくとも一五世紀初頭に安藤氏は十三湊を本拠としていたことは間違いないであろう。十三湊遺跡の年代は一四世紀から一五世紀いっぱいであり、遺跡全体を南北に分ける大土塁は一四世紀末か一五世紀初めに造り始められ、一五世紀第二四半期により強固にするための工事が行われたと推定されているから、安藤康季が羽賀寺の修復を手がけた時期こそ、十三湊そして館主安藤氏の繁栄が最高潮に達した時であったといえよう。

志苔館・勝山館の発掘

十三湊が繁栄していた一五世紀初頭、北海道渡島半島《おしまはんとう》の海岸沿い（今の函館《はこだて》から江差《えさし》・上ノ国《かみのくに》付近）に、和人が建設した館が複数存在した。初期の松前《まつまえ》藩に関する記録である「新羅之記録《しんらのきろく》」によれば、志苔館《しのりだて》・函館・茂別館《もべつだて》など後に「道南十二館」と呼ばれる館が存在したという（『新北海道史』、図48）。これらの館主の多くは、十三湊に本拠をおいていた安藤氏嫡流《ちゃくりゅう》の「季《すえ》」の字を冠する者が多いことから、安藤氏の勢力下にあったと思われる。安藤氏は永享四年（一四三二）に南部氏に追われ蝦夷島へ退転したが、その時、ともに北海道へ渡った人々と関係があるのであろう。

「道南十二館」のなかでも注目されるのが志苔館である。

志苔館は、函館市の東方（志海苔町）にあって、標高一八〜二五メートルの海岸段丘の南側に位置し、眼前に広がる海の向こうには下北半島が見える、という津軽海峡の要衝の一つであったと思われる。

「新羅之記録」によれば長禄《ちょうろく》元年（一四五七）のコシャマインの攻撃で陥落《かんらく》し、永正《えいしょう》九年（一五一二）に再度アイヌの攻撃を受けたという。

一九六八年、その館の麓の銭亀沢《ぜにかめざわ》からなんと四〇万枚におよぶ大量の蓄蔵銭《ちくぞうせん》が発見された（図49）。これは、一ヵ所から発掘された蓄蔵銭としては日本で最大である。出土した古銭は中国の前漢《ぜんかん》の時代から明代《みんだい》初期の洪武《こうぶ》通宝《つうほう》に至る渡来銭や皇朝銭《こうちょうせん》などであって、一五世紀中頃に備蓄されたものと推定

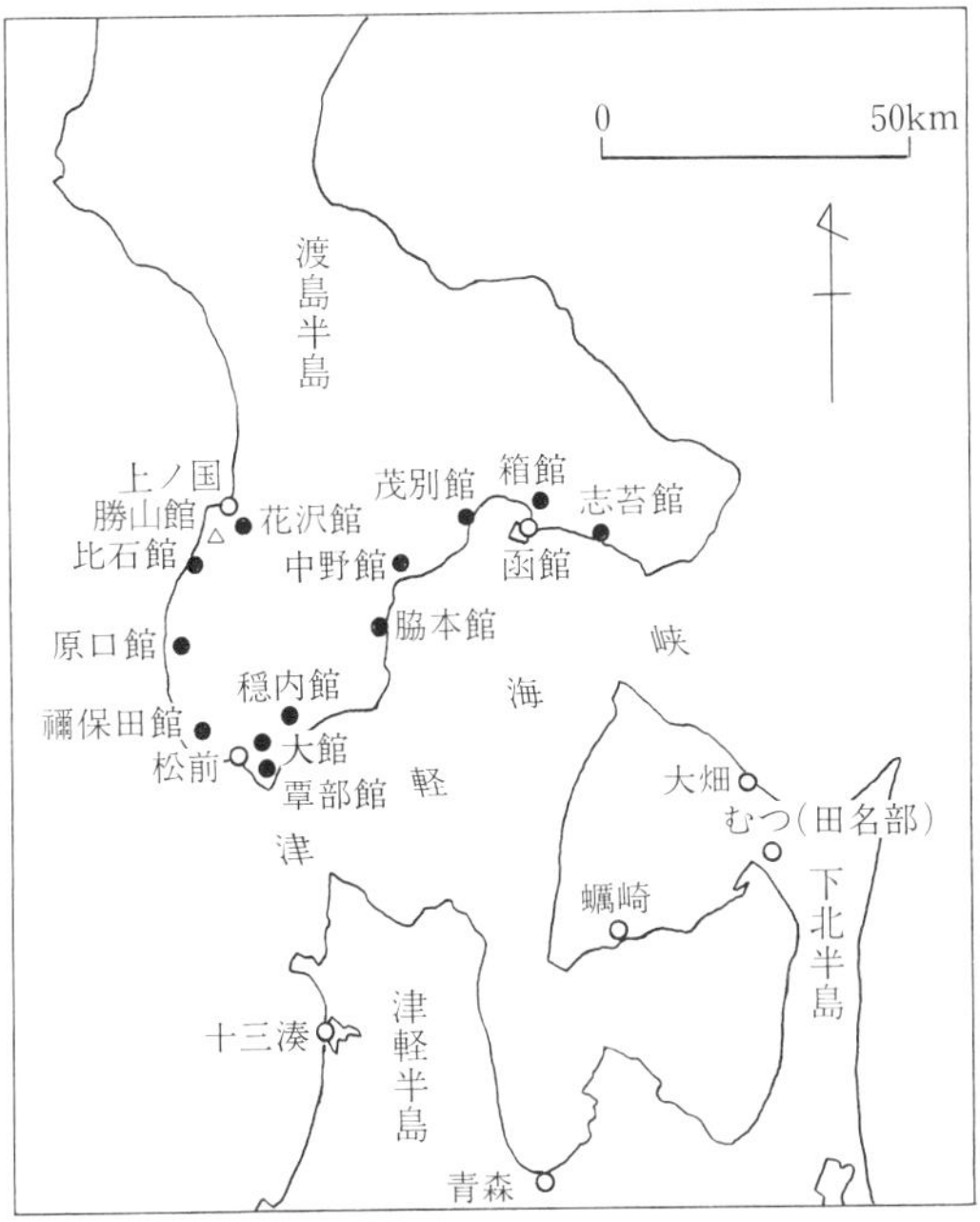

図48　道南十二館（•印）

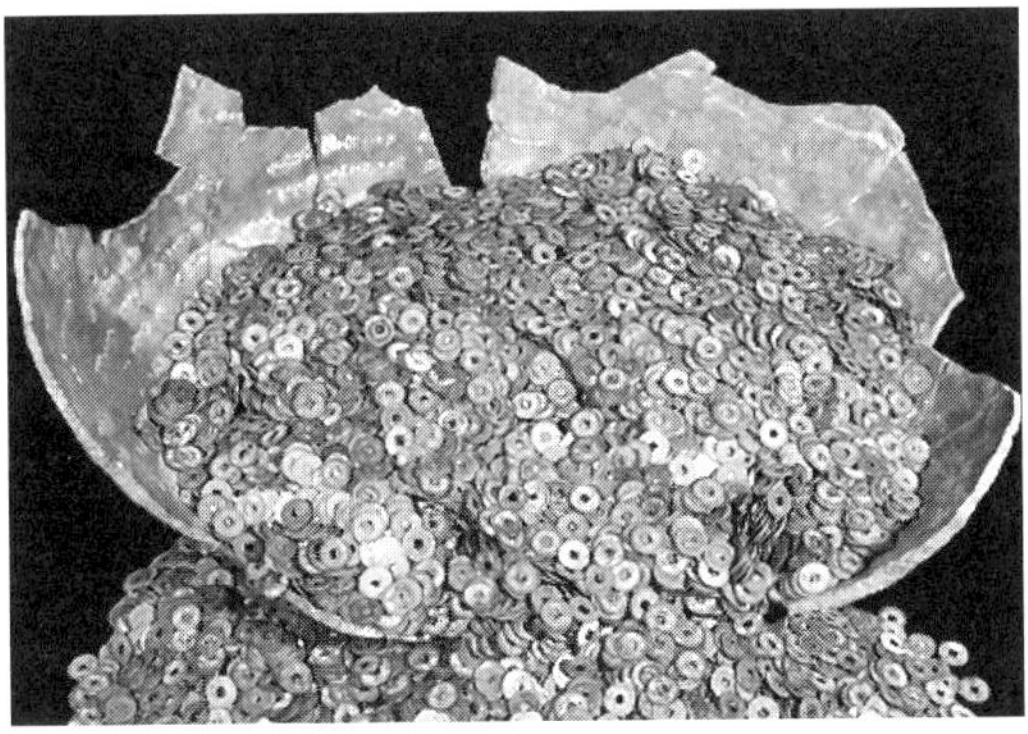

図49　志海苔町出土の古銭と甕

されている。また館跡からは、中国からの舶載《はくさい》の陶磁器や越前古窯《こよう》・珠洲窯《すずよう》さらに瀬戸系などの国産陶磁器も多数発掘された。海上交通の拠点としての当時の栄華が偲ばれる。

一五世紀中頃の道南地方は、茂別館《もべつだて》の守護下国家政《しものくにいえまさ》の勢力下の「下之国」、大館《おおだて》（松前）の下国定季《さだすえ》の勢力下の「松前」、花沢館《はなざわだて》の蠣崎季繁《かきざきすえしげ》が支配する「上之国《かみのくに》」の三地域に分かれていた。前述のコシャマインの攻撃で和人の館が次々と陥落するなか、松前と花沢館がその攻撃から免れたため、難を逃れた多くの人たちがその二ヵ所に集住したという。

花沢館の館主蠣崎季繁の客将であった武田信広は、アイヌの蜂起を制圧する過程で軍事指揮権を掌握し、蠣崎氏の家督《かとく》を相続して蠣崎氏を名乗った。信広は戦乱を逃れてきた人々を集住させ、洲崎館《すざきだて》や勝山館《かつやまだて》を築いたといわれる。

勝山館は、花沢館の南西側の夷王山《いおうさん》の麓に築造された館で（図48△印）、館の正面には三段の平坦面が形成され、館の前面入り口付近から小さな平坦面が四段続き、小屋・櫓《やぐら》・柵などが配置されていた。一段低い宮ノ沢側の平坦地は侍屋敷跡と伝えられ、寺ノ沢側の平坦地には石積みの池と暗渠《あんきょ》の排水施設が見つかっている。本格的な館が構築されたことが知られる。勝山館の背後にそびえる夷王山（一五九$_{\text{メートル}}$）には、一五〜一六世紀に埋葬されたと推定される火葬《かそう》墓・土葬《どそう》墓が六〇〇基余り確認されている（夷王山墳墓群）。これらの被葬者は勝山館に拠った蠣崎氏配下の人々であったと思われる。

発掘調査の結果、同館跡からは、数多くの青磁・白磁器《はくじ》・染付《そめつけ》などの大陸系陶磁器をはじめ、美《み》濃《の》・越前・唐津《からつ》などの国産陶磁器、鍋《なべ》・釘《くぎ》・刀子《とうす》などの鉄製品や骨角器《こつかくき》、多数の炭化米が出土した。また、複数の住居跡や鍛冶《かじ》作業場跡も確認されている。

このような発掘の成果から、蠣崎氏は館内に一定の家臣団を集住させるとともに、鍛冶などの職人集団も住まわせ、アイヌ交易を主体とした、日本海交易に積極的に取り組んでいたと考えられる。

アイヌと和人の混住

ところで、勝山館跡からは和人の遺物だけでなく、アイヌ系の遺物も出土する。これは何を意味しているのであろうか。とくに、大量に出土する中柄《なかえ》（鏃《やじり》や銛先《もりさき》と、矢の柄や銛の柄を連結する道具）や骨鏃《こつぞく》・ヤスなどの骨角器がそれに該当するが、中でも中柄の出土は六〇〇点を超えるほどであるという。また、天目茶碗《てんもくぢゃわん》や白磁皿など和人系の遺物にも、アイヌが自分の持ち物につける所有者を示すマーク（シロシという）が刻印されたものが見つかっている（図50）。さらに、勝山館の直下からはイクパスイというアイヌが儀礼の際使用する道具が四本も発見された。イクパスイは神に酒を捧げる時、口べたな人間に代わって、願いや思いを神に伝えてくれる大切な祭具であった。

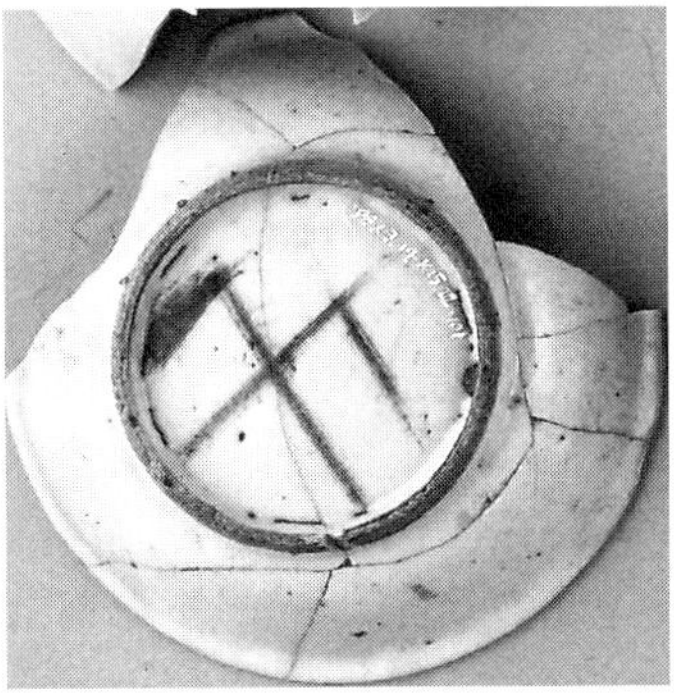

図50　高台裏にシロシのついた白磁皿

出土するのはアイヌ系の道具だけではなかった。夷王山墳墓群の一部からアイヌのものと思われる墓が出土したのである。発掘された二基の墓は、いずれも身体を長く伸ばし、頭は南東方向にむけて葬られており、その一体の左右の耳にはアイヌ特有のニンカリとよばれる耳飾りが着けられていた。他の墓の多くが頭を北に向け、屈葬《くつそう》の形態で埋葬されているのと大きく異なっている。これらの特徴は北海道内の近世アイヌの埋葬と一致しており、この二基の墓はアイヌのものであったのである。

さらに、この二基のアイヌ墓の中間に一基の屈葬土葬墓《くつそうどそうぼ》が造られていた。その特徴から考えてこれは和人の墓と考えざるを得ない。これらの墓の埋葬の時期には前後関係があるようであるが、これら三基の墓がまとまって夷王山墳墓群の一画を構成していることは間違いないのである。

交易の対象であったとはいえ、アイヌとの熾烈《しれつ》な戦いを繰り返していた勝山館から、アイヌ系の大量の遺物とアイヌの墓が発見されたことは、この地で和人とアイヌの混住が実現していたことを物語っている。われわれは、ともすると、江戸時代の松前藩とアイヌとの交易のイメージから両者の対立的な関係を想定しがちであるが、勝山館跡の発掘はそれが一面的な見方であることを教えてくれる。

もちろん、混住しているからといって両者に平等な関係が成立していたとか、同人数が生活していたなどというつもりはない。勝山館では館主蠣崎氏が主人でありアイヌはその従者の一部を構成していたに過ぎないし、居住形態の違いやアイヌが使役されていた実態も知ることはできないが、墓の「混在」が示すように、そこには過度の身分的な差別を見ることができないのである。これ以上の推測は今後の発掘の成果に待つより仕方ないが、中世末期の北海道における和人とアイヌの関係については、既存の価値概念を一度振り払って、遺物・遺構に即した評価が要求されているように思えてならない。

3―琉球と奄美

グスク時代

私の出身が北海道の所為《せい》ではないが、北の話が長くなってしまった。いよいよ南に目を転じよう。豊見山和行《とみやまかずゆき》・高良倉吉《たからくらよし》らの成果を私なりにまとめると以下のように説明できる（高良一九九三・二〇〇一、入間田・豊見山二〇〇二、豊見山・高良二〇〇五）。

現在の沖縄を中心とした地域が古代の時代＝貝塚《かいづか》時代を終えて、古琉球《こりゅうきゅう》＝グスクの時代に入るのは一一世紀前後だといわれる。この時期に琉球は大きな変化の時代を迎えた。簡単にその変化の特徴を記すと、次のようになる（高良二〇〇一）。

①それまでの海産物に依存する生活から、米や麦の出土にみられるように穀物栽培を中核とする本格的な農業社会へ移行した。
②刀子《とうす》（ナイフ状の道具）の使用が始まるなど、鉄器文化が普及し始めた。
③奄美《あまみ》徳之島《とくのしま》で生産された須恵器《すえき》と呼ばれる焼き物が沖縄地方でも使用され始めるなど、地域内で交易が可能になり、文化に地域的特徴が見られるようになった。

④中国陶磁器が各地で出土するようになり、その量も時代が下るにつれて増加傾向にあるので、この時期に琉球地域が環東シナ海交易と関係をもつようになった。
⑤琉球全体にグスク（またはスク）とよばれる構築物が登場し始め、現在三〇〇を超えるグスクが確認できる。その性格については意見が分かれるが、その主なものは戦う施設としての城塞《じょうさい》に進化しており、一四世紀には堅牢《けんろう》な城壁《じょうへき》をもつ大型のグスクが出現するようになった。
⑥グスクの登場とともに、各地に按司《あじ》やテダ、「世の主」と呼ばれる首長層が台頭し、彼らの一部は激しい競争を通じて政治的支配者として成長し始めた。
⑦この時期の遺跡の多くは石灰岩の丘陵地帯に形成されており、その下面に湧《わ》き出る自然の湧水《ゆうすい》とその前に広がる狭い谷地形の低地を利用して水田開発を進展させていったと考えられる。
以上七点がこの時代の主《おも》だった変化であるが、これらがバラバラに発生したものではなく、複合的・重層的にそれも琉球という地域的特徴をともないながら進行したところに大きな意味がある。沖縄・先島《さきしま》（宮古《みやこ》・八重山《やえやま》の総称）・奄美《あまみ》の地域的かつ文化的な統一性へ向けての動きが明確になったといえる。

これらの特徴をもった時代を「グスク時代」と呼んでいるのであるが、このような時代を作った契機はなにか。実はこの肝腎の疑問に対する解答はいまだ不明なのだという。しかし、その可能性として指摘されているのは、大陸の政治情勢・政治体制の変化である。中国においては、北方に興《おこ》った女《じょ》真族《しんぞく》の国家である金《きん》の南下によって、「五代十国」の時代を統一した宋《そう》が南に押しやられた結果、南宋が拠点とした長江《ちょうこう》（揚子江《ようすこう》）下流域とその以南の地域（江南）が経済的に発展し、その経済力が大陸内部に止まらず環《かん》東シナ海の諸地域へも影響を与えた結果、琉球内部でも変化が生じたのではないか、というのである。

あくまでも「影響」という間接的な力であるが、あながち否定できない要素であろう。実は、以前の唐帝国とは異なって、華南しか支配し得ていない宋は相対的に国力が弱く、かつ強力な中華イデオロギーを形成し得なかったために、この時期、他のアジア諸国が自立的な運動を展開できた、という考え方があるからである。その結果、宋の周辺には、表24のような国々ができた。

日本においても、一〇～一一世紀にかけて、日本化された文化（いわゆる国風文化）が形成され、武士の成長や奥州平泉が勃興《ぼっこう》するのもこの時期であった。日本からの影響というよりは、中国王朝の変化による環東シナ海地域全体の変化のなかで、琉球の変化も考えた方がよいであろう。

表24　一〇～一一世紀の宋周辺諸国の建国

国名	建国年	国名	建国年
契丹（遼）	九一六	西夏（チベット）	一〇三八
高麗	九一八	パガン朝（ミャンマー）	一〇四四
大理（雲南）	九三七	李朝（ベトナム）	一〇〇九

統一王国の成立

グスク時代に入って四〇〇年ほど経た一四世紀後半から一五世紀前半にかけて、琉球にも統一政権への動きが明確になった。それを主導したのが思紹《ししょう》・尚巴志《しょうはし》親子である。当時、琉球の中心であった沖縄本島では、島の北部に「山北《さんぼく》」（北山とも）、中部に「中山《ちゅうざん》」、南部に「山南《さんなん》」（南山とも）の三勢力が鼎立《ていりつ》し覇権《はけん》を争っていた（三山時代）。思紹・尚巴志は山南の一角、南部の東海岸に位置する佐敷《さしき》を拠点とする按司《あじ》であり、彼らのグスクを佐敷上城《うえぐすく》といった。

その彼らが、一四〇六年、突然その当時最も強力であったと思われる中山の拠点、浦添城《うらぞえぐすく》を攻め、中山の覇者《はしゃ》であった武寧《ぶねい》を滅ぼしてその勢力圏を手中に収めることに成功したのである。浦添城を陥落《かんらく》させ、中山の支配権を手に入れた思紹らは浦添城を捨て、新たに首里城《しゅりじょう》にその拠点を移したといわれる。それは浦添城の発掘によって確認できる。一三世紀末頃から始まる浦添城は一四世紀から一五世紀初頭にかけて飛躍的に拡充され、中国・朝鮮・東南アジアや日本からの文物が大量に出土しているが、一五世紀中期以降になると城の規模も縮小し、一六世紀にはみすぼらしい遺物・遺構しか確認できなくなる、というのである。一四〇六年に思紹・尚巴志らによって奪われた浦添城が一五世紀中頃以降急速に衰退していくのは、勢力の交替という要因だけでは説明ができない。この背景には、浦添城がもっていた中山に対する支配権そのものが消滅した、すなわち思紹らがその本拠とその機能を首里城に移したからだと考えるのが穏当であろう。

思紹・尚巴志親子は、さらに一四一六年、「山北」の拠点である今帰仁城《なきじんぐすく》を攻め、山北王の攀安知《はんあち》を滅ぼした。そしてその一三年後の一四二九年には島尻大里城《しまじりおおさとぐすく》を襲って山南王他魯毎《たろみー》を破って、ついに沖縄本島を中心とする地域の政治的統一を実現したのである。

彼ら親子の勢力は単に政治的な面で発揮されたわけではなかった。彼らは軍事力による統一事業を推し進めながら、その一方で新たな政治的拠点である首里城の整備拡充も同時に行っていたのである。では、当時の首里城はどのような構造であったのであろうか。

詳しくは不明だが、外郭《がいかく》を構成する門と内郭《ないかく》の門との形式的な違いから、現在の内郭部分―瑞泉《ずいせん》門・木曳《こびき》門・右掖《うえき》門・美福《びふく》門などを繋《つな》ぐ城壁のライン―によって囲われた範囲が当初の城の規模であったと推定されている。その内部の構造は、一四五六年に琉球の久米島《くめじま》に漂着した朝鮮人が本国に送還された時の事情聴取の内容が『李朝実録《りちようじつろく》』に記されており、それから類推することができる。その記事によれば、首里城は外城と中城・内城に分かれており、外城には倉庫や厩《うまや》があり、中城には二〇〇人余の警備兵が駐屯《ちゆうとん》し、内城には「閣《かく》」が建っていた。「閣」は三層の屋根をもち、内部は三階建てになっていて、下層（一階）は酒食が給される集会所、中層（二階）は王が住む場所で、侍女が一〇〇人余も仕えていた、上層（三階）は宝物を保管する場所であった、という（口絵7参照）。

さらに朝鮮人が「閣」は朝鮮の宮殿である勤政殿《きんせいでん》によく似ており、城門も朝鮮と同様のもので、王のいる「閣」を取り巻くように回廊式《かいろうしき》の建物が配置されていた、などとも報告しているように、当時の首里城が朝鮮の宮殿と似ていたことは注目してよい。朝鮮王朝の宮殿建築は中国建築の影響を強く受けていたから、それと首里城が似ているということは、首里城の建物群も中国建築の影響を受けたものであったことを示しているからである。とくに、当時の日本では城壁に石垣を使う風習はほとんどなかったことを考えると、沖縄のグスクさらに琉球王朝の宮殿である首里城が、中国ないし朝鮮建築の影響を強く受けて成立していたことは間違いないであろう。

明との朝貢関係へ

琉球が統一王国への道を歩み始めていた頃、東アジア海地域でも大きな変化が生じた。それは一三六八年の明《みん》国の成立である。成立当初の明国は反明国勢力の存在や倭寇《わこう》・海賊らによる密貿易活動によって、支配秩序の維持に不安定性を残していた。そのため、洪武帝《こうぶてい》（朱元璋《しゅげんしょう》）は倭寇と密貿易集団との関係を断ち切り、治安を回復するために海禁《かいきん》政策を採るとともに、正規の朝貢使節《ちょうこうしせつ》とだけ対外貿易を行うという、朝貢貿易体制を採用した。

その体制に琉球地域も組み込まれざるを得なかった。明国の要請に応えて、琉球中山王の察度《さっと》は一三七二年に王の弟泰期《たいき》らを派遣し、ここに明国との公式な外交関係＝朝貢関係が成立した。しかし、この明との朝貢関係がこれ以後の琉球の繁栄を準備することになった。それは、この朝貢関係が他の国々に比べると優遇されていたことに一因がある。簡単にのべると、

①朝貢回数における優遇で、開始から一四七四年まで貢期の制限がなかったこと、

②大型海船の無償支給の船数と支給期間の優遇で、支給船数は一三八五年から一四二四年までで三〇艘を数え、支給期間は一五四〇年代ころまで続いたと考えられること、

③人材面での優遇で、船頭や水主《かこ》などの乗組員や通訳など実務を担当する者が明国から派遣されたこと、

などである。とくに、③の点では、その始期は不明だが、那覇港《なはこう》の一角に明人《みんじん》集団の居留地《きょりゅうち》として久《く》米《め》村が形成されたことが注目される。彼らのすべてが明国から公的に派遣された者ではなく、私的に明と琉球の間を行き来していた明人の方が多かったと思われるが、彼らと派遣された人々が融合し、久米村が作られたのであろう。後世には、久米村の人々は「閩人《びんじん》（中国福建省《ふっけんしょう》地方に住んでいた人々）三十六姓」の末裔《まつえい》という自己意識をもち、近世になると対中国外交の専門集団として位置付けられた。

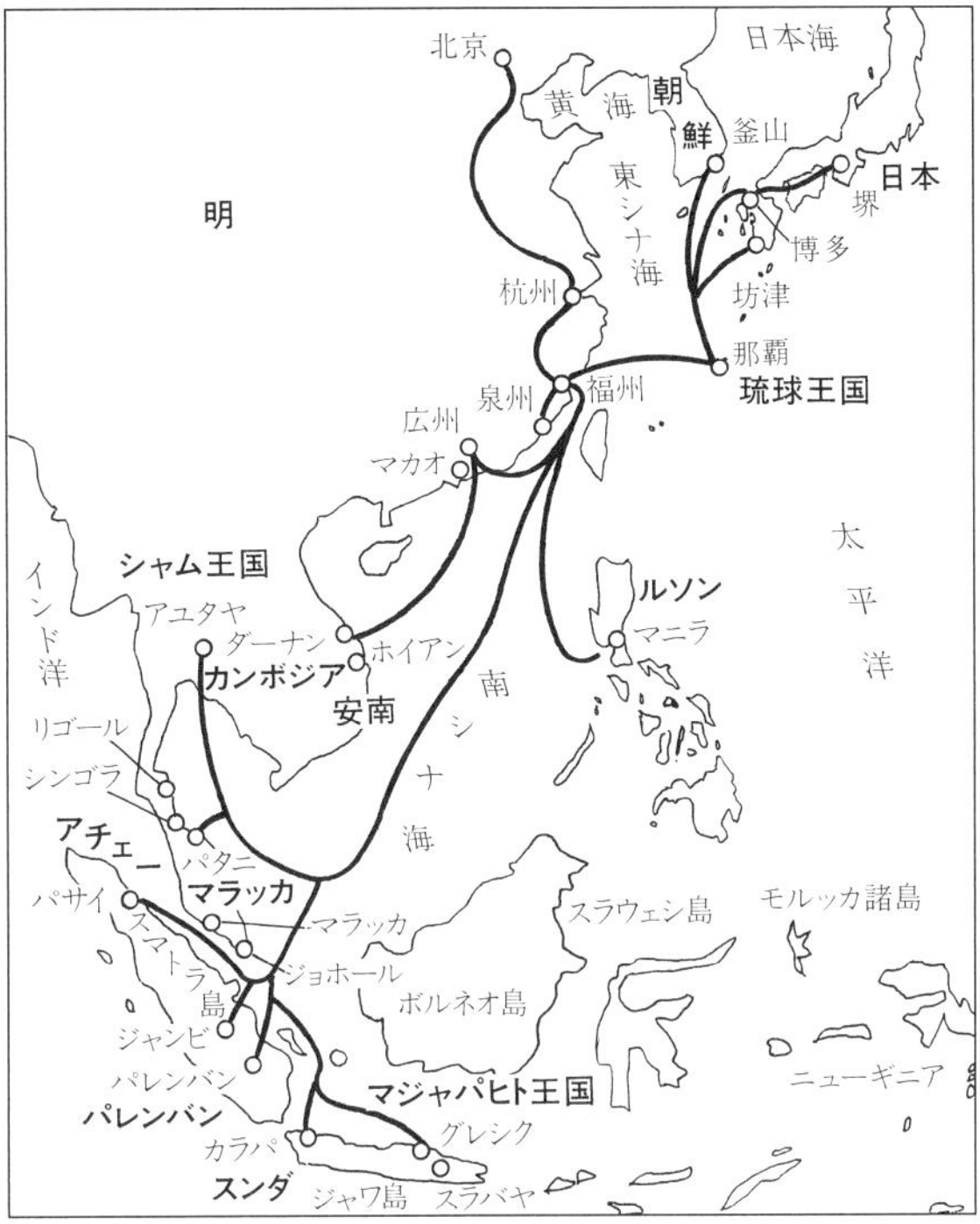

図51　琉球王国の貿易ルート

海のシルクロード

以上のような明政府の優遇策、とくに大型のジャンク船と船乗り集団を巧みに組織化して、琉球王国は東アジア海域から東南アジア海域に至る広大な交易圏を舞台に中継貿易の拠点として繁栄した。また、明国の海禁政策によって民間の明国人らの交易活動が厳しく禁止されたことも、琉球が中継貿易を展開できる大きな条件となった。琉球の中継貿易の相手は、安南国（ベトナム）、シャム（現在のタイ国にほぼ相当）、マラッカ（マレー半島の南部西岸の港湾都市）、パタニ（同半島の中部東側の港湾都市）、パレンバン（スマトラ島南東部の港湾都市）などの広域な地域に達した（図51）。

これらの国や地域へ赴いた琉球船の正確な回数は不明だが、一番多かったのはシャム王国で、少な

図52 賑わう那覇港（琉球貿易図屛風）

くとも四八回は確認できる。確実な派遣期間は一四一九年から一五七〇年までというが、琉球の史料に拠れば一四世紀後半からシャム国へ使者を派遣していたという記録があるし、『高麗史《こうらいし》』によれば、一三八九年にシャム国の主要な交易品である蘇木《そぼく》や胡椒《こしょう》が琉球から高麗へ献上されたことが知られる。また、一三九〇年には明国への琉球からの朝貢品として蘇木と胡椒が送られた、という記述もあるから（『明実録』）、琉球とシャム国との交易関係が少なくとも一三九〇年前後には成立していたことは確実であろう。

琉球がこれらの地域に持ち込んだ交易品の多くは陶磁器を中心とした中国製品であった。前述のように、朝貢回数でも優遇されていた琉球は、大量に中国製品を入手することができたのである。これまでの研究によると、周辺諸国の明国への朝貢の回数は、琉球が一七一回でだんとつの一位であるという。二位は安南で八九回、六位のシャムは七三回、一〇位の朝鮮は三〇回、それに対して日本は一九回で一三位であるという。琉球の朝貢回数の多さは際立っている。

では、琉球国が中国に運んだ朝貢品はなんであったのであろうか。『大明会典《だいみんかいてん》』には琉球からの朝貢品が記されているが、それを分類すると大きく三つに区分することができる。一つは、馬・螺殻《らかく》・海巴《かいは》・生熟夏布《せいじゅくかふ》・牛皮・硫黄などで、これは琉球の産物であった。螺殻・海巴は貝殻の一種で、このうち螺殻は夜光貝《やこうかい》のことで螺鈿漆器《らでんしっき》の用材として珍重された。硫黄は火薬の原料であった。第二は、刀・扇子・銅などの日本の産物、第三は、象牙《ぞうげ》・錫《すず》・蘇木《そぼく》・胡椒《こしょう》など東南アジアの産物であった。蘇

図53　万国津梁の鐘

木・胡椒についてはシャム国との交易のところで前述した。

すなわち、琉球は陶磁器を中心とする中国商品を日本・朝鮮・東南アジア諸国へ売り、帰途はそれぞれの国々の特産品を満載《まんさい》して琉球へ戻ってくる。そして、これらに自国の産物を加えて中国に朝貢し、ふたたび中国製品を船に満載して帰国するという、典型的な中継貿易を行っていたのである。このようなダイナミックな琉球の中継交易が、明国から無償支給された大型船と同じく明から派遣された中国人船乗りによって担われていたことをどのように理解したらよいかわからないが、琉球を中心に中国・朝鮮・日本と東南アジアをむすぶこの海上のルートこそ「海のシルクロード」と呼ぶにふさわしい内容をもっていたといえよう。

中継貿易国家として繁栄を極めていた当時の琉球の気概を示しているのが、一四五八年に鋳造された「万国津梁《ばんこくしんりょう》の鐘」の銘文である（沖縄県立博物館蔵、図53）。この梵鐘《ぼんしょう》が首里城の正殿に懸《か》けられていたことに注目されたい。その一節を紹介して本章を終えることにしよう。

琉球は南海の勝地《しょうち》にして、三韓（朝鮮）の秀を鍾《あつ》め、大明（中国）を以て輔車《ほしゃ》となし、日域（日本）を以て脣歯《しんし》となす。此の二の中間に在りて湧出《ゆうしゅつ》するの蓬萊島《ほうらいとう》なり。舟揖《しゅうしゅう》（船舶）を以て万国の津《しん》梁《りょう》（かけ橋）となし、異産至宝《いさんしほう》は十方刹《じゅつぽうさつ》に充満せり。

【わが琉球は南海の優れた地点にあって、朝鮮の優れた文化に学び、中国とは不可分の関係で、日本とも親しい間柄にある。わが国は東アジアの中間に湧《わ》き出でた蓬萊島のようなものだ。貿易船を操って世界の架け橋の役割を果たし、国中に世界の珍品財宝が満ちあふれている。】

終章　アジアの中の中世日本

東アジアへの視点

以上、八章に分けて日本の中世社会を成り立たせている社会集団や彼らが活動する場―都市と村落―などについて述べてきた。武士・百姓・寺社勢力・手工業者など、中世社会だけではなく近世社会にも通用する諸集団・諸階層がすでに一一世紀後半から一二世紀にかけて現出してきており、かつ一味・一揆という中世民衆の闘争形態の原型もそのころには成立していたことを理解していただけたのではないだろうか。彼らがその後どのような具体的な展開を見せるのかについては、各時代を扱う第二巻以後の叙述を参考にしていただくこととして、本巻の目的は、中世社会を成り立たせている人的、社会的諸要素の基本形を明らかにすることができれば、ほぼ達成されたといえる。

ただ、最後になって読み直してみると、第八章で「中世日本の北と南」を扱っているものの、「社会の成り立ち」を説明することに焦点を当ててしまったために、あまりにも一国史的な社会像になってしまっていることは否《いな》めない。一九八〇年代以降の中世史研究において、大きく進展した分野の一つとして「アジアと日本との関係史」研究があることは間違いないから、この点に触れないのは、筆者の能力の問題を差し置いたとしても、不十分だという誹《そし》りを免れることはできないであろう。

しかし、この問題を全面的に叙述するだけの紙幅もないので、具体的な様相は第二巻以後の該当箇所で読んでいただくとして、ここでは二つの具体的事例を紹介して、日本の中世社会がその最初からアジア諸国と密接な関係をもちながら成り立っていたことを示しておくことにしたい。

『新猿楽記』の唐物

本巻でたびたび用いてきた『新猿楽記』にまたまた登場してもらおう。『新猿楽記』の主人公右衛門尉《うえもんのじょう》の八男は、「利を重くして妻子を知らず。身を念《おも》ひて他人を顧《かえり》みず。一を持て万と成し、壌《つちくれ》を摶《う》ちて金と成す」と評された「商人の主領」であった。彼は「東は俘囚《ふしゅう》の地に臻《いた》り、西は貴界《きかい》が嶋に渡」ってさまざまな商品を交易したという。その時、筆者藤原明衡が列挙した商品には「唐物《からもの》」と「本朝の物」とがあった。すなわち、一一世紀前半の文人貴族である藤原明衡は、商人が扱う商品を書き上げる際、「本朝の物」＝日本産の商品だけでなく「唐物」＝中国・朝鮮半島からの輸入品も書かなければならない、と意識していたのである。これだけもってしても、中世成立期の日本には唐物が広く流通していたことが理解できよう。

では、その商品を見てみることにしよう。

【唐物】沈《じん》・麝香《じゃこう》・衣比《えひ》・丁子《ちょうじ》・甘松《かんしょう》・薫陸《くんろく》・青木《しょうもく》・竜脳《りゅうのう》・牛頭《ごず》・雞舌《けいぜつ》・白檀《びゃくだん》・赤木《あかき》・紫檀《したん》・蘇《す》芳《おう》・陶砂《とうさ》・紅雪《こうせつ》・紫雲《しせつ》・金益丹《きんえきたん》・銀益丹・紫金膏《しこんこう》・巴豆《はづ》・雄黄《おおう》・可梨勒《かりろく》・檳榔子《びんろうじ》・銅黄《どおう》・緑青《ろくしょう》・燕脂《えんじ》・空青《くしょう》・丹《たん》・朱砂《しゅしゃ》・胡粉《ごふん》・豹虎皮《ひょうとらのかわ》・藤茶垸《とうちゃわん》・籠子《ろうじ》・犀生角《さいのいきのつの》・水牛如意《すいぎゅうのにょい》・瑪瑙《めのう》帯・瑠璃《るり》壺・

綾《あや》・錦《にしき》・羅《うすもの》・縠《こめ》・呉竹《ごちく》・甘竹《かんちく》・吹玉《ふきだま》

【本朝】緋襟《ひきん》・象眼《しょうがん》・繧繝《うんげん》・高麗軟錦《こうらいぜんきん》・東京錦《とうきょうきん》・浮線綾《ふせんりょう》・金・銀・阿古夜玉《あこやだま》・夜久貝《やくがい》・水精《すいしょう》・虎《こ》珀《はく》・水銀《みずかね》・流黄《いおう》・白鑞《びゃくろう》・銅・鉄・縑《かとり》・蟬羽《せみのは》・絹・布・糸・綿・纐纈《こうけち》・紺布・紅・紫・茜・鷲羽《わしのは》・色革《いろかわ》

「沈・麝香」などの香料、「紅雪・紫雲」などの薬、「銅黄・緑青」などの顔料、「瑪瑙の帯・瑠璃の壺」など貴重品、さらに「綾・錦」なの繊維製品など、多様な品々が唐物として輸入され、「俘囚の地から貴界が嶋」まで日本全土で交易されたことになっていたのである。これが、一二世紀後半に平氏政権によって日宋貿易が開始される以前の段階における記述であることに驚きを禁じ得ない。

『源氏物語』の唐物

しかし、『新猿楽記』は文人貴族が書いた往来物＝初級教科書なので、当時の漢文学の知識などが総動員されている可能性がある、という批判も当然起こりうる。このような批判に対して有効な研究成果が最近発表された。それは平安文学の研究者河添房江の『源氏物語と東アジア世界』（二〇〇七）である。

その内容は多岐にわたるが、本書で著者が一貫して追究しているのが、『源氏物語』の中で威信財《いしんざい》として重要な役割を担っているのが「唐物」であったことである。「黄金と唐物」（第六章）、「転位する唐物」（第七章）、「表象としての唐物」（第八章）などという章の題名を並べるだけでも、著者の意図を読みとることができよう。

たとえば、天徳四年の内裏《だいり》歌合を模して書いたといわれる「絵合《えあわせ》」の御装束の描写は次のようである（『源氏物語』絵合、新日本古典文学大系）。

左は紫檀《したん》の箱にすわう（蘇芳）の花足《けそく》、をりもの（織物）には紫地の唐《から》の錦《にしき》、打敷《うちしき》は葡萄染《えびぞめ》の唐の綺《き》なり。童六人、赤色に桜襲《さくらがさね》の汗衫《かざみ》、衵《あこめ》は紅に藤襲《ふじがさね》の織物なり。姿、用意など、なべてならず見ゆ。右は沈《じん》の箱に浅香《せんこう》の下机《したづくえ》、打敷は青地の高麗《こま》の錦、あしゆひの組、花足の心ばえ（へ）などいまめかし。童、青色に柳の汗衫、山吹襲《やまぶきがさね》の衵着たり。みな御前に舁《か》き立つ。

「紫檀」「蘇芳」「沈」など、『新猿楽記』でも確認できる「唐物」もあるが、本文中にわざわざ「唐の」とか「高麗の」などと指定されているという事実に、当時の宮廷社会における「唐物」の位置の高さを読みとることができよう。国風文化を代表する作品である『源氏物語』には「唐物」が満ち溢《あふ》れていたのである。そして、ただ満ち溢れるだけでなく、河添が「唐物と黄金は、その所有が権威と財力の象徴であり、その喪失《そうしつ》が失墜《しっつい》や凋落《ちょうらく》に結びついているという意味において、物語世界に同様の重みをもってせり出しているのである」と明記しているように、当時の貴族社会において、唐物の所有は権威の象徴そのものであったのである。

アジアの中の中世日本

以上、二つの事例に過ぎないが、いわゆる国風文化の時代においても、大陸や半島から輸入された「唐物」が貴族社会を中心に広く流布しており、宮廷社会ではそれが所有者の権威を示す威信財として通用していたことは明らかである。そしてこの後、日本の中世社会は日宋貿易、元寇と日元貿易そして室町時代の日明貿易を通じて、一貫して東アジアとの関係を持ち続けることは周知の事実であるし、その展開の中で「倭寇」集団を生み出し、ついには豊臣秀吉の「朝鮮侵略」というアジアを震撼《しんかん》させる大事件を起こすに至ることを考えると、「アジアの中の日本」を考えること抜きにして日本の中世社会を理解することはできないというべきであろう。

　本巻は、中世社会を成り立たせている内部構成に焦点を当てたため、この重要な課題に取り組めなかったことを自省しつつ、読者の皆さんにはこの点に十分留意して第二巻以後を読み進めていただくことを希望して、本巻を閉じることにしたい。

基本文献紹介

『吾妻鏡』あずまかがみ
一三世紀末〜一四世紀初頭に、鎌倉幕府によって編纂された編年体の歴史書。『東鑑《あずまかがみ》』とも称される。治承《じしょう》四年（一一八〇）の源頼政挙兵から文永《ぶんえい》三年（一二六六）の六代将軍宗尊《むねたか》親王の帰京までの、主に将軍周辺の出来事を記す。鎌倉幕府研究の基礎史料として重要であるが、執権北条氏の意向に沿ったと思われる記事もあり、注意が必要である。『新訂増補国史大系』（吉川弘文館）、岩波文庫に収められている。なお現在、現代語訳が吉川弘文館から刊行中。

『鎌倉遺文』かまくらいぶん
『平安遺文』に続き竹内理三により編年集成された鎌倉時代の基礎資料集。収載範囲は文治《ぶんじ》元年（一一八五）から元弘《げんこう》四年（一三三四）までである。収録文書数は三万五〇〇〇点にのぼる。古文書編四六巻（本編四二、補遺四）、索引編五巻が東京堂書店より刊行されている。未収録の文書については雑誌『鎌倉遺文研究』などで継続的に紹介されている。本書ではその史料番号を（鎌〇〇号）のように表記する。

『愚管抄《ぐかんしょう》』

鎌倉時代前期、九条兼実の弟で天台座主《てんだいざす》の慈円《じえん》により著された歴史書。全七巻。承久《じょうきゅう》の乱目前の承久二年（一二二〇）に著されたと考えられている。慈円独特の「道理」を重視した歴史観に基づいた記述がなされている。『吾妻鏡』に見えない事柄も多く含み、史料として重要である。『新訂増補国史大系』（吉川弘文館）、『日本古典文学大系』（岩波書店）に所収されている。

『今昔物語集《こんじゃくものがたりしゅう》』

平安時代後期の説話集。収録の説話・人物から一二世紀前半の成立と考えられる。全三一巻であるが、そのうち巻八、一八、二一の三話は現在どの写本からも確認できず、当初からの欠巻と考えられている。一〇〇〇話以上が収録されており、全体の構成は天竺《てんじく》（インド）・震旦《しんたん》（中国）・本朝《ほんちょう》（日本）の三国から成り、仏教を軸に当時の全世界観を表現しようとしたものである。世俗的な部分の記述は他にみられないものも多く、文学的評価に加え、史料的な価値も高い。摂関・院政期を考える上で不可欠の史料である。岩波文庫、『新日本古典文学大系』（岩波書店）などに収められている。

『七十一番職人歌合《しちじゅういちばんしょくにんうたあわせ》』

中世の職人尽絵《づくしえ》の一つ。明応九年（一五〇〇）頃の成立とみられる。一四二人の職人を左右に分け、それぞれ和歌を詠ませ、七一番の歌合としたものである。番匠《ばんしょう》・鍛冶《かじ》・壁塗《かべぬり》・研《とぎ》・機織《はたおり》から楽人・舞人など多彩な職人が登場し、当時の風俗をうかがうことができる。また登場人物のうち、女性の割合が四分の一を占めるのも注目される。『群書類従』雑部、『新日本古典文学大系』（岩波書店）所収。

『貞永式目』じょうえいしきもく

貞永元年（一二三二）に制定された鎌倉幕府の基本法典。全五一カ条から成り、『御成敗式目《ごせいばい》』などとも称した。鎌倉幕府は当初、公家法《くげ》によらず、平安時代以来の武士の道徳である「道理」や「先例」に基づき裁判が行なったが、紛争の増加などから裁判の基準が必要となり執権《しっけん》北条泰時のもとで制定された。制定後は必要に応じて「追加」が出され補足、修正された。室町幕府もこれを基本法とし、中世の武家社会に大きな影響を及ぼした。『中世法制史料集』第一巻、『日本思想大系　中世政治社会思想』上（いずれも岩波書店）に収められている。

『新猿楽記』しんさるがっき

一一世紀に文人貴族藤原明衡《あきひら》により漢文で記された往来物（初級教科書）。猿楽の見物に来た「右衛《うえ》門尉《もんのじょう》」という一家（妻三人、娘一六人、男九人）に託してさまざまな職業が記されており、平安時代後期の社会生活を知る上で貴重な文献である。『日本思想大系　古代政治社会思想』（岩波書店）、『東洋文庫』（平凡社）に所収されている。

『中右記』ちゅうゆうき

平安時代後期の貴族、右大臣藤原宗忠《むねただ》の日記。家名「中御門《なかみかど》」と官名「右大臣」の各一字をとり、日記名としている。寛治《かんじ》元年（一〇八七）から保延《ほうえん》四年（一一三八）までの記事が伝わるが、欠けている部分もある。院政前期の政治・社会状況を知る上での基本史料である。『増補　史料大成』（臨川書店）、『大日本古記録』（岩波書店）に所収されている。

『平安遺文』へいあんいぶん

竹内理三により編年集成された平安時代の基礎史料集。既刊の典籍を除く文書を網羅的に集めており、収載範囲は天応《てんおう》元年（七八一）から元暦《げんりゃく》二年（文治《ぶんち》元年、一一八五）までである。古文書編一一巻、金石文編一巻、題跋《だいばつ》編一巻、索引編二巻の全一五巻より構成される。収録の文書には番号が付されており、本書では（平〇〇号）のように表記する。一九四六年から八〇年にかけて東京堂書店より刊行され、戦後の平安時代史研究の進展に大きく寄与し、現在でも必須の史料集である。

参考文献

青木美智男他編『一揆』第二巻「一揆の歴史」東京大学出版会、一九八一年
明石一紀『古代・中世のイエと女性』校倉書房、二〇〇六年
網野善彦「荘園公領制の形成と構造」『日本中世土地制度史の研究』塙書房、一九九一年（初出一九七三年）
網野善彦「鎌倉の『地』と地奉行」『日本中世都市の世界』筑摩書房、一九九六年（初出一九七六年）
網野善彦『日本中世の民衆像』岩波書店、一九八〇年
飯沼賢司「「在家」と「在家役」の成立」『歴史評論』三七四号、一九八一年
飯沼賢司「中世イエ研究前進のために（上・下）」『民衆史研究』二三号・二四号、一九八二・八三年
飯沼賢司「イエの成立と親族」『日本史講座』3、東京大学出版会、二〇〇四年
池上裕子『戦国の群像』集英社、一九九二年
石井　進『中世武士団』小学館、一九七四年
石井　進「院政時代」『講座日本史』2、東京大学出版会、一九七〇年
石井　進『中世のかたち』中央公論新社、二〇〇二年
石井昌国『蕨手刀』雄山閣、一九六六年
石母田正「古代末期の政治過程および政治形態」『石母田正著作集』第六巻、岩波書店、一九八九年（初出一九五〇年）
伊藤喜良『南北朝の動乱』集英社、一九九二年
井原今朝男「中世の五節供と天皇制」『日本中世の国政と家政』校倉書房、一九九五年（初出一九九一年）

入間田宣夫「逃散の作法」『百姓申状と起請文の世界』東京大学出版会、一九八六年a（初出一九八〇年）
入間田宣夫「庄園制支配と起請文」『百姓申状と起請文の世界』東京大学出版会、一九八六年b（初出一九八〇年）
入間田宣夫「糠部の駿馬」『北日本中世社会史論』吉川弘文館、二〇〇五年（初出一九八六年）
入間田宣夫・豊見山和行『北の平泉、南の琉球』中央公論新社、二〇〇二年
岩崎佳枝『職人歌合』平凡社、一九八七年
上島　享「一国平均役の確立過程」『史林』七三巻一号、一九九〇年
上島　享「中世王権の創出と院政」『古代天皇制を考える』講談社、二〇〇一年
上島　享「中世国家と寺社」『日本史講座』3、東京大学出版会、二〇〇四年
大石直正「北の周縁、列島東北部の興起」『周縁から見た中世日本』講談社、二〇〇一年
大津　透『道長と宮廷社会』講談社、二〇〇一年
大庭康時「大陸に開かれた都市　博多」『東シナ海を囲む中世世界』新人物往来社、一九九五年
大山喬平「中世の身分制と国家」『日本中世農村史の研究』岩波書店、一九七八年（初出一九七六年）
小原　仁『文人貴族の系譜』吉川弘文館、一九八七年
勝山清次「中世的荘園年貢の成立」『中世年貢制成立史の研究』塙書房、一九九五年（初出一九九四年）
河添房江『源氏物語と東アジア世界』日本放送出版協会、二〇〇七年
河音能平「中世社会成立期の農民問題」『中世封建制成立史論』東京大学出版会、一九七一年（初出一九六四年）
河音能平「『今昔物語集』の民衆像」『中世封建制社会の首都と農村』東京大学出版会、一九八四年（初出一九七五年）
河音能平「中世前期村落における女性の地位」女性史総合研究会編『日本女性史』第二巻、東京大学出版会、一九八二年

菅野成寛「平泉の宗教と文化」『平泉の世界』高志書院、二〇〇二年
北村優季『平安京』吉川弘文館、一九九五年
木村茂光「中世前期の下人と非人」『日本初期中世社会の研究』校倉書房、二〇〇六年（初出一九八一年）
木村茂光「鎌倉市今小路西遺跡の保存にむけて」『歴史評論』五一三号、一九九三年
木村茂光『「国風文化」の時代』青木書店、一九九七年a
木村茂光「中世百姓の成立」阿部猛編『日本社会における王権と封建』東京堂出版、一九九七年b
木村茂光「荘園村落の形成と景観」『中世の民衆生活史』青木書店、二〇〇〇年a（初出一九九一年）
木村茂光「中世農民の四季」『中世の民衆生活史』青木書店、二〇〇〇年b（初出一九九三年）
木村茂光「鎮守社の成立と農耕儀礼」『環境と心性の文化史』下巻、勉誠出版、二〇〇三年
木村茂光「『百姓等申状』覚書」『中世の内乱と社会』東京堂出版、二〇〇七年a
木村茂光「富士巻狩りの政治史」『沼津市史研究』一六号、二〇〇七年b
蔵持重裕「『百姓申状』の性格について」『日本中世村落社会史の研究』校倉書房、一九九六年（初出一九八〇年）
黒田俊雄「中世の国家と天皇」『黒田俊雄著作集』第一巻、法蔵館、一九九四年（初出一九六三年）
黒田俊雄「中世の村落と座」『黒田俊雄著作集』第六巻、法蔵館、一九九五年（初出一九五九年）
黒田俊雄『寺社勢力―もう一つの中世社会』岩波書店、一九八〇年
黒田弘子「逃散・逃亡そして『去留』の自由」『民衆史研究』三三号、一九八七年
小山靖憲「鎌倉時代の東国農村と在地領主制」『中世村落と荘園絵図』東京大学出版会、一九八七年（初出一九六八年）
小山靖憲「古代荘園から中世荘園へ」『中世寺社と荘園制』塙書房、一九九八年（初出一九八一年）
五味文彦「女性所領と家」女性史総合研究会編『日本女性史』第二巻、東京大学出版会、一九八二年

櫻井陽子「頼朝の征夷大将軍任官をめぐって」『明月記研究』九号、二〇〇四年
佐々木久彦「荘家の一揆」『一揆』第二巻、東京大学出版会、一九八一年
佐藤和彦「惣結合と百姓申状」『南北朝内乱史論』東京大学出版会、一九七九年（初出一九七一・七二年）
佐藤進一『新版　古文書学入門』法政大学出版局、一九九七年
佐藤進一『日本の中世国家』岩波書店、一九八三年
島田次郎編『日本中世村落史の研究』吉川弘文館、一九六六年
島田次郎「百姓愁訴闘争の歴史的性格」『日本中世の領主制と村落』下巻、吉川弘文館、一九八六年（初出一九八〇年）
下向井龍彦『武士の成長と院政』講談社、二〇〇一年
高橋昌明「騎兵と水軍」戸田芳実編『日本史(2)』有斐閣、一九七八年
高橋昌明『武士の成立　武士像の創出』東京大学出版会、一九九九年
高良倉吉『琉球王国』岩波書店、一九九三年
高良倉吉「琉球の形成と環シナ海世界」『周縁から見た中世日本』講談社、二〇〇一年
瀧浪貞子『平安建都』集英社、一九九一年
田中　稔「侍・凡下考」『鎌倉幕府御家人制度の研究』吉川弘文館、一九九一年（初出一九七六年）
棚橋光男『王朝の社会』小学館、一九八八年
田端泰子『日本中世の女性』吉川弘文館、一九八七年
戸田芳実「国衙軍制の形成過程」『初期中世社会史の研究』東京大学出版会、一九九一年（初出一九七〇年）
豊見山和行・高良倉吉編『琉球・沖縄と海上の道』吉川弘文館、二〇〇五年
永原慶二『荘園』吉川弘文館、一九九八年

永原慶二「女性史における南北朝・室町期」『室町戦国の社会』吉川弘文館、二〇〇六年（初出一九八二年）
丹生谷哲一『検非違使』平凡社、一九八六年
橋口定志「中世方形館を巡る諸問題」『歴史評論』四五四号、一九八八年
長谷川成一編『津軽・松前と海の道』吉川弘文館、二〇〇一年
林田重幸「日本在来馬の源流」『日本古代文化の研究　馬』社会思想社、一九七四年
福田豊彦『平将門の乱』岩波書店、一九八一年
服藤早苗「平安時代の女性財産権」『家成立史の研究』校倉書房、一九九一年a（初出一九八一年）
服藤早苗「山陵祭祀より見た家の成立過程」『家成立史の研究』校倉書房、一九九一年b（初出一九八七年）
服藤早苗「平安時代の女性経営権の一考察」『家成立史の研究』校倉書房、一九九一年c（初出一九八七年）
服藤早苗「平安時代の氏」『家成立史の研究』校倉書房、一九九一年d（初出一九九一年）
藤木久志「『百姓』の法的地位と『御百姓』意識」『戦国社会史論』東京大学出版会、一九七四年（初出一九六九年）
保立道久「塗籠と女の領域」『中世の愛と従属』平凡社、一九八六年
保立道久「腰袋と『桃太郎』」『物語の中世』東京大学出版会、一九九八年（初出一九八九年）
三木　靖「『一揆』の使用方法の変遷」『鹿児島短期大学研究紀要』第一七号、一九七六年
村井章介「中世日本の国際意識・序説」『アジアの中の日本』校倉書房、一九八八年a（初出一九八二年）
村井章介「中世日本列島の地域空間と国家」『アジアの中の日本』校倉書房、一九八八年b（初出一九八五年）
村井章介「王土王民思想と九世紀の転換」『思想』八四七号、一九九五年
村井章介『中世日本の内と外』筑摩書房、一九九九年
柳原敏昭「百姓の逃散と式目四二条」『歴史学研究』五八八号、一九八八年
山本隆志「荘園制と百姓等申状」『荘園制の展開と地域社会』刀水書房、一九九四年（初出一九九二年）

横井　清「中世民衆史における『十五歳』の意味について」『中世民衆の生活文化』東京大学出版会、一九七五年
脇田晴子「中世における性別役割分担と女性観」女性史総合研究会編『日本女性史』第二巻、東京大学出版会、一九八二年

あとがき

私もそれなりに年齢を重ねたこともあって、最近「歴史学の課題」というようなテーマで話を求められることが多くなった。その時、言わなければよいのに、つい「最近は時代像を語れなくなった」などと口にしてしまったためであろうか、本シリーズで「中世社会の成り立ち」という大それたテーマで書くはめになってしまった。私なりに考えて叙述してみたが、日本中世の「時代像」を描くことができたか否か心許ない限りである。あとは読者諸兄姉の評価に委ねるしかない。

私が本書を書くにあたって念頭においた著作が二つあった。一つは、石井進氏の『中世のかたち』（「日本の中世」第一巻、中央公論新社、二〇〇二年）である。この書は、石井氏の遺著で、氏が一九七〇年代以降さまざまな地域・分野で関わってきた考古学的発掘の成果と、このシリーズのもう一人の編集委員であった網野善彦氏が開拓してきた「社会史」の成果を全面的に取り込んで書き上げた、非常にレベルの高い「中世社会論」であることは改めて言うまでもない。

しかし、日本の境界から始まって、十三湊・上之国から鎌倉へ、そして商人の原像から市の原型へと展開する叙述内容が本当に「中世のかたち」であったのか、という点については、当初から違和感を覚えたというのが偽らざる感想である。もちろん、前述のとおり、この書は残念ながら氏自身の手によって完成することができなかった遺著であるので、このような感想は氏にとっては迷惑であるかもしれない。しかし、私が本書を執筆するにあたって、つねに念頭にあったのはこの感想であった。

二つ目は、伊東俊太郎氏の『十二世紀ルネサンス』(講談社学術文庫、二〇〇六年)である。この書はすでに一九九三年に岩波書店より刊行されていたが、私が読んだのは学術文庫に収められてからである。この書の真髄は、ヨーロッパの「十二世紀ルネサンス」を可能にした原因として、ギリシャ文明を摂取・発展させたアラビア・ビザンティンの学術・文明があったことを克明に明らかにした点にあるが、私が感銘を受けたのは、この「外在的」原因とともに、氏が挙げた「内在的」原因についての簡潔であるが要を得た指摘である。

氏は「十二世紀ルネサンス」を可能にした「内在的」原因として以下の六点を挙げる。第一は封建制の確立、第二は食料生産の増大、第三は商業の復活、第四は都市の勃興、第五は大学の成立、そして最後に知識人の誕生、である。

私はヨーロッパ中世史に不案内なので、この六つの原因がどれだけ研究者の間で共有し得るものなのかわからないが、どれをとっても魅力あるテーマで、ふとこのまま日本中世にあてはめたらどのような叙述ができるであろうか、と考えてしまうほどであった。しかし、それが現段階では無理なことは明らかである。

でも、このような基本的でかつわかりやすいテーマを掲げながら、「中世社会の成り立ち」を叙述することは可能ではないか、と考えて選んだのが、本書の各章で取り上げた八つのテーマである。これら八つのテーマが、伊東氏の六つの「原因」ほど普遍性を持ち得ているか、これまた心許ない限りであるが、私なりの選択として理解していただければ幸いである。その意味では本書は、当然のことながら、私なりの「中世像」に過ぎないのであって、本書を読んでいただいた方々が、中世社会の「成り立ち」を説明し得る新たなテーマを掲げ、中世時代像を構築する作業に参加していただけることを切望している。

また、このような作業を建設的に進めるためには、高校生や大学生、さらに教育現場の先生方を含めた多くの読者からの率直な感想が不可欠である。ぜひ多くの感想をお寄せいただきたい。

最後に、本書の性格から、執筆にあたり参考にさせていただいた方々のお名前とお仕事のすべてを注記することができなかったことをお詫びしたい。多々非礼があるかと思うが、その点はぜひご寛恕をお願いしたい。なお、引用史料などの校正にあたっては、東京学芸大学大学院修士課程の石田千郷・笹川悠希・若井田純子の三君にお世話になったことを記して謝意としたい。

二〇〇九年三月三十一日　桜咲く日に

木村茂光

著者略歴

一九四六年　北海道洞爺村（現洞爺湖町洞爺町）に生まれる
一九七八年　大阪市立大学大学院文学研究科博士課程満期退学
現　　在　東京学芸大学名誉教授
元帝京大学文学部教授
元日本学術会議会員

〔主要著書〕
日本古代中世畠作史の研究　「国風文化」の時代　日本初期中世社会の研究

日本中世の歴史1
中世社会の成り立ち

二〇〇九年（平成二十一）五月二十日　第一刷発行
二〇二一年（令和　三　）四月　一　日　第五刷発行

著　者　木《き》村《むら》茂《しげ》光《みつ》
発行者　吉川道郎
発行所　株式会社　吉川弘文館
郵便番号一一三―〇〇三三
東京都文京区本郷七丁目二番八号
電話〇三―三八一三―九一五一〈代表〉
振替口座〇〇一〇〇―五―二四四
http://www.yoshikawa-k.co.jp/

印刷＝株式会社　三秀舎
製本＝誠製本株式会社
装幀＝蔦見初枝

ISBN978-4-642-06401-9

日本中世の歴史

刊行のことば

歴史上に生起するさまざまな事象を総合的に理解するためには、なによりもそれらを創り出している大きな潮流を捉える必要があろう。そのため、これまでもいわゆる通史を目指したいくつもの取り組みがなされてきた。「歴史研究にたずさわるものにとって、『通史』の叙述は究極の目標であり課題でもある」ともいわれるように、意図するか否かは別としても、歴史研究は常に通史の書き換えを目指しているといえよう。

しかし、それら近年の通史は、一九七〇年代以降の社会史研究が生み出した研究対象の拡大と多様化という成果を積極的に組み入れようと努力した結果、通史の部分と各論とのあいだの不整合という弱点をかかえざるを得なかった。

本シリーズは、これらの成果を受け継ぎながらも、日本の中世を対象として、政治史を中心とした誰にでも分かりやすいオーソドックスな通史を目指そうと企図された。第1巻において中世全体の時代像を示し、第2巻から第7巻までは現在の研究状況を反映させ、院政期から江戸時代初期までを範囲として最新の研究成果をふまえた基本的な論点をわかりやすく解説した。

次代を担う若い読者はもちろん、新しい中世史像を求める多くの歴史愛好家の方々に、歴史を考える醍醐味を味わっていただけるならば幸いである。

企画編集委員　木村茂光
池　　享

日本中世の歴史

1 中世社会の成り立ち　木村茂光著
2 院政と武士の登場　福島正樹著
3 源平の内乱と公武政権　川合　康著
4 元寇と南北朝の動乱　小林一岳著
5 室町の平和　山田邦明著
6 戦国大名と一揆　池　享著
7 天下統一から鎖国へ　堀　新著

本体各2600円（税別）
吉川弘文館